21世纪创新型会计
实训实务系列教材

微课视频·课程思政·教学大纲
课程标准·电子课件·习题及答案

U0754106

审计实务 （富媒体版）

张延泰　主编

李玲　刘红云　副主编

立信会计出版社
LIXIN ACCOUNTING PUBLISHING HOUSE

图书在版编目(CIP)数据

审计实务 / 张延泰主编. —上海：立信会计出版
社，2022.6(2025.7 重印)
ISBN 978 - 7 - 5429 - 7076 - 3

Ⅰ.①审… Ⅱ.①张… Ⅲ.①审计学 Ⅳ.
①F239.0

中国版本图书馆 CIP 数据核字(2022)第 100416 号

策划编辑　　王艳丽
责任编辑　　王艳丽

审计实务
SHENJI SHIWU

出版发行	立信会计出版社	
地　　址	上海市中山西路 2230 号	邮政编码　200235
电　　话	(021)64411389	传　真　(021)64411325
网　　址	www.lixinaph.com	电子邮箱　lixinaph2019@126.com
网上书店	http://lixin.jd.com	http://lxkjcbs.tmall.com
经　　销	各地新华书店	
印　　刷	上海万卷印刷股份有限公司	
开　　本	787 毫米×1092 毫米　　1/16	
印　　张	17.25	
字　　数	368 千字	
版　　次	2022 年 6 月第 1 版	
印　　次	2025 年 7 月第 3 次	
书　　号	ISBN 978 - 7 - 5429 - 7076 - 3/ F	
定　　价	48.00 元	

如有印订差错,请与本社联系调换

本教材在教育部发布的《关于加强高职高专教育教材建设的若干意见》的指引下，按照《中国注册会计师审计准则》《企业会计准则》的要求，遵循"以应用为目的，突出实践性"原则，以社会审计所进行的年度财务报表审计业务为主线，系统全面地介绍了审计的基本理论、基本方法和基本技能。本教材具有以下五大特色。

（1）结构严谨，体系完整。本教材基于工作过程，在理论体系的建构上做到与实务的有机结合，采用"知识结构引领，案例导入，任务驱动，技能训练"的方式，充分体现教材的系统性和科学性。

（2）理论够用，突出实务。本教材审计理论内容精炼，突出实务操作，较为详实地梳理了财务报表各项目审计的操作程序，体现了理论与实务的有机融合。

（3）学做一体，注重技能。本教材在相关任务中穿插了丰富的审计实例解析和延伸阅读，每一项目后配备了技能训练习题，体现了"学中做，做中学"的教学理念，实现了理论与实践的同步化。

（4）案例引领，融入思政。本教材在每章开头设置了知识目标、技能目标和素养目标等模块，并在相关案例中恰当地融入思政元素，以提升学生的职业素养，引导学生树立正确的世界观、人生观和价值观，达到立德树人的育人目标。

（5）课程资源丰富多样。为了配合课堂教学，编者精心设计和制作了丰富的配套教学资源，将教学大纲、课程标准、课件、微课视频等资源以二维码形式呈现给读者，实现了数字化教学资源的辐射功能。

本教材由长期从事审计教学研究的骨干教师、会计师事务所的专家和相关企业负责人共同编写，由张延泰任主编，李玲、刘红云任副主编，参编人员有王金震、贾清竹、焦子怡、李萃，企业参与人员有王鹏（河南誉金会计师事务所主任

1

会计师)、聂妍妍(新道科技股份有限公司)。具体编写分工如下:项目一和项目八中的"采购与付款循环审计"由刘红云编写,项目二由王鹏、聂妍妍编写,项目三和项目五由焦子怡编写,项目四和项目八中的"销售与收款循环审计"由李玲编写,项目六由李萃编写,项目七和项目八中的"货币资金审计"由王金震编写,项目八中的"生产与存货循环审计"由贾清竹编写,项目八中的"筹资与投资循环审计"和项目九由张延泰编写。

在教材编写过程中,我们借鉴和参考了大量的文献和资料,在此谨向相关作者表示衷心的感谢。此外,本书的出版得到了立信会计出版社领导和编辑的大力支持和帮助,编者在此致以诚挚的谢意。

虽然我们花费了大量的时间和精力,力求做到精益求精,但由于水平和经验有限,书中可能存在纰漏或不妥之处,真诚希望专家、同行及读者批评指正,使之日臻完善。

编 者

2022 年 4 月 7 日

课程标准

课程思政教学大纲

Contents 目录

项目一　认 知 审 计

知识 目标

1. 了解国家审计、内部审计和社会审计的产生背景和发展历程。
2. 理解审计的含义、主体和客体、审计对象以及审计的特征。
3. 熟悉审计的职能和作用。
4. 掌握审计的分类。

技能 目标

1. 熟悉审计要素中的审计主体、审计客体和审计的对象。
2. 具备区分不同审计类型的能力。
3. 结合自身实际,规划职业生涯。

素养 目标

1. 培养学生自主学习新知识和新技能的能力。
2. 帮助学生树立远大理想,确定人生奋斗目标并为之努力。
3. 培养学生的职业认同感和社会责任感,使其树立良好的职业道德观念。

知识 结构

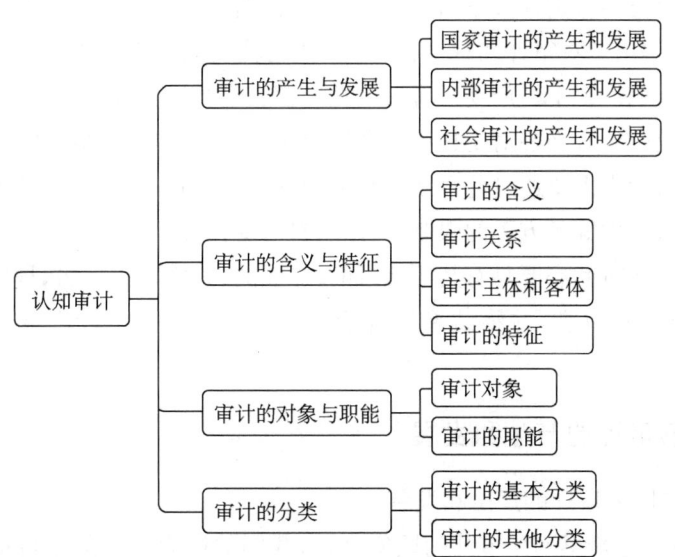

认知审计
- 审计的产生与发展
  - 国家审计的产生和发展
  - 内部审计的产生和发展
  - 社会审计的产生和发展
- 审计的含义与特征
  - 审计的含义
  - 审计关系
  - 审计主体和客体
  - 审计的特征
- 审计的对象与职能
  - 审计对象
  - 审计的职能
- 审计的分类
  - 审计的基本分类
  - 审计的其他分类

 案例导入

小李的困惑

小张和小李是老朋友了,他们经常在一起畅谈对生活的感受和对未来的设想。某一天,他们偶然看到一则加盟某火锅店的广告,在认真分析了当地居民的生活习惯和消费水平后,他们认为在当地开这样一家火锅店是可行的。随后,他们开始着手制订创业计划,并进一步对市场和客户群体进行了深入的分析,选定了合适的地点,办理了相关手续。火锅店开业的资金由两人平均垫付。小李对目前已有的工作岗位比较满意,决定不离开自己的工作单位;而小张的工作单位经济效益不好,他决定辞职,负责火锅店的经营。他们商定,小张每月的工资为3 000元,并将该店税后利润的10%作为小张的经营业绩奖励,剩余利润由两人平分。

小李因忙于自身的工作,无暇顾及火锅店的经营。年底,小张拿出会计报表告诉小李,火锅店不赚钱,只能勉强维持收支平衡,没有什么利润可供分配。但小李的另一位朋友和他说,火锅店生意十分火爆,应该大有赚头。小李感到很纳闷:该火锅店的经营状况究竟如何呢?

思考:你能通过审计帮小李解决这个难题吗?

任务一 审计的产生与发展

审计是人类社会经济发展的客观产物,是在财产所有权与经营管理权相分离的条件下,由于受托经济责任关系的存在,基于经济监督的需要而产生的。受托经济责任关系的确立提出了对审计的社会需求,审计也就应运而生。受托经济责任关系一旦确立,客观上就产生了财产委托者对受托经营者进行经济监督的需要,委托者为了维护自身经济利益,有必要对受托经营者所负经济责任的履行情况进行审查、评价和确认,受托经营者也需要通过监督和审查解脱其经济责任。但是,委托者由于本身能力、地域、时间、技术等各方面的限制,无法亲自对受托经营者的经济责任履行情况进行监督和审查,此时就需要具有其所认可的、专业的、独立的第三方,即审计组织和审计人员实施监督和审查,并将结果报告给委托者。这就是审计产生和发展的客观动因。

一、国家审计的产生和发展

(一) 我国国家审计的产生和发展

我国是世界上最早产生审计的国家之一,我国的国家审计最早可追溯到先秦时

代。据《周礼》记载,西周时期就出现了带有审计性质的财政经济监督工作。当时,在中央政权设置的官职中,"宰夫"一职负责审查"财用之出入",并拥有"考其出入,而定刑赏"的职权。其后,秦、汉两代都曾采用"上计制度",以监督财物收支有无错弊,并借以评价有关官吏的政绩。到了唐朝,经济发达,政治稳定,审计地位进一步提高,国家层面设置了"比部审计制度",对中央和地方的财物收支情况均定期实行审计监督。至此,国家审计有了明显的发展。宋代开始设立审计司和审计院,标志着我国用"审计"一词命名的审计机构的产生。民国时期,当时的国民政府独立设置了与监察、司法、考试等机关并列的审计院,后又将审计院改组为监察院审计部,实行监审合一体制。

中华人民共和国成立以后,1982年12月4日通过的《中华人民共和国宪法》,明确规定了审计体制、审计机关的主要职责以及审计监督的基本原则,标志着中国特色社会主义审计制度成为我国的一项基础性制度。1983年9月15日,国务院正式设立审计署,随后公布了一系列审计法规,地方各级政府的审计机关也相继建立起来。1994年8月31日颁布的《中华人民共和国审计法》(以下简称《审计法》)从法律上进一步确立了国家审计的地位。此后,《审计法》分别于2006年和2021年被修正。

（二）西方国家审计的产生和发展

西方国家的国家审计产生于古埃及、古希腊和古罗马。

古埃及设有监督官一职,其主要检查账簿记录及其他国家机构的职权是否正确行使,监督官的这种监督职能被认为是审计的早期源流。

在古希腊的雅典城邦,所有即将卸任的官员都必须在接受由公民选出的代表对其报送的账簿记录审查后才能离职。

在古罗马,监督官是财计方面的重要官吏,主要职责是全权负责国家的财政管理,并进行人口普查、财产登记、行政监察和税收稽核等工作。

在西方资本主义发展时期,随着经济的发展和国家政权组织形式的完善,国家审计有了进一步发展。为了监督政府的财政收支,切实执行财政预算法案,维护统治阶级的利益,一些西方资本主义国家在立法机关下设立专门的审计机构,对政府及公营企业、事业单位的财政财务收支进行独立的审计监督。例如,美国审计署拥有十分广泛的审计职权,除了中央情报局和总统办公室等少数单位,凡与公共开支有关的事项,其都有权进行审查。但是其最重要的职责是向立法机关提供信息和参考意见,以利于美国国会各委员会开展工作。第二次世界大战以后,许多西方国家的国家审计在理论与实务方面取得了重大突破,传统的财务审计逐步向现代绩效审计方向发展。

二、内部审计的产生和发展

（一）国外内部审计的产生和发展

内部审计产生于奴隶社会,古老的庄园审计、宫廷审计、寺院审计、行会审计等都属于内部审计的范畴。

20 世纪前后,随着生产和资本的集中,大量规模庞大的企业开始出现。这些企业早期只是派出人员,采用巡回的方式实行就地审计,后来又设置了独立的审计机构,专门检查所属企业在会计账目和财务收支中可能出现的错误和弊端。这种内部审计的审查内容在实践中逐渐充实,逐步扩大到对内部各部门及其所属单位的财务状况、经营成果、工作效率的审查和评价,以及对贯彻企业总体经营决策、经营目标、经营方针和经营政策等方面的审查和评价。

20 世纪 40 年代,内部审计进入现代发展时期。其主要标志包括:①审计的方法从过去的详细审计改变为以评价内部控制系统为基础的抽样检查;②审计的领域从财务收支扩大到经营管理;③内部审计理论体系形成,并指导内部审计实践;④形成了内部审计标准;⑤内部审计职业和内部审计团体出现并得以发展。内部审计在理论和实务方面,与以前相比都有了明显的发展。

(二)我国内部审计的产生和发展

在我国古代,西周时期的"司会"是我国内部审计的起源。近代以后,内部审计有了进一步发展,其主要标志是独立的内部审计人员的出现。

1984 年,我国成立了中国内部审计学会。1985 年 8 月,国务院发布《关于审计工作的暂行规定》,对国务院和县级以上地方各级人民政府各部门、大中型企业事业组织建立内部审计监督制度提出了明确要求。同年 12 月,审计署公布了《关于内部审计工作的若干规定》,明确提出"内部审计是部门、单位加强财政财务监督的重要手段,是国家审计体系的组成部分。国家行政机关、国营企业事业组织应建立内部审计监督制度"。从其建立的要求看,内部审计是国家审计的延伸,以弥补国家审计的不足。因此,我国的内部审计在其产生之初就扮演着双重角色:一是代表国家利益,监督企业事业单位遵纪守法;二是对本单位领导负责,确保单位经营决策所需信息的可靠性。1989 年 12 月 2 日,审计署根据《中华人民共和国审计条例》出台了《审计署关于内部审计工作的规定》,明确提出"内部审计是我国审计体系的组成部分"。此外,《审计署关于内部审计工作的规定》还明确指出:"内部审计是部门、单位实施内部监督,依法检查会计账目及其相关资产,监督财政收支和财务收支真实、合法、效益的活动。"

2002 年,中国内部审计学会更名为中国内部审计协会,成为对企业事业单位、行政机关和其他组织的内部审计机构进行行业自律管理的全国性社会团体组织。其主要职能是管理、服务、宣传、交流,即对内部审计实行行业自律管理,为内部审计机构和内部审计人员提供业务服务和开展各种交流活动。中国内部审计协会的成立意味着我国内部审计开始实行国际上通行的行业自律管理。中国内部审计协会已经制定和发布了内部审计基本准则、职业道德准则和实务指南,使我国内部审计工作逐步走向规范化和标准化。2003 年 3 月,审计署发布了修订后的《审计署关于内部审计工作的规定》,明确规定:"国家机关、金融机构、企业事业组织、社会团体以及其他单位,应当按照国家有关规定建立健全内部审计制度。"2006 年 2 月,财政部等五部委发布的《企业内部控制基本规范》对内部审计工作做了具体规定。

2013年,为了适应内部审计的最新发展,更好地发挥内部审计准则在规范内部审计行为、提升内部审计质量方面的作用,中国内部审计协会对2003年以来发布的内部审计准则进行了全面和系统的修订。新修订的内部审计准则体现了我国内部审计的转型和发展,内部审计的理念、目标和定位已经从查错纠弊向防范风险和增加价值转变。

同时,审计署积极推动内部审计的发展,于2018年1月12日发布了修订后的《审计署关于内部审计工作的规定》。新规定拓展了内部审计的职责和使命,强化了审计的独立性,完善了内部审计结果运用的相关机制和措施,并对审计机关的指导和监督职责进行了细化。内部审计作为组织治理的重要组成部分和实施组织内部控制、管理和监督的重要手段,在加强风险管理、完善内部控制、改善治理结构和流程、推进廉政建设以及促进经济社会健康发展方面发挥了重要作用。

目前,内部审计得到了突飞猛进的发展,内部审计已经成为支撑公司治理的四大基石之一,内部审计职业也已经成为最具有发展潜力的职业之一。

三、社会审计的产生和发展

(一) 国外社会审计的产生和发展

在西方国家,社会审计的产生晚于国家审计和内部审计,起源于意大利的合伙企业制度,形成于英国股份制企业制度,发展和完善于美国发达的资本市场,是伴随着市场经济的发展而产生和发展起来的。16世纪地中海沿岸的商品交易日益频繁,由许多人合伙筹资并委托他人进行经营贸易的商业活动开始出现。财产所有权和经营管理权的分离使得对经营管理者履行受托经济责任情况实施监督成为迫切需要。1720年,英国发生南海公司破产案。在该案中,精通会计实务的查尔斯·斯内尔(Charles Snell)应英国议会聘请,对南海公司的会计账目进行审查,并提交了一份确认该公司存在虚假会计记录和舞弊的审计报告,这被认为是由注册会计师出具的第一份审计报告。

1853年,世界上第一个会计师职业团体在苏格兰的爱丁堡诞生,即爱丁堡会计师协会。之后,英国出现多家会计师协会,社会审计队伍进一步扩大。受英国会计师协会发展的影响,美国的社会审计快速发展,1887年,美国注册会计师协会成立并发展成为世界上最大的社会审计职业团体。进入21世纪之后,美国发生了安然事件,颁布了《萨班斯-奥克斯利法案》,成立了公众公司会计监督委员会,进一步完善了审计准则。目前,国际上赫赫有名的"四大"会计师事务所分别为普华永道(Pricewaterhouse Coopers)、安永(Ernst & Young)、毕马威(KPMG)和德勤(Deloitte)。

背景事件

英国南海公司破产案

二百多年前,英国成立了南海公司(the South Sea Company)。由于经营无方,公司效益一直不理想。公司董事会为了使股票达到预期价格,甚至采取散布谣言等手段,使股票价格直线上升。事情败露后,英国议会聘请了一位懂会计的人,审计了该公司的账簿,然后据此查处了该公司的主要负责人。于是,审核该公司账簿的人开创了世界注册会计师行业的先河,社会审计从此在英国拉开了序幕。

1711 年,英国政府为偿还因参与西班牙王位继承战争而欠下的大笔债务创立了南海公司。经过多年的经营,该公司业绩依然平平。1719 年年末,南海公司向英国政府提出一个名为"南海计划"的大型换股计划,即南海公司以自身股票购买市场上的英国政府债券。该年年底,公司的董事们开始对外散布各种所谓的好消息,即南海公司在年底将会实现大量利润,并煞有其事地预计,在 1720 年的圣诞节,公司可能要按面值的 60% 支付股利。这一消息的宣布,再加上社会公众对股价上涨的预期,促进了债券转换,进一步带动了股价上升。1719 年中,南海公司股价为 114 英镑;1720 年3 月,股价上升至 300 英镑以上;到了 1720 年 7 月,股价已经高达 1 050 英镑。此时,南海公司老板布伦特又有了新想法:以数倍于面额的价格发行可分期付款的新股;与此同时,南海公司将自己获得的现金转贷给购买股票的社会公众。这样,随着南海公司股价的扶摇直上,一场投机浪潮席卷全国。正因如此,170 多家新成立的股份公司股票以及原有的公司股票都成了投机对象。

1720 年 6 月,英国国会通过了《泡沫法案》,对股份公司的成立进行了严格的限制。事实上,股份公司的形式基本上名存实亡了。自此,许多公司被解散,社会公众开始清醒过来,对一些公司的怀疑逐渐扩展到南海公司身上。从 7 月份开始,外国投资者首先抛出南海公司股票,撤回资金。随着投机热潮的消退,南海公司股价一落千丈,1720 年 12 月其股价仅为 121 英镑。1720 年年底,英国政府对南海公司的资产进行清理,发现其实际资本已所剩无几。

南海公司倒闭的消息传来,犹如晴天霹雳,惊醒了正陶醉在黄金美梦中的债权人和投资者。迫于舆论的压力,1720 年 9 月,英国议会组织了一个由 13 人参加的特别委员会,对"南海泡沫"事件进行秘密查证。在调查过程中,特别委员会发现该公司的会计记录严重失实,明显存在蓄意篡改数据的舞弊行为,于是特意邀请了资深会计师查尔斯·斯内尔对南海公司的分公司——索布里奇商社的会计账目进行检查。通过对该公司账目的查询、审核,查尔斯·斯内尔于 1721 年提交了一份关于索布里奇商社会计账簿的审查报告。在该报告中,查尔斯·斯内尔指出了该公司存在舞弊行为、会计记录严重不实等问题。

英国议会根据这份查账报告,将南海公司董事之一的雅各希·布伦特及其合伙人的不动产全部没收,其中一位叫乔治·卡斯韦尔的爵士被关进了著名的伦敦塔监狱。直到 1828 年,英国政府在充分认识到股份公司利弊的基础上,通过设立民间审计的方式,将股份公司中因所有权与经营权分离所产生的不足予以制约,完善了这一现代化的企业制度。然后,英国政府撤销了《泡沫法案》,重新恢复了股份公司这一现代企业制度的形式。

英国南海公司的破产和舞弊案例,对世界社会审计史具有里程碑式的影响。尽管在1720年之前,有人认为社会审计这一行业已经存在,但是世界上绝大多数的审计理论工作者都认为,查尔斯·斯内尔是世界上第一位民间注册会计师,他所撰写的查账报告是世界上第一份社会审计报告。英国南海公司的破产和舞弊案例也被列为世界上第一起比较正式的社会审计案例。由此可见,该案例对注册会计师行业来说影响重大且深远。

延伸阅读

安 然 事 件

安然公司是一家位于美国得克萨斯州休斯敦市的能源类公司。在2001年宣告破产之前,安然公司拥有约21 000名雇员,是世界上最大的电力、天然气以及电信公司之一,其披露的2000年营业额高达1 010亿美元。安然公司连续六年被《财富》杂志评选为"美国最具创新精神公司",然而真正使安然公司声名大噪的却是使这个拥有上千亿美元资产的公司在几周内破产的财务造假丑闻。安然公司欧洲分公司于2001年11月30日申请破产,美国本部于2日后同样申请破产保护。该公司的留守人员主要进行资产清理、执行破产程序以及应对法律诉讼。

2001年年初,一家有着良好声誉的投资机构负责人吉姆·切欧斯公开对安然的盈利模式表示怀疑。他指出,虽然安然公司的业务看起来很辉煌,但实际上赚不到什么钱,没有人能够说清楚安然公司是如何赚钱的。据他分析,安然公司的盈利率在2000年为5%,到了2001年年初就降到2%以下,对于投资者来说,投资回报率仅有7%左右。

切欧斯还注意到有些文件涉及安然公司背后的合伙公司,这些合伙公司和安然公司有着说不清的幕后交易。作为安然公司的首席执行官,斯基林一直在抛售手中的公司股票,而他不断对外宣称安然公司的股票会从当时的70美元左右升至126美元。按照美国法律规定,公司董事会成员如果没有离开董事会,是不能抛出手中持有的公司股票的。

也许正是这一点引发了人们对安然公司的怀疑,并开始真正追究安然公司的盈利情况和现金流向。到了2001年8月中旬,人们对安然公司的疑问越来越多,安然公司的股价也随之下跌。2001年10月16日,安然公司发表2001年第三季度财报,宣布公司亏损总计达到6.18亿美元,即每股亏损1.11美元。2001年11月8日,安然公司被迫承认做了假账,其所虚报的数字让人瞠目结舌:自1997年以来,安然公司虚报盈利共计5.86亿美元。2001年12月2日,安然公司正式向法院申请破产保护,破产清单中所列资产高达498亿美元,成为美国历史上最大的破产企业。

安达信会计师事务所是当年"五大"会计师事务所之一,却为安然公司出具了严重失实的审计报告和内部控制评价报告。安达信会计师事务所在1997—2000年为安然公司出具的审计报告均为无保留意见。同时,安达信会计师事务所不仅为安然公司提供审计鉴证服务,而且提供价格不菲的咨询业务,仅2000年安达信会计师事务所就从安然公司获得了约 5 200 万美元的服务费用,其中,2 500 万美元是审计费用,2 700 万美元是咨询和其他服务费用。此外,安然公司的许多高层管理人员还是安达信的前雇员。在东窗事发之后,安达信高层管理人员居然下令销毁和安然公司有关的审计档案。

受此事件的影响,2002 年 8 月 31 日,美国安达信会计师事务所宣布自愿放弃或同意吊销在美国所有各州为上市公司提供审计的营业执照。自此,安达信彻底退出奋斗了 89 年的会计行业。从此往后,世界"五大"会计师事务所改称"四大"会计师事务所。

(二) 我国社会审计的产生和发展

我国社会审计起源于 20 世纪初。1918 年,北洋政府颁布了《会计师暂行章程》,谢霖在北京创办了我国第一家注册会计师审计组织,即正则会计师事务所。随后,上海、天津、广州等地也开始设立会计师事务所,接受委托办理审计业务。

中华人民共和国成立以后,高度集中的计划经济体制使社会审计失去了赖以生存和发展的经济环境和社会条件,社会审计发展一度中断。为适应经济建设的需要,1980 年,财政部颁布了《关于成立会计顾问处的暂行规定》,标志着社会审计制度开始恢复和重建。1986 年,国务院发布《中华人民共和国注册会计师条例》。1993 年 10 月,中共第八届全国人民代表大会常务委员会第四次会议通过《中华人民共和国注册会计师法》。1995 年 6 月 19 日,财政部、审计署联合发出了《关于中国注册会计师协会、中国注册审计师协会实行联合的有关问题的通知》。自此,中国注册会计师协会和中国注册审计师协会实行联合,组成新的中国注册会计师协会,开创了统一法律规范、统一执业标准、统一监督管理的行业发展新局面。这标志着我国社会审计工作进入了一个新的历史发展阶段。1996 年 1 月 1 日颁布并实施的《中国独立审计准则》有力地促进了社会审计的发展。

2006 年 2 月 5 日,财政部颁布了 48 项中国注册会计师执业准则,构建了一个完整的框架体系,标志我国与国际惯例趋同的注册会计师执业准则体系正式建立。

任务二　审计的定义与特征

一、审计的定义

审计的定义是对审计实践的概括总结,是对审计本质特征或其内涵与外延做出的科学界定,也是对审计特有属性的揭示。

美国会计学会在 1973 年发布的《基本审计概念说明》中指出:审计是一个客观地获取和评价与经济活动和经济事项认定有关的证据,以确定这些认定与既定标准之间的符合程度,并将结果传达给利害关系人的系统过程。根据这一定义,审计过程如图 1-1 所示。

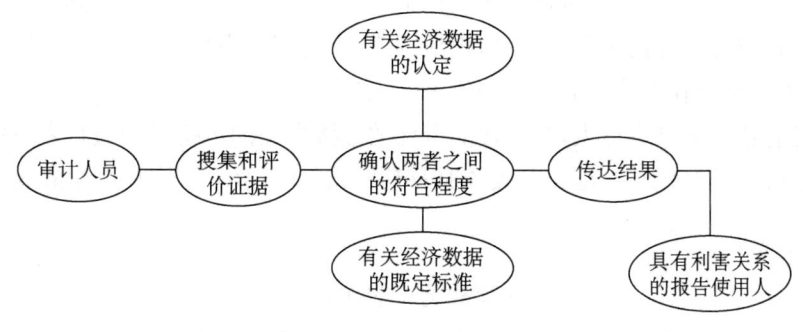

图 1-1 审计过程

根据审计的特性和构成要素的发展,综合各类审计的共性特征,1989 年,中国审计学会将审计的概念表述如下:审计是由独立的专职机构或人员接受委托或授权,以被审计单位的经济活动为对象,对被审计单位在一定时期的全部或一部分经济活动的有关资料,按照一定的标准进行审核检查、收集和整理证据,以判明有关资料的合法性、公允性、一贯性,以及经济活动的合规性、效益性,并出具审计报告的监督、评价和鉴证活动。

二、审计关系

审计作为一种社会活动,其运行的基础是审计关系。我们从其定义中可以发现,审计关系通常涉及三个方面,即审计人、审计委托人和被审计人。其具体关系如图1-2 所示。

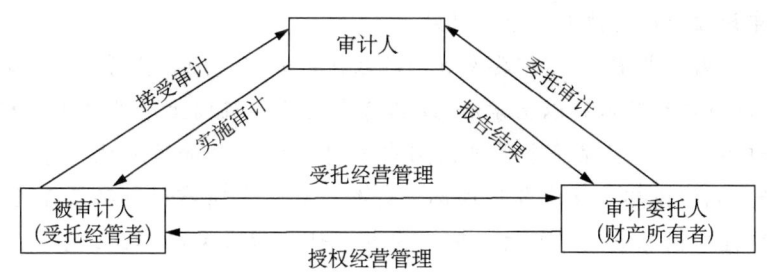

图 1-2 审计关系示意图

在上述审计关系中,审计委托人与被审计人的契约关系是审计存在的前提。一般情况下,审计委托人是资产的所有者,而被审计人是资产的代管者或经营者,两者之间是一种受托经济责任关系。审计人则处于中间人地位,即接受审计委托人的授权或委托对被审计人进行认真审查,但审计人是独立存在的,其与审计委托人和被审计人都不存在任何经济利益上的关系。

三、审计主体和客体

审计主体通常是指审计关系中的审计人员,即接受审计委托人的委托而实施审计的主体。在实际工作中,审计主体是指审计专职机构和专业人员。其中,审计专职机构是指以审计为专门工作的单位,包括国家审计机关、内部审计机构和社会审计组织,专业人员是指在上述专职机构中的审计人员。

审计客体也称被审计人,是指接受审计的经济责任的承担者和履行者,即被审计单位,包括国务院各部门、地方各级政府及其所属部门、金融机构和企业事业组织等。

人生加油站

如何成为一名审计师

审计师是一个令人羡慕的职业,成为一名审计师是很多人梦寐以求的心愿。下面为大家介绍如何成为一名注册会计师和内部审计师。

要成为一名注册会计师,首先需要通过考试来获取资格,即必须参加注册会计师全国统一考试。在我国,根据相关规定,凡是具有高等专科以上学历,或者具有会计及相关专业中级以上技术职称的中国公民均可报名参加。注册会计师全国统一考试分为两个阶段,第一阶段是专业阶段考试,共有《会计》《审计》《财务成本管理》《公司战略与风险管理》《经济法》《税法》6 个科目;第二阶段是综合阶段考试,设《职业能力综合测试》1 个科目。在第一阶段考试中,单科成绩合格标准为 60 分,单科成绩在连续 5 个年度内有效。考生在通过专业阶段考试的全部科目后,才能参加综合阶段考试,综合阶段考试分为《职业能力综合测试(试卷一)》和《职业能力综合测试(试卷二)》两个部分,两个部分各 50 分,考生得分合计 60 分即为合格。在综合阶段考试成绩合格的考生,可获得注册会计师全国统一考试全科考试合格证书,目前为电子证书。考试成绩合格后,在中国境内从事审计业务工作 2 年以上者,即可向省级注册会计师协会申请注册成为执业注册会计师。

要成为一名内部审计师,需要参加国际注册内部审计师资格考试。在我国,根据相关规定,具有本科及本科以上学历,或具有中级及中级以上专业技术资格,持有注册会计师证书或非执业注册会计师证书者就可以报名参加该考试。考试科目包括《内部审计基础》《内部审计实务》《内部审计知识要素》,所有科目必须在 4 个年度内通过。国际注册内部审计师不仅是国际内部审计领域专家的标志,也是国际审计界唯一公认的职业资格。

四、审计的特征

(一) 独立性

在我国,经济监督体系包括审计监督、会计监督、财政监督、税务监督、工商行政监督、物价监督、金融监督和统计监督等。其中,除了审计监督,其他监督均需要结合自身业务进行,它们的监督职能都是从其管理职能中衍生出来的附带职能,是为了执行其具体业务而进行的监督;仅审计监督是由专职机构和专业人员进行的独立的经济监督。

审计在经济监督体系中占据重要位置,实施审计不仅是实现国家职能的需要,体现了统治者的意志,还能够明确经济责任、严肃财经法纪、改善被审计单位的经营管理、提高经济效益,进而对市场经济秩序起到规范的作用。审计具有独立性是审计监督区别于其他经济监督工作的根本特征,其他经济监督形式并不具备独立性。

独立性是审计的本质特征,表现在组织机构、业务工作、经济来源和人员的独立等方面。组织机构的独立是审计工作独立性的保障。在形式上,组织机构的独立表现为审计独立于被审计单位以外。业务工作的独立是指审计工作不受任何部门、单位和个人的干扰,而且审计人员要保持形式上和实质上的独立,对被审查事项作出独立的评价和鉴证。经济来源的独立是审计工作保持独立性的物质基础。人员的独立要求审计人员与被审计单位无经济利害关系,且不参与被审计单位的行政或者经营管理活动。办理审计事项的审计人员如果与被审计单位或者审计事项存在经济利害关系,应当回避此项审计工作。

(二) 权威性

审计的权威性是指审计组织的工作过程受到法律保护,且审计结果具有法律效力。同时,审计的权威性是审计独立性的明显体现,只有审计组织和审计人员独立行使监督权,不受其他行政机关、社会团体和个人的干涉,才能确立审计的权威性。

在我国,审计的权威性主要表现在三个方面:第一,审计组织依照《中华人民共和国宪法》(以下简称《宪法》)的规定而建立,《宪法》对审计组织赋予了依照法律独立行使审计监督的职权;第二,审计组织按照授权人的委托依法行使职权时,有权要求被审计人提供有关资料,政府审计组织还有权追究违法乱纪的原因和经济责任,有权纠正违反国家规定的收入和支出,进而制止损失和浪费;第三,审计组织出具的审计报告具有法律效力,政府审计机关的审计决定还可以作为处理和处罚的依据。

(三) 公正性

与权威性密切相关的是审计的公正性。从某种意义上说,没有公正性,权威性也将不复存在。审计的公正性反映了审计工作的基本要求。审计人员只有站在第三者的立场上,进行实事求是的审查,作出不带任何偏见的、符合客观事实的判断,公正地评价和处理,从而正确地确认或解除被审计人的经济责任。审计人员只有同时保持独立性、公正性,才能取得审计授权者或委托者以及社会公众的信任,才能真正树立审计权威的形象。

任务三 审计的对象与职能

一、审计对象

一般意义上的审计对象是指被审计单位的财政财务收支及有关的经济活动。具体地说,审计对象包括以下两方面的内容。

一是被审计单位的财政财务收支及有关的经济活动。不论是传统审计还是现代审计,不论是政府审计、内部审计还是社会审计,都要求以被审计单位客观存在的财政财务收支及有关的经济活动为审计对象,对其是否合法、公允、合理进行审查和评价,以便对被审计单位的经济责任进行确定、证明和监督。

二是被审计单位的会计资料及相关资料。审计对象的本质是通过一定的载体反映出来的,提供会计信息的载体主要有会计凭证、会计账簿、财务报表等会计资料,以及相关的计划、预算、经济合同等其他资料;提供经营管理活动信息的载体主要有经营目标、预测和决策方案、技术资料、经济活动分析资料、磁盘、光盘等其他有关资料。以上这些都是审计的具体对象。

综上所述,审计的对象是指被审计单位的财政财务收支及有关的经济活动,以及作为提供这些经济活动信息载体的会计资料及相关资料。会计资料和其他相关资料是审计对象的现象,其所反映的被审计单位的财政财务收支及有关的经济活动是审计对象的本质。

二、审计的职能

审计的职能是指审计本身固有的、体现审计本质属性的内在功能。它是不以人们意志为转移的客观存在。

审计具有经济监督、经济评价和经济鉴证三项职能。

(一) 经济监督

经济监督是审计的基本职能,它是指审计人员通过监察和督促被审计单位的经济活动,使其按照正常的经济规律和法律法规运行。审计监督是整个经济监督体系中的一个重要组成部分。审计监督可以对被审计单位的财政财务收支及有关经济活动的真实性、合法性、效益性进行审查,促使其符合国家的方针、政策、法规、制度、计划和预算的要求,借以维护财经法纪。

(二) 经济评价

经济评价是指审计人员通过对被审计单位的财政财务收支和有关经济活动进行审核检查,就其经济决策、预算、计划和方案是否先进可行,执行情况如何,经济效益高低优劣及内部控制是否健全、严密、有效等内容作出评价,为有关方面提供决策信息。

(三) 经济鉴证

经济鉴证又称审计公正,是指审计人员通过审核鉴定来判断被审计单位的财务报表和经济资料是否真实、正确,是否可以信赖,并作出书面证明,以供审计委托人或其他有关方面使用。

应该说,不同的审计组织形式在审计职能的体现上侧重点有所不同,如国家审计和内部审计侧重于经济监督和经济评价,而社会审计则侧重于经济鉴证。

任务四 审计的分类

审计分类是指将社会经济生活中的各种审计活动按照一定的特征、标志进行归类。对审计进行科学的分类不仅有利于人们加深对各种审计活动的认识,准确理解和完整把握各类审计的特征和作用,还有利于提高审计工作的科学性,以便审计人员根据不同的审计目标选用相应的审计程序及审计方法,使审计工作效率得以提高、审计的作用得以充分发挥。

一、审计的基本分类

(一) 按审计主体分类

审计的主体是指执行审计的专职机构和专业人员,其在审计活动中处于主导地位,也是审计活动的执行者。按照实施审计的主体不同进行分类,审计可以分为国家审计、内部审计和社会审计。

1. 国家审计

国家审计也称政府审计,是指由国家专门机关依法独立对国家重大政策措施贯彻落实情况,公共资金、国有资产、国有资源管理分配使用的真实合法效益,以及领导干部履行经济责任、自然资源资产管理和生态环境保护责任情况所进行的监督活动。国家审计是国家治理的重要组成部分,因为审计不仅可以使某一具体的受托责任关系得以正常维系,还可以促进整个社会受托责任关系按照既定的规则有序运行,进而维护经济社会发展的秩序。

国家审计的主要特点是法定性和强制性。拥有和管理国有资产的单位,都必须依法接受国家审计的监督。对于国家审计作出的审计决定,被审计单位和有关人员必须执行。国家审计机关的审计工作不受其他行政机关、社会团体和个人的干涉。

2. 内部审计

内部审计是指由部门、单位内部专职审计机构的专职审计人员所进行的审计,是一种独立、客观的确认和咨询活动。它通过运用规范的程序和方法,审查和评价组织业务活动及其内部控制的适当性、合法性和有效性,促进组织改善治理和管理,帮助组织增加价值,实现其目标。

内部审计具有以下三个主要特点。

(1) 审计服务的内向性。内部审计机构是根据本部门、本单位的自身需要而建立的,直接接受本部门、本单位负责人的领导。内部审计人员亦为本部门、本单位的工作人员,为本部门、本单位服务。这都决定了内部审计机构是为加强内部经济管理和控制服务的,是内部控制机制的主要组成部分。

(2) 审计范围的广泛性。内部审计作为对本部门、本单位的综合经济监督,其审计范围相当广泛。内部审计不仅对财务收支进行审计监督,还对整个经济活动过程,计划、预算、合同、协议,工作效率,内部控制等进行全面的检查、分析和评价。

(3) 审计时间的经常性和及时性。内部审计作为本部门、本单位的专职审计机构,可以对本部门、本单位的经济活动进行经常性的监督和检查,并随时对本部门、本单位的实际需要和存在的问题,有针对性地开展审计工作,及时发现问题,提出改进措施并督促执行。

3. 社会审计

社会审计也称民间审计或注册会计师审计,是指注册会计师依法接受委托,对被审计单位的相关经济活动及其资料进行独立审查并发表审计意见。其中,财务报表审计是指注册会计师对财务报表是否不存在重大错报提供合理保证,以积极方式提出意见,增强除管理层之外的预期使用者对财务报表信赖的程度。

社会审计具有以下三个主要特点。

(1) 独立性。注册会计师在执行审计业务、出具审计报告时应完全独立于委托人和被审计单位,即在审计关系中,社会审计属于双向独立。

(2) 受托性。注册会计师在执行审计业务时,其具体内容和审计目的取决于委托人的要求。

(3) 有偿性。会计师事务所是依法独立承办审计业务、会计咨询和会计服务业务的社会中介组织。会计师事务所在经济上自收自支,实行有偿服务,依法纳税,具有法人资格。

(二) 按审计内容分类

按照审计的内容进行分类,审计可以分为财政财务审计、合法合规审计和绩效审计。

1. 财政财务审计

财政财务审计也称常规审计或传统审计,是指对被审计单位的财政财务收支活动进行的审计,即审计人员通过检查财政财务收支的真实性、完整性,实现维护各方的合法权益并加强财政和财务管理的目的。

1) 财政审计

财政审计是指由国家审计机关对本级财政预算的执行情况和下级政府财政预算的执行情况,以及其他财政收支情况的真实性、合法性进行的审计。

2) 财务审计

财务审计是指由国家审计机关、内部审计机构或会计师事务所对各级政府部门、金融机构、企事业单位的财务收支及有关经济活动的真实性、合法性进行的审计监督。

2. 合法合规审计

合法合规审计主要是审计人员通过审计确定被审计单位是否按照国家的法律法规和组织的章程、政策的要求进行财政财务收支及经营管理活动。合法合规审计主要是满足法律法规、政策章程的制定者确认法律法规、政策章程是否真正得到执行、贯彻的需要。与财政财务审计相比,合法合规审计的合法性、合规性目标更加突出。

3. 绩效审计

绩效审计也称效益审计,是指对被审计单位(或项目)资源管理和使用的经济性、效率和效果进行检查和评价的活动。

需要指出的是,绩效审计与由统计、财会或其他管理部门所进行的经济活动分析与检查,在性质上是完全不同的,前者是一种具有独立性的经济监督、评价活动,而后者则是有关部门结合各自业务所进行的一种管理活动。

二、审计的其他分类

(一) 按审计范围分类

按实施审计的范围进行分类,审计可分为全部审计、局部审计和专项审计。

1. 全部审计

全部审计又称全面审计,是指对被审计单位审计期内的所有财务收支及有关经济活动的真实性、合法性和效益性进行审计。以对某企业的审计为例,全部审计审查的范围不仅包括采购、生产、销售增减变化的情况,还包括货币资金、财产物资、结算、借款、资本金、税金和利润等项目增减变动情况,涉及计划、生产、供应、销售、技术、财务等各个职能部门。

全部审计的优点是审查详细彻底,容易查出问题,有利于促进被审计单位改善经营管理,提高经济效益。它的缺点是工作量大,费时费力,审计成本较高。它一般仅适用于规模较小、业务简单、会计资料较少,或内部控制系统极不健全、存在问题较多的单位。

2. 局部审计

局部审计又称部分审计,是指对被审计单位审计期内的部分财务收支及有关经济活动的真实性、合法性和效益性进行审计。根据审计任务,结合被审计单位的内部控制状况,审计人员可以有针对性地选择部分业务或部分项目进行审计。比如,对企业的现金收支业务、产品销售收入业务进行审查,或进行存货审计、税金审计等。

局部审计的优点是审查范围小、重点突出、更具针对性、节省时间和精力,审计成本较低。它的缺点是审计覆盖面有限,容易遗漏问题。

3. 专项审计

专项审计也称专题审计或特种审计,是指根据特定需要或目的实施的审计,如对自筹基建资金来源、支农扶贫专项资金、救灾专项资金等进行的审计。

(二) 按审计实施的时间分类

按照审计实施的时间进行分类,审计可以分为事前审计、事中审计和事后审计。

1. 事前审计

事前审计是指审计人员在被审计单位的财政财务收支和经济业务发生之前进行的审计。它主要是对计划、预算和决策进行审查,能够起到预防的作用,有助于降低决策失误情况的发生概率,实现决策的科学化。

2. 事中审计

事中审计是指审计人员在被审计单位的财政财务收支和经济业务执行过程中进行的审计。例如,审计人员在固定资产投资项目施工过程中对施工进度、投资完成情况进行的审计,以及年中对各级政府部门财政预算执行情况进行的审计。事中审计具有较强的时效性,能够及时查明经济目标和预算的完成程度,促使被审计单位及时采取措施纠正偏差,改善管理,确保最终目标和预算的实现。

3. 事后审计

事后审计是指审计人员在被审计单位的财政财务收支和经济业务完成之后进行的审计。例如,对某建设工程项目竣工交付情况、年度财务决算、领导干部经济责任等进行的审计。事后审计能够对已经发生的财政财务收支和经济业务的真实性、合法性和效益性进行全面的评价。事后审计具有较强的监督作用,有助于总结经验和教训,为今后编制计划、预算、方案等提供参考依据。

(三) 按审计的周期分类

按照实施审计的周期进行分类,审计可以分为定期审计和不定期审计。

1. 定期审计

定期审计是指审计机构按照预先规定的周期对被审计单位的财务报表和决算资料等进行的审计。我国有关法规规定,外商投资企业和股份制企业每年都应该定期接受社会审计组织实施的财务报表审计。定期审计有助于审计工作的经常化、制度化。

2. 不定期审计

不定期审计是指审计机构没有提前确定周期,而是根据特殊需要临时进行的审计。比如,国家审计机关针对被审计单位的某种严重经济违法乱纪行为进行的审计。

(四) 按审计是否初次实施

按照审计是否初次实施进行分类,审计可以分为初次审计和再次审计。

1. 初次审计

初次审计是指审计机构对被审计单位第一次进行的审计。进行初次审计时,审计人员需要对被审计单位的审计环境进行详细的预备性调查,在此基础上编制审计方案。初次审计结束后形成的审计档案,应成为以后各年度审计的重要参考。

2. 再次审计

再次审计是指审计机构对被审计单位实施初次审计以后的各个年度所实施的审计。再次审计所进行的预备性调查应该把重点放在本期与上期审计的间隔期间内审计环境发生变化的地方,并且充分利用上期审计所形成的审计档案和经验,以此作为编制审计方案的依据之一。如果上期审计曾经向被审计单位提出过建议或纠正、改进事项,那么审计人员应该在再次审计中查明其采纳情况和整改结果,确保审计获得成效。

(五) 按执行审计的地点分类

按照执行审计的地点进行分类,审计可以分为就地审计和报送审计。

1. 就地审计

就地审计是指由审计机构派出审计组或审计人员到被审计单位所在地进行的审计。就地审计不仅有利于减少审计资料往返传递的时间,保证审计资料的安全完整,还有利于审计人员深入现场,迅速获取审计证据,提高审计工作的质量。

2. 报送审计

报送审计又称送达审计,是指被审计单位根据审计机关的要求,把需要审查的所有资料及时送交审计机关,并接受审计。报送审计不仅有利于审计机关对被审计单位实施经常性的审计监督,还有利于严肃财经纪律,加强管理,确保审计机关的权威性。

 **技能训练**

一、单项选择题

1. 审计产生和发展的客观依据是( )。

A. 委托监督检查关系   B. 制约控制关系

C. 效益评价关系   D. 受托经济责任关系

2. 编制财务报表的责任在于( )。

A. 公司管理层   B. 审计委员会

C. 注册会计师   D. 内部审计人员

3. 注册会计师进行的独立审计称为( )。

A. 内部审计   B. 国家审计   C. 定期审计   D. 民间审计

4. 下列各项中,不属于注册会计师审计特点的是( )。

A. 强制审计   B. 有偿审计   C. 委托审计   D. 双向独立

5. 审计最基本的职能是( )。

A. 经济评价   B. 经济监察   C. 经济监督   D. 经济司法

6. 对某一特定项目所进行的审计,称为( )。

A. 局部审计   B. 财经法纪审计   C. 专项审计   D. 民间审计

7. 按照预先规定的时间进行的审计,称为( )。

A. 事前审计   B. 事中审计   C. 事后审计   D. 定期审计

8. 在确定审计业务的三方关系人时,下列有关责任方的说法中,错误的是( )。

A. 责任方可能是预期使用者,但不是唯一的预期使用者

B. 责任方可能是审计业务的委托人,也可能不是委托人

C. 责任方是指被审计单位的管理层,但在某些被审计单位,可能包括部分或全部的治理层

D. 责任方应对编制财务报表承担绝大多数责任

9. 下列有关财务报表审计的相关说法中,不恰当的是( )。

A. 审计对象是历史的财务状况、经营业绩和现金流量

B. 审计对象的载体是财务报表

C. 在财务报表审计中,财务报告编制基础是标准

D. 注册会计师对审计对象作出合理一致的评价或计量时,需要有适当的标准,因此不需要运用职业判断

10. 下列各项中,属于鉴证业务的是(　　)。

A. 税务咨询　　　　　　　　　　B. 财务报表审阅

C. 代编财务信息　　　　　　　　D. 对财务信息执行商定程序

二、多项选择题

1. 下列各项关于注册会计师审计和政府审计的说法中,不正确的有(　　)。

A. 审计目标和对象不同　　　　　B. 审计的标准不同

C. 取证权限相同　　　　　　　　D. 对发现问题的处理方式相同

2. 关于审计含义的如下理解,合理的有(　　)。

A. 审计可以用来有效满足财务报表预期使用者的需求

B. 审计的目的是向信息利用者提供建议

C. 合理保证是一种高水平保证

D. 审计的最终产品是审计报告

3. 下列各项中,属于审计要素的有(　　)。

A. 审计业务的三方关系　　　　　B. 初步业务约定书

C. 财务报表　　　　　　　　　　D. 财务报表编制基础

三、简答题

1. 简述审计三方关系。

2. 什么是审计职能? 简述其内容。

3. 为什么说独立性是审计监督的根本特征?

4. 我国审计组织体系是怎样构成的?

 **审计职业道德和法律责任**

知识 目标

1. 熟悉审计职业道德的含义、作用。
2. 掌握审计职业道德的基本内容。
3. 了解审计准则的含义、作用、具体内容。
4. 掌握审计法律责任的成因、种类和防范审计人员法律责任风险的对策。

技能 目标

1. 能够根据审计职业道德守则判断审计人员是否存在违规行为。
2. 具备运用注册会计师职业规范开展审计工作的能力。
3. 能够根据审计工作的特点提出防范法律责任产生的对策。

素养 目标

1. 培养学生正确的价值观和良好的职业素养。
2. 遵守职业道德,诚实守信,爱岗敬业。
3. 坚持原则、实事求是,加强专业修养、树立职业自信。

知识 结构

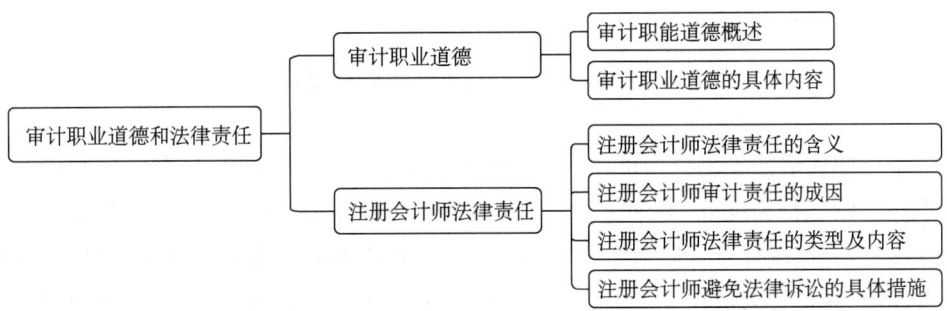

 案例导入

审计行业为什么要有职业道德规范？

小刘和小杨是高中同学，毕业后，两人选择了不同的大学和专业。小刘就读于一所著名大学的会计专业，毕业后进入一家会计师事务所，目前已经成为这家事务所的合伙人。小杨选择了某大学的广告专业，经过多年打拼，目前也拥有了自己的广告服务公司。一天，小杨去拜访客户，了解到该客户所在的公司目前正在寻找一家会计师事务所为其申请银行贷款进行财务报表审计。小杨想到了老同学小刘，于是主动承揽了这项差事。

他打电话给小刘，让小刘赶紧为这家公司进行审计，并多多美言，最后他说："你就不用付介绍佣金给我了，谁让我们是老同学呢！而且你的事务所没什么名气，我帮你策划一下吧！在媒体上做几次广告，好好地宣传宣传你们事务所！"

小刘答道："按照我们行业的职业道德规范，无论你是不是我的老同学，我们都不能支付佣金给你。对于做广告这件事，目前不需要。此外，根据质量控制要求，能不能为你介绍的这家客户开展审计工作，我们还需要对客户的情况进行一些调查。"

小杨很纳闷，在广告行业为拉来广告业务的人支付佣金是很正常的，如果老同学为了省钱不付佣金也能理解，但是他怎么会对送上门的业务挑三拣四，甚至不愿意做广告宣传自己的事务所呢？这样的话，会计师事务所还能持续经营下去吗？

思考：

1. 审计行业为什么要有相关职业道德规范？
2. 注册会计师职业道德规范包括哪些内容？

任务一 审计职业道德

审计职业道德规范是指审计人员在审计工作过程中形成的，具有审计职业特征的道德准则和行为规范，是审计规范体系的重要组成部分，是所有审计人员坚持依法独立进行审计、确保审计职业水平的重要保证。严格遵守职业道德规范、保持应有的职业谨慎，是审计人员树立良好形象、维护良好信誉的重要举措，同时也是确保审计职能得以充分发挥的必要条件。

一、审计职业道德概述

审计职业道德是对审计人员职业品德、职业纪律、专业胜任能力及职业责任等的

总称。国内外审计职业道德的内容从形式上来看虽然多种多样,但其核心内容是一致的,即实事求是、客观公正以及与此密切相关的诚信、谨慎和廉洁。国外的审计职业团体基本上都制定了成文的职业道德规范,我国也颁布了一些法规对有关的审计职业道德进行了明确规定。审计职业道德受到重视的原因在于审计职业道德是审计职业管理的重要组成部分,严格遵守审计职业道德是审计人员坚持依法独立审计、保证审计执业水准的重要前提之一。

为了规范中国注册会计师协会会员的职业行为,进一步提高职业道德水平,保持注册会计师良好的职业形象,中国注册会计师协会于 2009 年 10 月发布了《中国注册会计师职业道德守则》和《中国注册会计师协会非执业会员职业道德守则》(于2010 年 7 月 1 日起施行)。《中国注册会计师职业道德守则》是在对以往职业道德实践经验进行认真总结,以及对新修订的《国际职业会计师道德守则》加以吸收和借鉴的基础上制定的,既符合中国的国情,又实现了国际趋同。该守则每年更新或不定期更新,最新修订的《中国注册会计师职业道德守则(2020)》具体包括以下五个部分。

(1)《中国注册会计师职业道德守则第 1 号——职业道德基本原则》,主要用于规范注册会计师应当遵循的职业道德基本原则,为注册会计师的行为确立道德标准。

(2)《中国注册会计师职业道德守则第 2 号——职业道德概念框架》,主要用于规范注册会计师职业道德概念框架,即解决职业道德问题的思路和方法。

(3)《中国注册会计师职业道德守则第 3 号——提供专业服务的具体要求》,主要用于规范注册会计师在提供专业服务的过程中可能遇到的除独立性以外的某些具体情形,并针对在这些情形下如何运用职业道德概念框架解决职业道德问题作出具体规定。

(4)《中国注册会计师职业道德守则第 4 号——审计和审阅业务对独立性的要求》,主要用于规范注册会计师在从事审计和审阅业务时与独立性相关的要求。

(5)《中国注册会计师职业道德守则第 5 号——其他鉴证业务对独立性的要求》,主要用于规范注册会计师在从事审计和审阅以外的其他鉴证业务时与独立性相关的要求。

二、审计职业道德的具体内容

(一) 注册会计师职业道德基本原则

微课 2-1

最新公布的《中国注册会计师职业道德守则(2020)》要求注册会计师应当遵循以下六项职业道德基本原则。

1. 诚信

注册会计师应当在所有的职业活动中保持正直,诚实守信。

注册会计师如果认为业务报告、申报资料或其他信息存在下列问题,则不得与这些有问题的信息发生牵连。

(1) 含有严重虚假或误导性的陈述。

(2) 含有缺少充分依据的陈述或信息。

（3）存在遗漏或含糊其辞的信息。

注册会计师如果注意到已与有问题的信息发生牵连,应当采取措施消除牵连。在鉴证业务中,如果存在上述情形,注册会计师依据职业准则出具了非标准业务报告,不被视为违反规定。

2. 独立性

会计师事务所在承办审计和审阅业务及其他鉴证业务时,应当从整体层面和具体业务层面采取措施,以保持会计师事务所和项目组的独立性。独立性包括实质上的独立性和形式上的独立性。实质上的独立性是一种内心状态,是指注册会计师在提出结论时不受损害职业判断的因素影响,诚信行事,遵循客观和公正原则,保持职业怀疑态度。形式上的独立性是一种外在表现,是指一个理性且掌握充分信息的第三方在权衡所有相关事实和情况后,认为会计师事务所或审计项目组成员没有损害诚信原则、客观和公正原则,保持了应有的职业怀疑态度。

3. 客观和公正

注册会计师应当公正处事、实事求是,不得因为偏见、利益冲突或他人的不当影响而损害自己的职业判断。如果存在导致职业判断出现偏差或对职业判断产生不当影响的情形,注册会计师不得提供相关专业服务。

4. 专业胜任能力和应有的关注

注册会计师应当通过教育、培训和执业实践等途径获取并保持专业胜任能力,其在运用专业知识和技能时应当恰当运用职业判断,必要时应使客户及业务报告的其他使用者知晓专业服务的固有局限性。

5. 保密

注册会计师应当对职业活动中所获知的涉密信息保密,不得有下列行为。

（1）未经客户授权或法律、法规允许,向会计师事务所以外的第三方披露其所获知的涉密信息。

（2）利用所获知的涉密信息为自己或第三方牟取利益。

注册会计师应当对拟接受的客户或拟受雇的工作单位向其披露的涉密信息保密。注册会计师应当对所在会计师事务所的涉密信息保密。

注册会计师在社会交往中应当履行保密义务,警惕无意中泄密的可能性,特别是警惕无意中向近亲属或关系密切的人员泄密的可能性。注册会计师应当采取措施,确保下级员工以及提供建议和帮助的人员履行保密义务。

在终止与客户的关系后,注册会计师应当对以前在职业活动中获知的涉密信息保密。如果获得新客户,注册会计师可以利用以前的经验,但不得利用或披露以前职业活动中获知的涉密信息。

6. 良好的职业行为

注册会计师应当遵守相关法律和法规,避免发生任何损害职业声誉的行为。注册会计师在向公众传递信息以及推介自己和工作时,应当客观、真实、得体,不得损害职业形象。

注册会计师应当诚实、实事求是，不得有下列行为。

（1）夸大宣传提供的服务、拥有的资质或获得的经验。

（2）贬低或无根据地比较其他注册会计师的工作。

（二）注册会计师职业道德概念框架

为了规范注册会计师职业活动，指导注册会计师遵循职业道德基本原则，履行其维护公众利益的职责，中国注册会计师协会制定《中国注册会计师职业道德守则第2号——职业道德概念框架》，用于解决注册会计师提供专业服务时遇到的具体职业道德问题。

职业道德概念框架是指解决职业道德问题的思路和方法，用以指导注册会计师识别对职业道德基本原则的不利影响，评价不利影响的严重程度，必要时采取防范措施消除不利影响或将其降低至可接受的水平。

（三）注册会计师职业道德概念框架的具体运用

注册会计师在运用职业道德概念框架时，应当进行职业判断，即考虑一个理性且掌握充分信息的第三方，在权衡注册会计师当时可获得的所有具体事实和情况后，是否很可能认为这些防范措施能够消除不利影响或将其降低至可接受的水平，以使职业道德基本原则不受损害。如果发现存在可能违反职业道德基本原则的情形，注册会计师应当评价其对职业道德基本原则的不利影响。在评价不利影响的严重程度时，注册会计师应当从性质和数量两个方面予以考虑。如果注册会计师认为对职业道德基本原则的不利影响超出可接受的水平，应当确定是否能够采取防范措施消除不利影响或将其降低至可接受的水平。在运用职业道德概念框架时，如果某些不利影响是重大的，以及合理的防范措施不可行或无法实施，注册会计师可能面临不能消除不利影响或将其降至可接受水平的情形。此时，如果无法采取适当的防范措施，注册会计师应当拒绝或终止所从事的特定专业服务，必要时与客户解除合约关系，或向其工作单位辞职。

1. 可能对职业道德基本原则产生不利影响的具体情形

1）自身利益导致不利影响的主要情形

（1）鉴证业务项目组成员在鉴证客户中拥有直接经济利益。

（2）会计师事务所的收入过分依赖某一客户。

（3）鉴证业务项目组成员与鉴证客户存在重要且密切的商业关系。

（4）会计师事务所担心可能失去某一重要客户。

（5）鉴证业务项目组成员正在与鉴证客户协商受雇于该客户。

（6）会计师事务所与客户就鉴证业务达成或有收费的协议。

（7）注册会计师在评价所在会计师事务所以往提供的专业服务时发现了重大错报。

2）自我评价导致不利影响的主要情形

（1）会计师事务所在对客户提供财务系统的设计或操作服务后又对系统的运行有效性出具鉴证报告。

（2）会计师事务所为客户编制的原始数据构成鉴证业务的对象。

（3）鉴证业务项目组成员担任或最近曾经担任客户的董事或高级管理人员。

（4）鉴证业务项目组成员目前或最近曾受雇于客户并且所处职位能够对鉴证对象施加重大影响。

（5）会计师事务所为鉴证客户提供直接影响鉴证对象信息的其他服务。

3）过度推介导致不利影响的主要情形

（1）会计师事务所推介审计客户的股份。

（2）在审计客户与第三方发生诉讼或纠纷时注册会计师担任该客户的辩护人。

4）密切关系导致不利影响的主要情形

（1）鉴证业务项目组成员的近亲属担任客户的董事或高级管理人员。

（2）鉴证业务项目组成员的近亲属是客户的员工且其所处职位能够对业务对象施加重大影响。

（3）客户的董事、高级管理人员或所处职位能够对业务对象施加重大影响的员工最近曾担任会计师事务所的项目合伙人。

（4）注册会计师接受客户的礼品或现金。

（5）会计师事务所的合伙人或高级员工与鉴证客户存在长期业务关系。

5）外在压力导致不利影响的主要情形

（1）会计师事务所受到客户解除业务关系的威胁。

（2）审计客户表示如果会计师事务所不同意对某项交易的会计处理，则不再委托其承办拟议中的非鉴证业务。

（3）客户威胁将起诉会计师事务所。

（4）会计师事务所受到降低收费的影响而不恰当地缩小工作范围。

（5）由于客户方面的员工对所讨论的事项更具有专长，注册会计师面临服从其判断的压力。

（6）会计师事务所合伙人告知注册会计师除非同意审计客户不恰当的会计处理，否则其晋升将受到影响。

2. 应对不利影响的防范措施

在具体工作中，应对不利影响的防范措施包括会计师事务所层面的防范措施和具体业务层面的防范措施。

1）会计师事务所层面的防范措施

（1）领导层强调遵循职业道德基本原则的重要性。

（2）领导层强调鉴证业务项目组成员应当维护公众利益。

（3）制定有关政策和程序，实施项目质量控制，监督业务质量。

（4）制定有关政策和程序，识别对职业道德基本原则的不利影响，评价不利影响的严重程度，采取防范措施消除不利影响或将其降低至可接受的水平。

（5）制定有关政策和程序，保证遵循职业道德基本原则。

（6）制定有关政策和程序，识别会计师事务所或项目组成员与客户之间的利益或关系。

（7）制定有关政策和程序，监控对某一客户收费的依赖程度。

（8）向鉴证客户提供非鉴证服务时，指派鉴证业务项目组以外的其他合伙人和项目组，并确保鉴证业务项目组和非鉴证业务项目组分别向各自的业务主管报告工作。

（9）制定有关政策和程序，防止项目组以外的人员对业务结果施加不当影响。

（10）及时向所有合伙人和专业人员传达会计师事务所的政策和程序及其变化情况，并就这些政策和程序进行适当的培训。

（11）指定高级管理人员负责监督质量控制系统是否有效运行。

（12）向合伙人和专业人员提供鉴证客户及其关联实体的名单，并要求合伙人和专业人员与之保持独立。

（13）制定有关政策和程序，鼓励员工就遵循职业道德基本原则方面的问题与领导层沟通。

（14）建立惩戒机制，保障相关政策和程序得到遵守。

2）具体业务层面的防范措施

（1）对已执行的非鉴证业务，由未参与该业务的注册会计师进行复核，或在必要时提供建议。

（2）对已执行的鉴证业务，由鉴证业务项目组以外的注册会计师进行复核，或在必要时提供建议。

（3）向客户审计委员会、监管机构或注册会计师协会咨询。

（4）与客户治理层讨论有关的职业道德问题。

（5）向客户治理层说明提供服务的性质和收费的范围。

（6）由其他会计师事务所执行或重新执行部分业务。

（7）轮换鉴证业务项目组合伙人和高级员工。

任务二　注册会计师法律责任

随着我国市场经济的发展，社会审计行业已经成为市场经济体制中不可或缺的重要组成部分。社会审计越发展，其法律责任问题也就越突出。在我国，判断注册会计师法律责任的成文法主要有《中华人民共和国注册会计师法》《中华人民共和国证券法》《中华人民共和国公司法》等。除此之外，我国民法、刑法中普遍适用性的条款，也是判断注册会计师法律责任的法律依据。

一、注册会计师法律责任的含义

注册会计师的法律责任是指注册会计师在执行审计业务过程中因违约、过失或欺诈对审计委托人、被审计单位或者其他利害关系人造成损害，由此依据有关法律的规定而应承担的法律后果。

二、注册会计师法律责任的成因

(一) 违约

违约是指合同的一方或几方未能达到合同条款的要求。当违约给他人造成损失时,注册会计师应承担违约责任。例如,会计师事务所在商定的期间内未能完成约定的业务,或违反了与被审计单位订立的保密协议等。

(二) 过失

过失是指在一定条件下,当事人缺乏应有的合理谨慎。当过失给他人造成损失时,注册会计师应承担过失责任。评价注册会计师的过失,是以其他合格注册会计师在相同条件下可做到的谨慎为标准的。按照程度不同,过失可分为普通过失和重大过失。

1. 普通过失

普通过失又称一般过失,是指当事人没有保持职业上应有的合理谨慎。对注册会计师而言,普通过失则是指没有完全遵循执业准则的要求。例如,注册会计师未按特定审计项目取得充分、适当的审计证据而出具审计报告的情况,可视为一般过失。

2. 重大过失

重大过失是指当事人没有保持起码的职业谨慎。对注册会计师而言,重大过失则是指根本没有遵循执业准则或没有按执业准则的基本要求执行审计。

(三) 欺诈

欺诈又称舞弊,是以欺骗或坑害他人为目的的一种故意的错误行为。具有不良动机是欺诈的重要特征,也是欺诈与普通过失和重大过失的主要区别之一。对于注册会计师而言,欺诈是指为了达到欺骗他人的目的,明知委托单位的财务报表存在重大错报,却加以虚假的陈述,出具无保留意见的审计报告。

三、注册会计师法律责任的类型及内容

根据相关法律法规的规定,注册会计师法律责任包括行政责任、民事责任和刑事责任。

一般来说,违约和普通过失可能导致注册会计师承担行政责任和民事责任,重大过失和欺诈可能导致注册会计师承担民事责任和刑事责任。

(一) 行政责任

行政责任是行政法律责任的简称,是指行为主体因其行为违反与行政管理相关的法律、法规,但尚未构成犯罪,依法应当承担的法律后果。对注册会计师个人而言,行政责任包括警告、暂停执业、吊销注册会计师证书;对会计师事务所来说,行政责任包括警告、没收违法所得、罚款、暂停执业、撤销等。

(二) 民事责任

民事责任是指民事主体因违反合同或者不履行其他法律义务,侵害国家、集体的

财产,侵害他人财产、人身权利,依法应当承担的民事法律后果,主要包括赔偿经济损失、支付违约金等。

(三) 刑事责任

刑事责任是指行为主体因违反国家的法律、法规,情节严重,构成刑事犯罪而应承担的法律后果,主要包括管制、拘留、判刑、剥夺政治权利和罚金、没收财产等。

四、注册会计师避免法律诉讼的具体措施

注册会计师的职业性质决定了注册会计师行业极易遭受法律诉讼。注册会计师要避免法律诉讼,就必须在执业时尽可能不发生过失。为此,注册会计师应做到以下几点。

(1) 严格遵守职业道德规范和专业标准的要求。

(2) 建立健全会计师事务所质量控制制度。

(3) 谨慎选择合伙人。

(4) 招收合格的助理人员,并予以适当的培训和督导。

(5) 与委托人签订业务约定书。

(6) 审慎选择被审计单位。

(7) 提取风险基金或购买责任保险。

(8) 聘请熟悉注册会计师法律责任的律师。

 技能训练

一、单项选择题

1. 下列情况中,对注册会计师执行审计业务的独立性影响最大的是(　　)。

A. 注册会计师的母亲退休前担任被审计单位工会的文艺干事

B. 注册会计师的配偶现在是被审计单位开户银行的业务骨干

C. 注册会计师的一位朋友拥有被审计单位的股票

D. 注册会计师的妹妹大学毕业后在被审计单位担任出纳

2. 会计师事务所不得为同一家上市公司同时提供年报审计和(　　)。

A. 法律服务　　　　B. 纳税申报　　　　C. 代编财务报表　　D. IT 系统服务

3. 下列各项中,符合审计独立性要求的是(　　)。

A. 审计人员未参与被审计单位的行政或经营管理活动

B. 审计人员对其配偶担任高级管理人员的单位进行审计

C. 审计人员接受被审计单位提供的低于市场正常利率的贷款

D. 审计人员对其在原单位曾经管理或直接办理过的相关业务进行审计

4. 下列关于社会审计人员职业道德的说法中,正确的是(　　)。

A. 审计人员应按有关规定接受继续教育

B. 审计人员应以服务成果的大小决定收费标准的高低

C. 审计人员可以采取任何手段争揽业务

D. 审计人员可以个人名义承接业务

5. 下列各项中,符合审计职业道德要求的是( )。

A. 注册会计师对其能力进行广告宣传

B. 审计人员根据被审计单位的意愿形成审计意见

C. 审计人员的客观性受到严重影响时停止参与有关审计业务

D. 审计人员知悉被审计上市公司内幕消息后告知亲属购买该公司股票

二、多项选择题

1. 下列可能威胁审计工作独立性情形的有( )。

A. 收费主要来源于某一鉴证客户

B. 与鉴证客户不存在专业服务收费以外的经济利益

C. 为鉴证客户编制属于鉴证业务对象的数据或其他记录

D. 鉴证客户的董事、经理或者其他关键管理人员是会计师事务所的前高级管理人员

2. 下列各项中,不符合注册会计师职业道德规范的有( )。

A. 雇用正在其他会计师事务所执业的注册会计师

B. 对其能力进行广告宣传

C. 允许其他单位以本所的名义承办业务

D. 以降低收费方式招揽业务

3. 下列各项中,注册会计师在营销专业服务时,属于不当职业行为的有( )。

A. 夸大宣传提供的服务、拥有的资质或获得的经验

B. 贬低或无根据地比较其他注册会计师的工作

C. 暗示有能力影响有关主管部门、监管机构或类似机构

D. 作出其他欺骗性的或可能导致误解的声明

4. 下列各项中,违反注册会计师职业道德基本原则的表述有( )。

A. 注册会计师接受客户的礼品或款待

B. 注册会计师对审计过程中知悉的商业秘密应当保密,并不得利用其为自己或他人谋取利益

C. 会计师事务所不得以或有收费形式为客户提供各种鉴证服务

D. 注册会计师可以对其能力进行广告宣传,但不得诋毁同行

5. A注册会计师是甲公司2021年财务报表审计项目合伙人。他在对甲公司实施风险评估程序时发现,甲公司提供的审计前财务报表中存在与关联方之间的虚构销售行为(注册会计师已经识别了舞弊嫌疑或舞弊事实,可以视为与已有问题的信息发生牵连)。按照诚信原则,A注册会计师应当采取适当措施予以消除,这些措施可能包括( )。

A. 要求甲公司财务报表责任方修改有问题信息

B. 要求甲公司财务报表责任方调整有问题信息

C. 出具否定意见审计报告

D. 解除甲公司 2021 年财务报表审计业务约定

三、综合题

中兴银行拟申请公开发行股票，委托恒达会计师事务所审计其 2019 年度、2020 年度和 2021 年度会计报表，双方于 2021 年年底签订审计业务约定书。

假定恒达会计师事务所及其审计小组成员与中兴银行之间存在以下情况。

(1) 恒达会计师事务所与中兴银行签订的审计业务约定书约定：审计费用为 1 000 000 元，中兴银行在恒达会计师事务所提交审计报告时支付 50% 的审计费用，剩余 50% 视股票能否发行上市决定是否支付。

(2) 2020 年 7 月，恒达会计师事务所按照正常借款程序和条件向中兴银行以抵押贷款方式借款 5 000 000 元，用于购置办公用房。

(3) 恒达会计师事务所的合伙人 A 注册会计师目前担任中兴银行的独立董事。

(4) 审计小组负责人 B 注册会计师 2018 年曾担任中兴银行的审计部经理。

(5) 审计小组成员 C 注册会计师自 2020 年以来一直协助中兴银行编制会计报表。

(6) 审计小组成员 D 注册会计师的妻子自 2018 年起一直担任中兴银行的统计员。

要求：请根据上述 6 种情况，判断恒达会计师事务所或相关注册会计师的独立性是否会受到损害，并简要说明理由。

 **审计目标和审计程序**

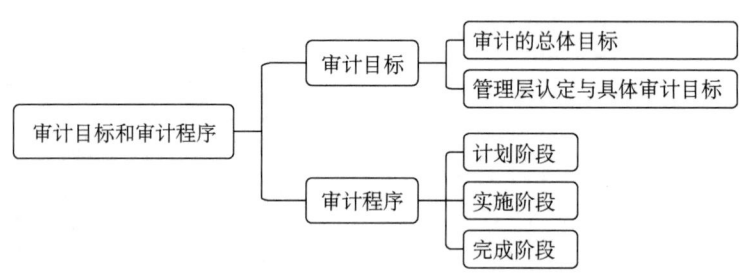

审计业务——目标导向

小王和小李是两名审计助理人员,刚进入会计师事务所不久。今天他们要随着注册会计师老张去一家上市公司进行外勤审计,小王和小李内心很是激动。在此之前,老张已经对小王和小李进行了简单的培训。老张说,所有审计业务都是有一定流程的,而且审计活动是以目标为导向的,整个审计活动围绕审计目标,运用一定的审计程序,通过收集相关审计证据而展开。上学的时候,两人就觉得审计目标、管理层认定等名词很抽象,并没有真正明白是什么意思,这次他们正好可以趁外勤审计的机会,通过实践尽快地熟悉审计业务。

思考:

1. 什么是审计目标?

2. 为实现审计目标,审计人员需实施哪些审计程序?

任务一 审 计 目 标

审计目标不仅是审计行为的起点,还是审计行为要达到的最终结果,审计目标在审计项目的全过程中起决定性作用。在一个审计项目中,审计人员应该采取什么样的审计程序和方法,如何收集、从何处收集、收集多少和收集什么样的审计证据,都取决于审计目标。因此,正确理解审计目标至关重要。审计目标分为总目标和具体目标。

一、审计的总目标

审计的总目标是指审计人员为完成整体审计工作而设定的预期目的。

《中国注册会计师审计准则第 1101 号——注册会计师的总体目标和审计工作的基本要求》第二十五条规定,在执行财务报表审计工作时,注册会计师的总体目标是:①对财务报表整体是否不存在由于舞弊或错误导致的重大错报获取合理保证,使得注册会计师能够对财务报表是否在所有重大方面按照适用的会计准则和相关会计制度编制发表审计意见;②按照审计准则的规定,根据审计结果对财务报表出具审计报告,并与管理层和治理层沟通。

无论何种情况,假如无法获取合理保证,并且在审计报告中发表保留意见也不足以实现向财务报表预期使用者报告的目的,审计人员应当按照审计准则的规定出具无法表示意见的审计报告,或者在法律法规允许的情况下终止审计业务或解除业务约定。

二、管理层认定与具体审计目标

微课 3-1

（一）管理层认定及其与具体审计目标的关系

管理层认定是指管理层对财务报表组成要素的确认、计量、列报作出的明确或隐含的表达。管理层认定包括发生认定、完整性认定、准确性认定、截止认定、分类认定、存在认定、权利和义务认定、完整性认定、计价和分摊认定、发生以及权利和义务认定、分类和可理解性认定、准确性和计价认定。

管理层认定与审计目标密切相关——审计人员的基本职责就是确定被审计单位管理层对其财务报表的认定是否恰当。管理层认定是确定具体审计目标的基础。审计人员通常将管理层认定转化为能够通过审计程序予以实现的审计目标。针对财务报表每一项目所表现出的各项认定，审计人员相应地确定一项或多项审计目标，然后通过执行一系列审计程序获取充分、适当的审计证据以实现审计目标。

审计人员只有了解认定，才能确定每个项目的具体审计目标，并以此作为评估重大错报风险以及设计和实施进一步审计程序的基础。

（二）具体审计目标

具体审计目标是审计总目标的进一步具体化，是指审计人员通过实施审计程序以确定管理层在财务报表中确认的各类交易、账户余额、披露层次认定是否恰当。

1. 与各类交易和事项相关的审计目标

（1）发生认定目标。由发生认定推导出的审计目标是确认已记录的交易是真实的。例如，被审计单位如果没有发生销售交易，但在销售日记账中记录了一笔销售，则违反了该目标。

发生认定目标所要解决的问题是管理层是否把那些不曾发生的项目列入财务报表，它主要与财务报表组成要素的高估有关。

（2）完整性认定目标。由完整性认定推导出的审计目标是确认已发生的交易确实已经记录。例如，被审计单位如果发生了销售交易，但没有在销售日记账和总账中记录，则违反了该目标。

发生认定目标和完整性认定目标强调的是相反的关注点。发生认定目标针对的是潜在的高估，而完整性认定目标则主要针对漏记交易（低估）。

（3）准确性认定目标。由准确性认定推导出的审计目标是确认已记录的交易是按正确金额反映的。例如，如果在销售交易中，被审计单位发出商品的数量如果与账单上的数量不符，或是开账单时使用了错误的销售价格，或是账单中的乘积或加总有误，或是在销售日记账中记录了错误的金额，则违反了该目标。

值得注意的是，准确性认定目标与发生认定目标、完整性认定目标之间存在区别。例如，若被审计单位已记录的销售交易是不应当记录的（如发出的商品是寄销商品），则即使发票金额是准确计算的，仍违反了发生认定目标。又如，若被审计单位已入账的销售交易是对正确发出商品的记录，而金额计算错误，则违反了准确性认定目标，但没有违反发生认定目标。

　　（4）截止认定目标。由截止认定推导出的审计目标是确认接近于资产负债表日的交易记录于恰当的期间。例如，被审计单位如果将本期交易推迟到下期记录，或将下期交易提前到本期记录，就违反了截止认定目标。

　　（5）分类认定目标。由分类认定推导出的审计目标是确认被审计单位记录的交易经过适当分类。例如，被审计单位如果将现销记录为赊销，将出售经营性固定资产所得的收入记录为主营业务收入，则导致交易分类的错误，就违反了分类认定目标。

　　2. 与期末账户余额相关的审计目标

　　（1）存在认定目标。由存在认定推导出的审计目标是确认记录的金额确实存在。例如，被审计单位如果不存在某客户的应收账款，在应收账款试算平衡表中却列入了对该客户的应收账款，则违反了存在认定目标。

　　（2）权利认定和义务认定目标。由权利和义务认定推导出的审计目标是确认资产归属于被审计单位，负债属于被审计单位的义务。例如，被审计单位如果将他人寄售商品记入存货中，就违反了权利认定目标；被审计单位如果将不属于自己的债务记入账内，就违反了义务认定目标。

　　（3）完整性认定目标。由完整性认定推导出的审计目标是确认已存在的金额均已记录。例如，被审计单位如果存在某客户的应收账款，在应收账款试算平衡表中却没有列入对该客户的应收账款，则违反了完整性认定目标。

　　（4）计价和分摊认定目标。该目标主要审查被审计单位的资产、负债和所有者权益是否以恰当的金额包括在财务报表中，以及与之相关的计价或分摊调整是否已恰当记录。

　　3. 与列报相关的审计目标

　　（1）发生及权利和义务认定目标。被审计单位如果将没有发生的交易、事项或与本单位无关的交易和事项包括在财务报表中，则违反了该目标。例如，审计人员为了实现列报的权力认定目标，可以复核被审计单位董事会会议记录中是否记载了固定资产质押或出售等事项，询问管理层固定资产是否被质押或出售。被审计单位如果拥有被质押或出售的固定资产，应在其财务报表中列报，并说明与之相关的权利受到限制。

　　（2）完整性认定目标。被审计单位如果没有将应当披露的事项包括在财务报表中，则违反该目标。例如，审计人员为了实现列报的完整性认定目标，可以检查被审计单位的关联方和关联方交易，以验证其在财务报表中是否得到恰当披露。

　　（3）分类和可理解性认定目标。该目标主要审查被审计单位的财务信息是否已被恰当地列报和描述，且披露内容是否表述清楚。为了实现这一目标，审计人员可以检查被审计单位存货的主要类别是否已披露，是否将出售固定资产收入列为主营业务收入。

　　（4）准确性和计价认定目标。该目标主要审查被审计单位的财务信息和其他信息是否已公允披露，且金额是否恰当。为了实现这一目标，审计人员可以检查被审计单位财务报表附注是否分别对原材料、在产品和产成品等存货成本核算方法做了恰当说明。

任 务 二 审 计 程 序

审计作为一种独立的经济监督活动,是由各种存在着内在逻辑关系的工作所组成的一个完整的运动过程。审计人员在对任何一个项目进行完整审计的过程中,先做什么,后做什么,必须按照一定的顺序进行。

审计程序是指审计人员实施审计工作的先后顺序。审计程序有广义和狭义两种含义。广义的审计程序指审计机构和审计人员对审计项目从开始到结束的整个过程采取的系统性工作步骤。狭义的审计程序指审计人员在实施审计的具体工作中所采用的审计方法。

严格执行审计程序是审计工作规范化的要求。规范审计程序不仅能够保证审计质量、降低审计风险、提高审计效率、减少资源消耗,还能够保障审计组织和审计人员依法实施审计、保障审计人员和被审计单位的合法权益。

审计程序的制定与实施与管理层认定和审计目标密切相关,三者之间的对应关系见表3-1。

表 3-1 管理层认定、审计目标和审计程序之间的对应关系

管理层认定	审计目标	审计程序
存在认定	资产负债表日已记录的存货是否存在	实施存货监盘程序
完整性认定	销售收入是否包括了所有已发货交易的收入	1. 检查发货单和销售发票的编号 2. 检查销售收入明细账
准确性认定	应收账款反映的销售业务的价格和数量及其计算是否正确	1. 比较价格清单与发票上的价格 2. 比较发货单与销售订购单上的数量是否一致 3. 重新计算发票上的金额
截止认定	销售业务是否记录在恰当的期间	比较上一年度最后几天和下一年度最初几天的发货单日期与记账日期
权利和义务认定	资产负债表中的固定资产是否为公司所有	查阅所有权证书、购货合同、结算单和保险单
计价和分摊认定	是否以净值记录应收账款	检查应收账款账龄分析表,评估计提的坏账准备是否充足

从广义上讲,社会审计的审计程序由计划、实施和完成三个阶段构成。以会计师事务所执行的财务报表审计为例,审计程序应当包含以下阶段性工作。

一、计划阶段

(一) 接受业务委托

会计师事务所应当按照执业准则的规定,谨慎决策是否接受或保持某客户关系和具体审计业务。在接受新客户的业务前,或者决定是否保持现有业务或考虑接受

现有客户的新业务时,会计师事务所应当执行有关客户接受与保持的程序,以获取如下信息:①没有信息表明客户缺乏诚信;②审计人员具有执行业务必要的素质、专业胜任能力、时间和资源;③审计人员能够遵守相关职业道德要求。

会计师事务所执行客户接受与保持程序的目的是识别和评估会计师事务所面临的风险。例如,如果审计人员发现潜在客户正面临财务困难,或者发现现有客户曾经作出虚假陈述,那么可以认为接受或保持该客户的风险非常高,甚至是不可接受的。会计师事务所除了考虑客户的风险,还需要考虑自身执行业务的能力,例如当工作需要时能否获得合适的具有相应资格的员工;能否获得专业化协助;是否存在任何利益冲突;能否对客户保持独立性等。

审计人员需要作出的最重要的决策之一就是接受和保持客户。一项低质量的决策可能导致如下结果:①不能准确确定计酬的时间或未被支付的费用;②增加项目合伙人和员工的额外压力;③使会计师事务所声誉方面遭受损失,或者涉及潜在的诉讼。

如果决定接受业务委托,审计人员应当与客户就审计约定条款达成一致意见。对于连续审计,审计人员应当根据具体情况确定是否需要修改业务约定条款,以及是否需要提醒客户注意现有的业务约定书。

(二)安排审计工作

审计人员如果没有恰当的审计工作安排,不仅无法获取充分、适当的审计证据,影响审计目标的实现,还会浪费有限的审计资源,影响审计工作的效率。因此,对于任何一项审计业务,审计人员在执行具体审计程序之前,都必须根据具体情况制订科学、合理的计划,使审计业务以有效的方式得到执行。一般来说,审计工作安排主要包括:确定本期审计业务开始时的初步业务活动,制定总体审计策略,制订具体审计计划等。需要注意的是,计划审计工作不是审计业务的一个孤立阶段,而是一个持续的、不断修正的过程,贯穿于整个审计过程的始终。

二、实施阶段

审计准则要求审计人员在审计过程中贯彻风险导向的审计理念,围绕重大错报风险的识别、评估和应对,计划和实施审计工作。

(一)实施风险评估程序

审计准则规定,审计人员必须实施风险评估程序,以此作为评估财务报表层次和认定层次重大错报风险的基础。风险评估程序是指审计人员为了识别和评估财务报表层次和认定层次的重大错报风险而实施的审计程序。

风险评估程序是必要的审计程序,它可以为审计人员在许多关键环节作出职业判断提供非常重要的基础。风险评估实际上是一个连续和动态地收集、更新与分析信息的过程,应该贯穿于整个审计过程的始终。

通常情况下,实施风险评估程序的主要工作包括:①了解被审计单位及其环境;②识别、评估财务报表层次和各类交易、账户余额及披露认定层次的重大错报风险,包括确定需要特别考虑的重大错报风险(即特别风险)以及仅通过实施实质性程序无法应对的重大错报风险等。

(二)实施控制测试程序和实质性程序

审计人员实施风险评估程序本身并不足以为发表审计意见提供充分、适当的审计证据,还应当进一步实施控制测试(必要时或决定测试时)程序和实质性程序。因此,审计人员在评估财务报表重大错报风险后,需要运用职业判断,针对评估的财务报表层次重大错报风险确定总体应对措施,并针对评估的认定层次重大错报风险设计和实施进一步的审计程序,以将审计风险降至可接受的水平。

三、完成阶段

审计完成阶段是审计的最后一个阶段。审计人员按照业务循环完成各财务报表项目的审计测试和一些特殊项目的审计工作后,在审计完成阶段对审计测试结果进行汇总,开展综合性更强的审计工作,如评价审计中的重大发现、评价审计过程中发现的错报、关注期后事项对财务报表的影响、复核审计工作底稿和财务报表等。在此基础上,审计人员还要将审计结果与客户沟通以后获取管理层声明,确定审计报告的意见类型和措辞,进而编制并送达审计报告,终结审计工作。

审计程序及具体审计工作详见表3-2。

表3-2 审计程序及具体审计工作

审计程序	相关的审计工作
接受业务委托	了解和评价审计对象,确定可审性;决定是否接受委托;商定业务约定条款;签订审计业务约定书
安排审计工作	确定初步业务活动;制定总体审计策略;制订具体审计计划
实施风险评估程序	了解被审计单位及其环境;识别和评估重大错报风险
实施进一步审计程序	控制测试;实质性程序
完成审计工作	审计期初余额、比较数据等;考虑持续经营问题和获取管理层声明;汇总审计差异;提请被审计单位调整财务报表;复核审计工作底稿和财务报表;与管理层和治理层沟通;评价所有审计证据,形成审计意见;编制审计报告,实施项目质量控制复核

 **技 能 训 练**

一、单项选择题

1. 下列各项认定中,与交易和事项、期末账户余额及列报和披露均相关的是( )。

A. 发生认定　　 B. 完整性认定　　 C. 截止认定　　　 D. 权利和义务认定

2. 对于甲公司因新产品畅销而导致期末库存旧产品大量积压这一情况,注册会计师最应当关注可能由此导致的( )认定的重大错报风险。

A. 应收账款的存在　　　　　　B. 营业成本的准确性

C. 销售费用的完整性　　　　　D. 存货的计价和分摊

3. 甲公司将2021年度的主营业务收入列入2020年度的财务报表,则其2020年度财务报表存在的错误认定是(　　)。

A. 截止认定　　B. 计价或分摊认定　C. 发生认定　　D. 完整性认定

4. 如果将其他业务收入记录为主营业务收入,则导致相关交易的错误,就违反了(　　)认定。

A. 存在认定　　　B. 分类认定　　　C. 完整性认定　　D. 计价和分摊认定

5. 下列事项中,属于权利和义务认定的是(　　)。

A. 被审计单位将2020年12月28日付出的购货款拖延至2021年1月6日入账

B. 审计人员通过检查入库单和资产负债表日后收到购货发票等资料,确认应付账款金额为90万元而非95万元

C. 注册会计师发现被审计单位虚列应收账款200万元

D. 注册会计师在审查固定资产时发现账面列示小汽车一台,其行驶记录的单位名称与被审计单位名称不符,管理当局不能作出合理解释

二、多项选择题

1. 注册会计师需要在整个审计过程中运用职业判断。评价职业判断是否适当的依据有(　　)。

A. 作出的判断是否反映了对审计和会计原则的适当运用

B. 根据截至审计报告日的知悉事实和情况,判断是否适当

C. 作出的判断是否与截至财务报告日的事实和情况相一致

D. 作出的判断是否与社会公众的预期或期望相互印证

2. 注册会计师能够根据被审计单位管理当局有关"表达与披露"认定推论得出的项目审计目标包括(　　)。

A. 应收账款中含有主要股东单位的欠款

B. 长期借款中含有一年内到期的部分

C. 银行存款中含有限定用途的存款

D. 固定资产中含有低值易耗品

3. 对于(　　)报表项目,注册会计师应侧重验证其存在性。

A. 存货　　　　　B. 销售收入　　　C. 应收账款　　　D. 现金

4. 审计上市公司会计报表的(　　)项目时,注册会计师应侧重验证存在性目标。

A. 存货　　　　　B. 短期借款　　　C. 应收账款　　　D. 应付账款

5. 注册会计师通过检查"外来账单与本单位有关账目的记录是否相符",最可能证实以下(　　)认定目标。

A. 真实性　　　B. 完整性　　　C. 截止　　　　D. 所有权

三、综合题

甲公司主要从事小型电子消费品的生产和销售。A 注册会计师负责审计甲公司 2020 年度财务报表。A 注册会计师在审计工作底稿中记录了所了解的甲公司情况及其环境,部分内容摘录如下:

甲公司于 2020 年年初完成了部分主要产品的更新换代,由于利用现有主要产品 (T 产品)生产线生产的换代产品(S 产品)的市场销售情况良好,甲公司自 2020 年 2 月起大幅减少了 T 产品的产量,并于 2020 年 3 月终止了 T 产品的生产和销售。S 产品和 T 产品生产所需的原材料基本相同,原材料平均价格相比上年上涨了约 2%。由于 S 产品的功能更加齐全且设计新颖,其平均售价比 T 产品约高 10%。

要求:指出所述事项存在的重大错报风险主要与哪些财务报表项目(仅限于营业收入、营业成本、存货、长期股权投资、无形资产和预计负债)的哪些认定相关。

项目四 审计证据和审计工作底稿

知识目标

1. 掌握审计证据的含义、作用、分类和特征。
2. 了解审计工作底稿的含义、作用、性质、要素和编制要求。
3. 掌握审计工作底稿的复核和归档。

技能目标

1. 能够识别不同种类的审计证据,判断审计证据的特性。
2. 具备编制审计工作底稿的能力。
3. 能够正确归档并保管审计工作底稿。

素养目标

1. 培养学生良好的沟通能力和表达能力。
2. 培养学生严谨细致的思维方式。
3. 提升学生的专业水平,培养工匠精神。

知识结构

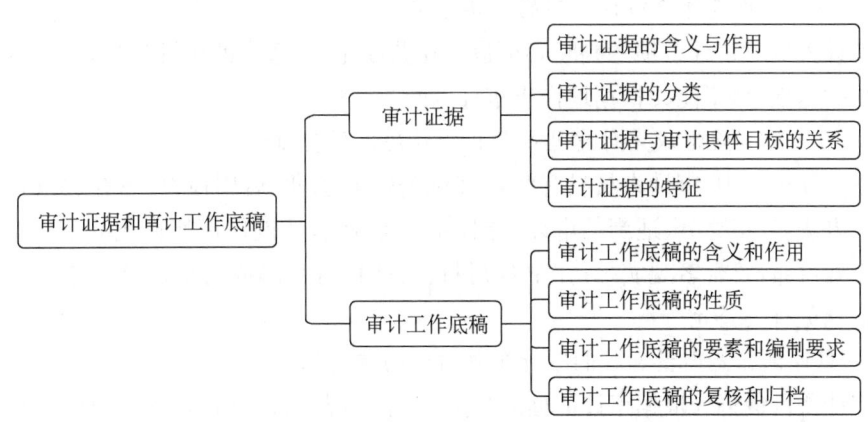

审计证据和审计工作底稿
- 审计证据
  - 审计证据的含义与作用
  - 审计证据的分类
  - 审计证据与审计具体目标的关系
  - 审计证据的特征
- 审计工作底稿
  - 审计工作底稿的含义和作用
  - 审计工作底稿的性质
  - 审计工作底稿的要素和编制要求
  - 审计工作底稿的复核和归档

审计证据充分适当,审计结论坚如磐石

　　阳光有限责任公司 2021 年 12 月 31 日的财务报表显示,其应收账款余额为 300 万元,坏账准备为 9 万元。注册会计师赵明运用审计程序审核了上述两个账户,认为其表述恰当,符合会计准则要求。但在 2022 年 1 月 20 日审计工作尚未结束时,阳光有限责任公司的主要客户隆兴有限责任公司因遭受火灾,表示无力偿还应付阳光有限责任公司的债务。2020 年 12 月 31 日,阳光有限责任公司的账面显示,应收隆兴有限责任公司的账款金额为 90 万元。

　　思考: 如果要求阳光有限责任公司调整 2020 年报表列示金额,以适当反映这一火灾损失,注册会计师赵明需要收集哪些审计证据?

任务一　审计证据

一、审计证据的含义和作用

　　审计人员为了实现审计目标,必须收集、分析、评价和综合审计证据,据以得出合理的审计结论,作为形成审计意见的基础。审计的成功在于取证的成功,审计的质量取决于审计证据的质量。

　　(一) 审计证据的含义

　　审计证据是指审计人员为了得出审计结论、形成审计意见而使用的全部信息,包括构成财务报表基础的会计记录所含有的信息和从其他来源获取的信息。

　　(二) 审计证据的作用

　　1. 审计证据是评价审计事项的事实根据

　　审计人员对审计事项的判断必须建立在获取充分、适当的审计证据,了解客观事实真相的基础上,不能无根据地作出审计判断。

　　2. 审计证据是形成审计意见或作出审计决定的基础

　　在审计过程中,审计人员只有坚持客观公正的态度,运用检查、盘存、分析、调查等审计方法,收集充分、适当的审计证据,凭事实说话,才能保证所形成的审计意见和结论正确可靠,符合客观实际;凭主观判断、估计和猜测形成的审计意见或作出的审计决定难免有失公允。

　　3. 审计证据是衡量和控制审计工作质量的重要依据

　　审计项目负责人根据审计证据的数量、质量情况,可以评价审计人员的工作成绩和质量,帮助审计人员增强能力,提高水平,从而控制审计风险,提高审计工作质量。

　　4. 审计证据是解除和追究行为人的经济责任和法律责任的客观依据

　　审计证据作为判明是非功过的事实凭据,可以被司法、行政、经济等部门用来作为追究或解除行为人经济责任和法律责任的重要依据。

二、审计证据的分类

审计证据可以按照不同的标准进行分类,而不同种类的审计证据在实现审计目标方面有不同的作用。研究审计证据的分类能够加深审计人员对审计证据的理解,提高收集证据的效率。

(一) 审计证据按其表现形式不同分类

通常情况下,审计人员所取得的审计证据根据其外形特征可分为实物证据、书面证据、口头证据、视听或电子证据、鉴定和勘验证据、环境证据。

1. 实物证据

实物证据是指以实物存在并以其外部特征和内在本质证明审计事项的证据,即可以通过实际观察或盘点取得的、用以确定实物资产是否真实存在的证据。实物证据包括固定资产、存货、有价证券和现金等。例如,库存现金、存货、固定资产可以通过监盘的方式来证明其是否真实存在。实物证据通常能够有效证明实物资产是否存在,但不能完全证实这些资产的所有权和计价。因此,对于资产的所有权归属、资产的质量和分类还需要其他的审计证据来证明。

2. 书面证据

书面证据是指以书面形式存在的,以其记载内容证明审计事项的证据。例如,被审计单位的凭证、账簿、报表及其他核算资料,以及审计人员进行函询时的往来信件和有关人员出具的书面证明等。书面证据数量众多、来源较广,通常是审计证据的主要组成部分,也被称为基本证据。审计人员在收集书面证据时应关注其反映内容的真实程度。

3. 口头证据

口头证据是指与审计事项有关的人员提供的言辞材料。例如,当事人的谈话,被调查人的口头答复等。由于口头证据往往掺杂个人的观点和意见,有时会影响被调查事项的真实性,因而其证明力较差、可靠性不高。一般而言,口头证据本身并不足以证明事情的真相,但是审计人员往往可以通过口头证据发现一些重要的线索,从而有利于对某些需审核的情况做进一步的调查,以收集到更为可靠的证据。在取得口头证据时,审计人员在应将其转换成书面记录并取得提供证据者的签字盖章。

4. 视听或电子证据

视听或电子证据是指以录音带、录像带、磁盘及其他电子储存形式存在的用于证明审计事项的证据,如与审计事项相关的当事人讲话的录音带、经济业务发生时现场的录像带、计算机中储存的资料等。随着科学技术的进步和审计技术方法的发展,视听或电子证据成为经常被采用的审计证据。

5. 鉴定和勘验证据

鉴定和勘验证据是指审计机关因特殊需要指派或聘请专门人员对某些审计事项进行鉴定而产生的证据,它实际上是书面证据的特殊表现形式。例如,对某些书面资料字迹的鉴定证明,对票据真伪的鉴定证明,以及对产品或工程质量的鉴定证明等。

6. 环境证据

环境证据是指对审计事项产生影响的各种环境状况证明,如被审计单位的地理位置、内部控制状况、管理状况、管理人员的素质、国内外政治经济形势等。一般而言,环境证据不作为主要的审计证据,但是它能够帮助审计人员了解被审计单位和审计事项所处的环境,为审计人员对审计事项进行有效的分析判断提供有用的信息,因而环境证据也是审计人员必须掌握的资料。

(二) 审计证据按其来源不同分类

审计证据按其来源不同分为亲历证据、内部证据和外部证据。

1. 亲历证据

亲历证据是指审计人员在被审计单位执行审计工作时亲眼目击、亲自参加或亲自取得的证据。例如,审计人员通过监督存货盘点而取得的审计证据,审计人员通过观察被审计单位经济业务执行情况所取得的审计证据,审计人员通过亲自动手编制成本计算表、分析表等取得的审计证据。

2. 内部证据

内部证据是指审计人员在被审计单位内部取得的审计证据。例如,被审计单位职工、管理人员应审计人员的要求对某些审计事项所做的介绍和说明;被审计单位提供的与外部其他单位共同编制的资料,如采购合同、销售订单、委托加工合同、租赁合同及主管部门审批的文件等;被审计单位提供的其他单位填制的书面资料,如其他单位填制的发票、收据、对账单等。

3. 外部证据

外部证据是指审计人员从被审计单位以外的其他单位所取得的审计证据,包括其他单位陈述和外来资料。其他单位陈述是指应审计人员的要求,被审计单位以外的其他单位对被审计单位的债权、债务、在被审计单位寄存的财物或接受被审计单位所寄存的财物的说明,以及其他单位关于与被审计单位经济业务往来情况的说明等。外来资料是指审计人员从其他单位取得的证明审计事项的凭证、账目、报表、合同、文件的摘录等。

上述各类证据可用来实现各种不同的审计目标。对每一个具体账户及其相关认定而言,审计人员应当选择既经济又有效的审计证据,以实现审计目标。

三、审计证据与审计具体目标的关系

审计证据与审计具体目标的关系如表 4-1 所示。

表 4-1　审计证据与审计具体目标的关系

证据种类	审计具体目标								
	总体合理性	真实性	完整性	所有权	估价	截止	机械准确性	披露	分类
实物证据		√	√		√	√			

证据种类	审计具体目标								
	总体合理性	真实性	完整性	所有权	估价	截止	机械准确性	披露	分类
书面证据	√	√	√	√	√	√	√	√	√
口头证据	√	√	√	√		√		√	√
环境证据	√								

四、审计证据的特征

审计证据有两个基本特征,分别是充分性和适当性。审计人员应当保持职业怀疑态度,运用职业判断,评价审计证据的充分性和适当性。

微课 4-1

（一）充分性

充分性是对审计证据数量的衡量,是指审计证据的数量足以使审计人员形成审计意见。审计人员在评估被审计单位存在重要问题的可能性和保证审计证据质量的基础上,决定应当获取审计证据的数量。虽然客观、公正的审计意见必须建立在充分的审计证据基础上,但这并不意味着审计证据的数量越多越好。审计人员应考虑取证的经济性,即取证成本与效益之间的关系,应尽量以较少的人力、物力取得足够的、高质量的审计证据。但对于重要审计事项,审计人员不应以审计成本高或获取证据难度大为由而减少必要的审计程序。

（二）适当性

适当性是对审计证据质量的衡量,即审计证据在支持审计结论方面具有的相关性和可靠性。相关性和可靠性是审计证据适当性的核心内容,只有相关且可靠的审计证据才是高质量的。

1. 相关性

相关性是指用作审计证据的信息与审计事项及其具体审计目标之间的逻辑联系。例如,产成品盘点表能够证明产成品是否存在,但是无法证明产成品的计价是否准确。因此,审计人员取得的审计证据必须与审计事项的某一审计目标密切相关,或与证实某一目标的其他证据有相互印证关系,才能产生联合证明力。审计证据的内在联系性越强,证明力就越强,质量就越好。与审计事项无关的资料和情况不能作为审计证据。

审计人员对审计证据的相关性进行分析时,通常需要考虑以下几个方面。

（1）通过特定的审计程序获取的审计证据可能只与某些认定目标相关,而与其他认定目标无关。例如,以固定资产明细账为起点进行实地追查,与固定资产的存在认定目标有关,而与其完整性认定目标无关。

（2）针对同一项认定可以从不同来源获取审计证据或者获取不同形式的审计证据。例如,取得并检查银行对账单和银行存款余额调节表(内部证据)与函证银行存款余额(外部独立来源证据),均可获得银行存款是否存在的证据。

(3)只与某项认定相关的审计证据并不能替代与其他认定相关的审计证据。例如,存货监盘针对的主要是存货的存在认定,它对存货的完整性认定、计价和分摊认定、权利和义务认定只能提供部分审计证据。

2. 可靠性

可靠性是指证据的可信程度。审计证据越能真实、客观地反映审计事项的实际情况,其可靠性就越强,质量就越好,证明力也就越强;反之,证明力越弱。可靠性是审计证据能够发挥证明作用的重要特征之一。审计证据的可靠性与取证程序、方法、审计人员的工作能力和经验密切相关。通常情况下,审计人员按照以下原则考虑审计证据的可靠性。

(1)从被审计单位外部获取的审计证据比从内部取得的审计证据更可靠,已获外部独立第三者确认的内部证据比未获独立第三者确认的内部证据更可靠。

(2)内部控制有效时生成的审计证据比内部控制薄弱时生成的审计证据更可靠。

(3)审计人员直接获取的审计证据比间接获取或推论得出的审计证据更可靠。

(4)以文件、记录形式(无论是纸质、电子或其他介质)存在的审计证据比口头形式的审计证据更可靠。

(5)原件比传真件或复印件更可靠。

审计人员在按照上述原则评价审计证据的可靠性时,还应当注意可能出现的重要例外情况。例如,审计证据虽然是从独立的外部来源获得,但该证据如果是由不知情者或不具备资格者提供的,也可能是不可靠的。

审计工作一般不需要鉴定文件记录的真伪,审计人员也不是鉴定文件记录真伪的专家,但审计人员需要考虑用作审计证据的信息是否可靠,并考虑与这些信息生成和维护相关的控制是否有效。如果在审计过程中发现文件记录可能是伪造的,或文件记录中的某些条款已经发生变动,审计人员应进行进一步的调查。

(三)充分性和适当性之间的关系

充分性和适当性是审计证据的两个重要特征,两者缺一不可,只有充分且适当的审计证据才是有证明力的。

审计证据的适当性会影响审计证据的充分性。也就是说,审计人员需要获取的审计证据数量会受到审计证据质量的影响。一般而言,审计证据的质量越高,审计人员需要的审计证据数量就越少。例如,被审计单位内部控制健全时生成的审计证据更可靠,审计人员只需获取适量的审计证据,就可以为发表审计意见或作出审计结论提供合理的基础。

尽管审计证据的充分性和适当性相关,但如果审计证据的质量存在缺陷,那么审计人员仅靠获取更多的审计证据可能无法弥补质量上的缺陷。如果审计人员获取的审计证据与审计目标不相关或者证据不可靠,那么证据数量再多也很难起到证明的作用。

小贴士：

审计人员需要充分考虑被审计单位的规模、业务特点、行业状况、风险要求、证据来源等因素，合理判断审计证据的充分性与适当性。

例4-1

注册会计师赵明和李华在对阳光有限责任公司2021年度财务报表进行审计时，收集到以下六组证据。

(1) 收料单与购货发票。

(2) 销货发票副本与产品出库单。

(3) 领料单与材料成本计算表。

(4) 工资计算单与工资发放单。

(5) 存货盘点表与存货监盘记录。

(6) 银行询证函回函与银行对账单。

问题：请说明上述证据中哪些审计证据较为可靠，并简要说明理由。

解析：

(1) 购货发票比收料单可靠。因为购货发票来自公司以外的机构或人员，而收料单是公司自行编制的。

(2) 销货发票副本比产品出库单可靠。因为销货发票是在外部流转的，并获得公司以外的机构或个人的承认，而产品出库单只在公司内部流转。

(3) 领料单比材料成本计算表可靠。因为领料单预先被连续编号，并且经过公司不同部门人员的审核，而材料成本计算表只在公司的会计部门内部流转。

(4) 工资发放单比工资计算单可靠。因为工资发放单须经会计部门以外的工资领取人签字确认，而工资计算单只在会计部门内部流转。

(5) 存货监盘记录比存货盘点表可靠。因为存货监盘记录是审计人员自行编制的，而存货盘点表是公司提供的。

(6) 银行询证函回函比银行对账单可靠。因为银行询证函回函是审计人员直接获取的，未经公司有关职员之手，而银行对账单经过公司有关职员之手，存在伪造、涂改的可能性。

例4-2

注册会计师赵明和李华在执行阳光有限责任公司2021年度财务报表审计业务的过程中，需要根据审计目标设计和实施进一步审计程序，以获取充分、适当的审计证据。相关情况如下：

(1) 为弥补领料单的可靠性，赵明和李华决定扩大审计程序的范围，增加审计证据的数量。

（2）为证实销售发票复核的效果，赵明和李华从总计 41 000 张发票存根中选取了一定数量的样本，检查有无复核人员签字。

（3）某银行的询证函回函与阳光有限责任公司的记录严重不符。赵明和李华基于外部独立来源信息的可靠性更高这一原则，认为"货币资金"项目存在重大错报。

（4）虽然怀疑一张大额买方发票可能被篡改，但因审计工作通常不涉及鉴定文件记录的真伪，赵明和李华在复印发票后，没有采取其他措施。

问题：针对上述每种情况，请逐一指出赵明和李华所获取的审计证据在充分性、相关性、可靠性方面是否符合要求，并简要说明理由。

解析：

事项（1）的可靠性不符合要求。当审计证据的质量存在缺陷时，仅靠获取更多的审计证据可能无法弥补其质量上的缺陷。

事项（2）的相关性不符合要求。销售发票上有无复核人员签字只能证实复核人员是否对发票进行了复核，但不能证实复核的效果。

事项（3）的可靠性不符合要求。如果从不同来源获取的审计证据不一致，表明某种审计证据可能不可靠，应追加必要的审计程序，证实或排除疑点。

事项（4）的可靠性不符合要求。如果在审计过程中识别出的情况使其认为文件记录可能是伪造的，审计人员应当作出进一步调查，复印发票不属于调查，不能排除疑点。

任务二　审计工作底稿

一、审计工作底稿的含义和作用

（一）审计工作底稿的含义

审计工作底稿是指审计人员在实施审计过程中所形成的与审计事项有关的工作记录和获取的资料。审计工作底稿应当真实、完整地反映审计人员实施审计的全过程，并记录与审计结论或者有关问题的全部事项，以及审计人员的专业判断及其依据。审计工作底稿是审计证据的载体，它形成于审计过程，并反映整个审计过程。

（二）审计工作底稿的作用

审计工作底稿是审计人员进行审计工作的重要工具。审计工作底稿具有如下作用。

1. 审计工作底稿是编写审计报告、发表审计意见或作出审计决定的依据

无论是编写审计报告、形成审计意见还是产生审计决定，审计人员都需要把所收集到的审计证据和作出的专业判断完整地记录在审计工作底稿中。因此，审计工作底稿是编写审计报告、发表审计意见或作出审计决定的依据。

2. 审计工作底稿是联结整个审计工作的纽带

一个审计组通常是由多个人或多个小组组成的，审计组内要进行合理的分工，不

同的审计事项和审计程序往往是由不同人员来执行的。而审计工作底稿是记录所有审计工作的载体,并且最终形成的审计结论、作出的审计决定或发表的审计意见针对的都是同一审计对象。因此,审计人员必须依靠审计工作底稿把各项审计工作有机地联结起来。也就是说,审计工作底稿是联结整个审计工作的纽带。

3. 审计工作底稿是保证审计工作质量的手段

在现场审计时,审计项目负责人能够通过对审计工作底稿的检查来控制审计工作质量。在现场审计结束时,业务部门负责人也要通过对审计工作底稿的复核来检查审计工作质量。此外,不参加项目审计的专职复核人员还要通过对审计工作底稿的检查来履行复核职能。假如没有审计工作底稿,那么审计质量的控制和检查就无法落到实处。更重要的是,如果发生质量事故,审计工作底稿也能够作为追究责任的客观依据。

4. 审计工作底稿是明确审计人员责任和考核审计人员的依据

每一名审计人员在审计工作中编制的审计工作底稿都反映了该审计人员所做的工作,也能够在一定程度上反映出该审计人员所做工作的质量。审计人员是否按照审计准则实施了必要的审计程序、审计程序的选择是否合理、作出的专业判断是否准确等都能够在审计工作底稿中体现出来,因而管理人员通过对审计工作底稿的检查和复核,能够明确审计人员履行审计职责的情况,以便了解和考核审计人员的工作业绩。

5. 审计工作底稿是行政复议和诉讼的重要佐证资料

审计工作底稿记录了被审计单位的基本情况及审计工作情况,记录了审计人员查出的问题及相应的审计证据。如果发生行政复议或诉讼,审计工作底稿能够为复议机关或法院的审理提供重要的资料依据。

6. 审计工作底稿是总结审计工作和进行审计理论研究的资料

审计工作底稿中包含着丰富的审计内容,记录了各类审计的工作方案、审计程序、审计方法的运用和结果等,汇集了审计人员的工作经验。因此,我们可以把这些资料进行汇总、比较研究,以便对审计工作进行改进和规范,进而总结和发展审计理论。

二、审计工作底稿的性质

（一）审计工作底稿的存在形式

审计工作底稿可以以纸质、电子或其他介质形式存在。

在实务中,为便于会计师事务所内部进行质量控制和外部执业质量检查或调查,审计人员应将以电子或其他介质形式存在的审计工作底稿与其他纸质形式的审计工作底稿一并归档,并通过打印等方式将其转换成纸质形式的审计工作底稿。

（二）审计工作底稿的基本内容

审计工作底稿通常包括总体审计策略、具体审计计划、分析表、问题备忘录、重大事项概要、询证函回函、管理层声明书、核对表、有关重大事项的往来函件（包括电子邮件),以及被审计单位文件记录的摘要或复印件(如重大的或特定的合同和协议)。此外,审计工作底稿通常还包括业务约定书、管理建议书、项目组内部或项目组与被审计单位举行的会议记录、与其他人士(如律师、专家等)的沟通文件及错报汇总表等。但是,审计工作底稿并不能代替被审计单位的会计记录。

审计工作底稿通常不包括已被取代的审计工作底稿的草稿或财务报表的草稿、反映不全面或初步思考的记录、存在印刷错误或其他错误而作废的文本,以及重复的文件记录等。因为这些草稿、错误的文本或重复的文件记录无法直接构成审计结论和审计意见的支持性证据,一般情况下,审计人员无须保留这些记录。

三、审计工作底稿的要素和编制要求

(一) 审计工作底稿的要素

审计工作底稿的形式多种多样,记录的内容也各不相同。通常情况下,审计工作底稿包括下列全部或部分要素。

(1) 被审计单位名称。

(2) 审计项目名称。

(3) 审计项目时点或期间。

(4) 审计过程记录和结论。审计工作底稿记录的审计过程和结论主要包括实施审计的主要步骤和方法、取得的审计证据的名称和来源、审计认定的事实摘要、得出的审计结论及其相关标准。

(5) 审计标识及说明。审计标识是代表一定审计含义的特定符号,广泛应用于审计工作底稿。在工作底稿中,审计人员应确切说明审计标识的含义,并保持审计标识的前后一致。常用的审计标识如表4-2所示。

表4-2 常用的审计标识

审计标识	含义	审计标识	含义
∧	纵向加总	<	横向加总
B	与上年结转数核对一致	T/B	与试算平衡表核对一致
G	与总分类账核对一致	S	与明细账核对一致
C	已发询证函	C/	已收回询证函

(6) 索引号及编号。通常,审计工作底稿需要注明索引号及顺序编号,相关审计工作底稿之间需要保持清晰的勾稽关系以便于交叉索引和复核。在实务中,每个会计师事务所都会制定特定的索引号及编号规则,使每一张工作底稿都有其特定编号,表明其在审计档案中的位置。例如,固定资产汇总表的编号为C1,按类别列示的固定资产明细表的编号为C1-1,房屋建筑物的编号为C1-1-1,机器设备的编号为C1-1-2,运输工具的编号为C1-1-3,其他设备的编号为C1-1-4。

(7) 编制者姓名及编制日期。

（8）复核者姓名、复核意见及复核日期。

（9）其他应说明事项。

（二）审计工作底稿的编制要求

编制和使用审计工作底稿是审计人员的重要工作内容。审计工作底稿编制的基本要求有如下四项内容。

（1）内容完整、真实，重点突出。审计人员实施审计时，应对审计工作中的重要事项及审计人员的专业判断进行记录。只要是与达到审计目标、提出审计意见和作出审计结论有关的情况和问题都是重要的内容，审计人员均应将其反映在审计工作底稿中并将审计经过完整记录。审计工作底稿必须如实反映被审计单位的财政收支、财务收支及其经济活动，如实反映审计工作的实施情况，审计人员应对审计工作底稿的真实性负责。

（2）观点明确，条理清楚，用词恰当，字迹清晰，格式规范。审计工作底稿中载明的审计事项、时间、地点、当事人、数据、计量计算方法和因果关系必须准确无误，前后保持一致；相关的证明资料如果存在自相矛盾的地方，应当予以鉴别和说明。

（3）相关的审计工作底稿之间应当具有清晰的逻辑关系，相互引用时应注明索引号。

（4）所附的重要审计证据材料应当由提供证据的有关人员、单位签名或者盖章。

总之，审计人员编制的审计工作底稿应当使未参与该项业务的有经验的其他审计人员或专业人士能够清楚地了解其执行的审计措施、获取的审计证据、将其出的职业判断和得出的审计结论。

四、审计工作底稿的复核和归档

（一）审计工作底稿的复核

一张审计工作底稿往往由一名专业人员独立完成，编制者对有关资料的引用、对有关事项的判断、对会计数据的计算等都有可能出现误差。因此，为保证审计工作底稿的质量，会计师事务所除了要求审计人员按编制要求认真编制，还应建立严格的复核制度。

大多数会计师事务所实行三级复核制度。所谓三级复核制度，是指会计师事务所制定的以主任会计师、部门经理（签字注册会计师）和项目经理为复核人，分别对审计工作底稿进行逐级复核的一种制度。

三级复核制度的主要内容如表4-3所示。

表4-3　审计工作底稿三级复核制度

复核级次	复核主体	复核性质	复核要求
第一级复核	项目经理或项目负责人	详细复核	项目经理对下属审计助理人员形成的审计工作底稿逐张复核，若发现问题，应及时指出，并督促审计人员及时修改完善

（续表）

复核级次	复核主体	复核性质	复核要求
第二级复核	部门经理或签字注册会计师	一般复核	部门经理或签字注册会计师对审计工作底稿中重要会计账项的审计、重要审计程序的执行以及审计调整事项等进行复核。这既是对项目经理复核的一种再监督,也是对重要审计事项的重点把关
第三级复核	主任会计师	重点复核	对审计过程中的重大会计审计问题、重大审计调整事项及重要的审计工作底稿所进行的复核。主任会计师复核既是对前面两级复核的再监督,也是对整个审计工作的计划、进度和质量的重点把关

（二）审计工作底稿的归档

《中国注册会计师审计准则》和《会计师事务所质量控制准则》对审计工作底稿的归档作出了具体规定,涉及归档工作的性质和期限、审计工作底稿的保管期限等方面。

1. 审计工作底稿归档工作的性质

在出具审计报告前,审计人员应当完成所有必要的审计程序,取得充分、适当的审计证据并得出审计结论。在审计报告日后,将审计工作底稿归整为最终审计档案是一项事务性的工作,不应涉及实施新的审计程序或得出新的结论。

具体而言,在归档期间,审计人员只能对审计工作底稿做如下变动。

（1）删除或废弃被取代的审计工作底稿。

（2）对审计工作底稿进行分类、整理和交叉索引。

（3）对审计档案归整工作的完成核对表签字认可。

（4）记录在审计报告日前获取的、与项目组相关成员进行讨论并达成一致意见的审计证据。

2. 审计工作底稿的归档期限

审计工作底稿的归档期限为审计报告日后 60 天内。如果审计人员未能完成审计业务,审计工作底稿的归档期限为审计业务中止后的 60 天内。如果针对客户的同一财务信息执行不同的委托业务,出具两个或多个不同的报告,会计师事务所应当将其视为不同的业务,根据会计师事务所内部制定的政策和程序,在规定的归档期限内分别将审计工作底稿归整为最终审计档案。

3. 审计工作底稿归档后的变动

一般情况下,在审计报告归档之后不需要对审计工作底稿进行修改或增加。在完成最终审计档案归整工作后,如果审计人员发现有必要修改现有审计工作底稿或增加新的审计工作底稿,无论修改或增加的性质如何,审计人员均应当记录修改或增加审计工作底稿的时间、人员及复核的时间和人员,修改或增加审计工作底稿的具体理由,以及修改或增加审计工作底稿对审计结论产生的影响。

4. 审计工作底稿的保存期限

审计工作底稿涉及被审计单位的大量经济资料,甚至还可能涉及商业机密,会计师事务所应当对工作底稿进行妥善保管,保护审计工作底稿的安全完整。会计师事务所应当自审计报告日起,对审计工作底稿至少保存 10 年。如果审计人员未能完成审计业务,会计师事务所应当自审计业务中止日起,对审计工作底稿至少保存 10 年。

在完成最终审计档案的归整工作后,审计人员不应在规定的保存期届满前删除或废弃任何性质的审计工作底稿。

5. 审计档案的保密与调阅

会计师事务所应当建立审计工作底稿保密制度,对审计工作底稿中涉及的商业秘密保密,但下列情况不属于泄密。

(1)法院、检察院及其他部门依法查阅审计工作底稿,并按规定办理了必要的手续。

(2)注册会计师协会对执业情况进行检查时查阅审计工作底稿。

(3)因工作需要,并经委托人同意,在下列情况下,不同会计师事务所的注册会计师可以要求查阅工作底稿:①被审计单位更换会计师事务所;②审计合并报表;③联合审计;④会计师事务所认为合理的其他情况。

 **技能训练**

一、单项选择题

1. 在确定审计证据相关性时,注册会计师不能认同的是(   )。

A. 特定的审计程序可能只为某些认定提供相关的审计证据

B. 针对同一项认定可以从不同来源获取审计证据或获取不同性质的审计证据

C. 只与特定认定相关的审计证据并不能替代与其他认定相关的审计证据

D. 非特定的审计程序可以为多项认定提供相关的审计证据

2. 注册会计师在对 ABC 有限责任公司 2020 年度财务报表进行审计时,为查清某项固定资产的原始价值,查阅并利用了其所在事务所 2020 年审计该项固定资产的工作底稿。本次审计于 2021 年 3 月完成,则注册会计师查阅的该项固定资产的工作底稿应(   )。

A. 至少保存至 2021 年   B. 至少保存至 2030 年

C. 至少保存至 2031 年   D. 长期保存

3. A 注册会计师在完成最终审计档案的归整工作后,如果发现有必要修改,如原审计工作底稿中列明的存货余额为 200 万元,现改为 120 万元,其正确的做法是(   )。

A. 在原工作底稿中直接对原记录信息予以涂改

B. 对原记录信息不予删除,在原工作底稿中以增加新注释的方式予以修改

C. 在原工作底稿中直接将原记录信息删除,再增加一项新的记录信息

D. 在原工作底稿中直接将正确信息覆盖错误信息

4. 下列有关函证的说法中,不恰当的是(   )。

A. 通过函证后,注册会计师如果发现了不符事项,注册会计师应当首先提请被审计单位查明原因,并作进一步分析和核实

B. 函证是比较有效的审计程序,即使有迹象表明收回的询证函不可靠,注册会计师也不用再实施其他适当的审计程序予以证实

C. 一般情况下,注册会计师以资产负债表日为截止日,在资产负债表日后适当时间内实施函证

D. 如果采用审计抽样的方式确定函证程序的范围,无论采用统计抽样方法,还是非统计抽样方法,所选取的样本应当足以代表总体

5. 当注册会计师发现被审计单位的会计报表和其他会计数据中的重要比率及趋势有异常变动时,应采用的收集审计证据的方法是(   )。

A. 检查   B. 函证   C. 监盘   D. 分析性复核

二、多项选择题

1. 审计工作底稿是指注册会计师对(   )所做的记录。

A. 制定的审计计划   B. 获取的审计证据

C. 得出的审计结论   D. 实施的审计程序

2. 通常情况下,注册会计师需要对(   )特定项目实施函证。

A. 金额较小的项目

B. 账龄较长的项目

C. 可能存在争议以及产生重大舞弊或错误的交易

D. 重大或异常的交易

3. 下列有关审计证据可靠性的说法,不正确的有(   )。

A. 从外部单位获取的审计证据比从内部来源获取的审计证据更可靠

B. 内部控制有效时生成的审计证据比内部控制薄弱时生成的审计证据更可靠

C. 推论得出的审计证据都不可靠

D. 录音形式的审计证据比照片形式的审计证据更可靠

4. 一般情况下,实物证据能够证实的具体审计目标有(   )。

A. 真实性   B. 完整性   C. 估价   D. 披露

5. 审计证据的充分性与适当性之间的内在关系为(   )。

A. 审计证据的相关性与可靠性较高时,所需证据的数量相对较少

B. 审计证据的充分性较高时,适当性就较低

C. 审计证据的相关性与可靠性较低时,所需证据的数量相对较多

D. 审计证据的适当性会影响审计证据的充分性

三、综合题

ABC 会计师事务所承接了 D 公司 2019 年度财务报表审计工作,审计报告日是 2020 年 3 月 15 日,提交审计报告的时间是 2020 年 3 月 17 日。同时,双方约定下一年审计工作依然由 ABC 会计师事务所承接。ABC 会计师事务所于 2020 年 5 月 24 日完成审计工作底稿归档工作。

根据上述材料,请简要回答下列问题。

(1) 简要回答 ABC 会计师事务所本次审计的审计工作底稿的归档期限是否正确,并说明理由。

(2) 审计工作底稿归档后,在何种情形下注册会计师可以修改现有审计工作底稿或增加新的审计工作底稿?

(3) 审计工作底稿归档后,如要有必要修改现有审计工作底稿或增加新的审计工作底稿,注册会计师应当记录的事项有哪些?

(4) 简要回答本次审计工作底稿的保存期限。

项目五　审计方法

知识 目标

1. 了解审计方法体系的构成。
2. 熟悉审计取证的基本方法。
3. 掌握审计取证的技术方法。
3. 理解审计取证方法与审计证据类型、审计目标之间的内在关系。

技能 目标

1. 能够选择恰当的审计取证方法获取审计证据。
2. 具备分析审计证据的能力。

素养 目标

1. 培养学生学以致用的能力。
2. 培养学生良好的心理素质。
3. 培养学生严谨细致的思维方式。

知识 结构

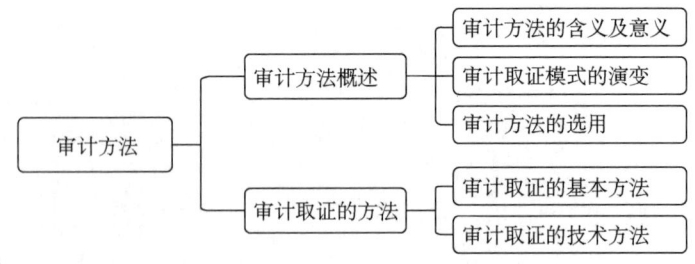

审计方法
- 审计方法概述
  - 审计方法的含义及意义
  - 审计取证模式的演变
  - 审计方法的选用
- 审计取证的方法
  - 审计取证的基本方法
  - 审计取证的技术方法

案例导入

审计署沈阳特派办某涉农资金审计纪实

2018年年初,在某涉农专项资金审计项目中,国家审计部门对某粮食收购企业(以下简称被审计单位)可能存在骗取粮食补贴、虚开增值税发票、牟取私利的情况展开审计。为了解实际情况,审计组决定前往企业收粮现场开展调查。

时属冬末,在一个寒风凛冽的早晨,审计组一行4名审计人员前往被审计单位开展相关调查取证工作。粮食补贴是国家财政对种粮百姓的特殊补贴,关系民生冷暖,收粮企业骗取粮食补贴会使补贴政策无法落到实处,影响百姓种田的积极性,危害粮食安全;收粮企业通过虚开增值税发票牟取私利更是违法行为。本次审计任务意义重大,肩负着民生民意和国家利益的重担,不容有失。

因涉案金额巨大,审计人员在警方协助下,前往被审计单位。审计人员在依法出示审计通知书和工作证后,要求被审计单位提供财务数据。但该单位以法人出差、财务负责人骨折住院等为由,拒不解释相关的业务和账务情况,同时拒绝向审计人员提供企业财务报表和凭证。在拒不配合的情况下,审计组对被审计单位人员进行普法宣传,告知《审计法》《关于完善审计制度若干重大问题的框架意见》《国务院关于加强审计工作的意见》等文件中规定的阻碍国家审计人员依法工作的后果,在多次交涉之后,被审计单位最终提供了相关的财务账目。

通过查阅财务账目,诸多疑点逐一显现。例如,同一批粮食存在三套不同时点的出库单,载粮车辆的真实车型五花八门,有校车、面包车等,港口船舶停靠时间表与粮食海运出库时间不符,增值税销项发票记载的粮食数量与粮仓容积不符等。被审计单位人员在谈话时对这些问题或遮遮掩掩或推卸责任,拒绝提供真实粮食出库情况。

初步取得财务证据后,在警方协助之下,审计人员来到了财务负责人家中,发现他身体健康,并无骨折情况。在诸多证据面前,财务负责人交代了做假账虚开发票的细节。

审计人员在被审计单位开展了多天的延伸审计,经历了种种困难,同被审计单位斗智斗勇,最终水落石出,拨云见日,取得了几家粮食收购企业采取粮食空转形式虚开数亿元增值税发票、牟取私利的重要证据,为民生请愿,为国家挽回了重大税收损失。

思考:

1. 根据上述资料分析,审计人员在审计中运用了哪些审计方法?

2. 请结合资料分析,作为一名审计人员,为了完成审计任务在审计中如何进行方法创新?

任务一 审计方法概述

一、审计方法的含义及意义

审计方法是指审计人员检查分析审计对象、收集审计证据,据以编写审计报告、形成审计结论和意见的各种专门手段的总称。从狭义上讲,审计方法是指与取得审计证据直接有关的各种基本方法和手段。

审计方法是从长期审计实践中总结和积累起来的,是为实现审计目标和完成审计任务服务的。不同种类的审计,有其不同的审计目标和要求,其所选用的审计方法也有所不同。审计方法的选用是否得当,对于审计结果的正确与否有着密切的联系。在审计过程中,审计方法选用得当,审计人员可以尽快发现问题,弄清事实真相,同时可以缩短审计时间,节省人力、物力,提高工作效率,收到事半功倍的效果。反之,如果审计人员采用的审计方法与审计的特定目标和被审计事项的实际情况不相适应,不但不能高效地取得必要的审计证据,而且可能误入歧途,导致错误的审计意见和结论。因此,审计方法的研究及正确运用,对做好审计工作,发挥审计作用,有着重要的意义。

二、审计取证模式的演变

在审计发展的历史过程中,审计取证模式的变化对审计的发展发挥着相当大的推动和促进作用。随着审计环境的日益复杂、审计目标的不断变化、被审计单位数量的不断增加、被审计单位经济业务的不断增多和复杂化,以及审计自身社会职责的扩展和强化,审计人员需要不断地改进和发展审计取证模式,以便在确保审计质量的基础上不断提高审计工作效率,以有限的审计资源发挥更大的社会效益。大致来说,审计取证模式的演变分为三个阶段,即账目基础审计阶段、制度基础审计阶段和风险导向审计阶段。

(一)账目基础审计阶段

在早期审计阶段,账目基础审计是经常被审计人员运用的一种模式,它在审计方法史上有着十分重要的地位。账目基础审计是指以经济业务、会计事项和账目记录为基础,直接从会计资料的审查入手收集有关审计证据,从而形成审计意见和结论的一种审计取证模式。它能够直接获取具有实质性意义的审计证据,审计质量较高。

20世纪40年代以来,世界经济迅速发展,企业的规模不断扩大,经济业务数量急剧增多,审计环境发生了较大的变化。与此同时,企业的经营管理日益完善,内部控制系统也逐步建立和健全起来,广大审计人员也逐渐认识到内部控制系统可靠性对于审计工作的重要意义。财务报表审计的出现使得审计目标由强调查错防弊转变为验证财务信息的真实性和公允性,即财务报表是否真实、公允地反映了被审计单位的财务状况和经营成果。在这种背景下,财务信息失真影响的范围更为广泛,再加上被审计单位经济业务日趋复杂,审计人员的社会责任更为突出,审计风险大大增加,审计人员在未对被审计单位内部控制系统进行详细了解和评价的前提下,合理地确定审计范围和审查重点成为一项非常困难的工作。

基于此,在审计环境和审计目标发生巨大变化的情况下,账目基础审计模式已无法兼顾审计质量和审计效率两方面的要求,于是制度基础审计模式应运而生,并逐渐发展成为主流审计取证模式。

(二)制度基础审计阶段

制度基础审计是指审计人员先对被审计单位的内部控制系统进行审查,再根据内部控制系统审查的结果确定实质性审计程序的范围和重点,最后根据检查结果形成审计意见和结论。

账目基础审计只强调审查内部控制系统产生的结果,并没有对内部控制系统本身进行审查,即仅对内部控制系统产生的凭证、账目、报表等进行直接的检查和验证,以及对财政财务收支的真实性、合法性和效益性作出判断。

制度基础审计模式是以内部控制系统为入手点,通过对其各个控制环节的审查,发现内部控制系统中的薄弱环节,找出问题的症结,并针对这些环节确定检查范围和重点,进而合理地确定需要直接检查的经济业务和会计事项的数量。这种模式既不影响审计质量,又提高了审计工作效率。

在制度基础审计模式下,审计人员需要进行大量的抽样测试。抽样测试中工作量的大小、样本容量的确定及抽样方法的选择等是以内部控制系统的强弱以及审计人员对内部控制系统的检查和评价为基础的。制度基础审计的抽样不是盲目的,不能仅仅依靠主观判断,而是采用科学的抽样方法,以保证审计工作质量。

内部控制系统的不断健全和完善以及人们对内部控制系统研究的深入为制度基础审计模式的发展和运用奠定了基础,这种取证模式较好地适应了审计环境和审计目标的变化,提高了审计质量和效率,同时也减少了审计取证的盲目性,降低了审计风险,从而成为审计理论与方法的重大突破,并在较长的时间里发挥了重要作用。

制度基础审计模式的运用在提高审计质量和效率的同时,也间接地促进了被审计单位内部控制系统的不断完善。但是,在实务中,制度基础审计模式存在下列问题。

(1)审计人员进行内部控制系统测试所增加的工作量与所减少的实质性审计程序工作量相比,有时前者大于后者,工作效率并没有明显地提高。

(2)被审计单位之间存在差异,内部控制系统有效性的整体评价缺乏统一的标准。

(3)内部控制系统的可依赖程度与实质性审计程序所需要的检查工作之间缺乏量化关系。

(4)即使被审计单位建立了较为完善的内部控制系统,但是如果管理人员没有很好地执行,内部控制系统的有效性也难以保障。

(5)该模式不能直接解决全部审计风险问题。

(三) 风险导向审计阶段

由于以上问题的存在,再加上近些年来世界范围内市场竞争的日益激烈,企业的不稳定性进一步增强,社会对审计人员提出了更高的要求,审计人员的社会责任也进一步加大,这就需要审计人员更加关注对审计风险因素的评价。

基于新的挑战,审计人员将视野不断扩展,在注重控制审计风险的基础上探索新的取证模式。为了提高审计质量,降低审计风险,更好地履行审计职责,审计人员在运用制度基础审计模式的基础上,逐步融入对风险因素的分析与评价方法,风险导向审计应运而生。

风险导向审计是指审计人员在对审计全过程中各种风险因素进行充分评估分析的基础上,将风险控制方法融入传统审计方法,进而获取审计证据、形成审计结论的一种审计取证模式。

在风险导向审计模式下,审计人员需要对审计风险因素进行系统的分析和评价,即在审计过程中,审计人员不但要控制风险,而且要对审计过程中各个环节的各种风险因素进行评价,并在评价的基础上实施实质性审计程序。

审计风险取决于重大错报风险和检查风险。对此,审计人员应当实施审计程序,评估重大错报风险,并根据评估结果设计和实施进一步的审计程序,以控制检查风险。

三、审计方法的选用

正确地选用审计方法是保证有效发挥审计监督的职能作用和实现审计目标的重要条件。审计人员在选用审计方法时,必须遵循一定的原则并注意相关的问题。

(一) 审计方法的选用原则

1. 依据审计目标选用审计方法

不同的审计目标决定了审计人员必须使用不同的审计方法,否则审计的结果就会与特定的目标和要求相背离。例如,审查财产物资是否账实相符可以使用盘点的方法,而了解内部控制制度是否被有效地执行可以使用观察的方法。又如,财务审计的目标是查明财务收支的合规性、公允性以及会计资料的真实性和正确性,审计的范围比较广,审计人员在选用审计方法时,针对重要的财务收支项目应采用详查的方法,针对一些一般的、金额较小的会计资料可采用抽查的方法。

2. 依据审计方式选用审计方法

不同的审计方式所需审计证据不同,其取证的途径和采取的审计方法也不同。例如,在就地审计的情况下,审计人员可以使用盘点、观察、查询等方法,而在报送审计的情况下,这几种方法则不适用。

3. 依据被审计单位的实际情况选用审计方法

不同被审计单位的经营管理情况不一样,审计人员需要针对不同的审计对象和审计环境使用不同的审计方法,只有这样才能有效地完成审计任务,达到审计目标。例如,当审计人员对被审计单位的内部控制系统进行测试时,如果被审计单位的内部控制系统健全、合理，且被有效地执行，其经济业务出错的可能性较小，那么审计人员可以选用抽查的方法；如果被审计单位的内部控制系统不健全，或虽有健全的内部控制系统但没有被有效地执行，其经济业务的差错发生率可能会很频繁，此时审计人员应采用详查的方法。

（二）选用审计方法时应注意的问题

1. 相互联系、综合考虑

一般而言，审计人员在对某一个具体的审计项目进行审计时，并非仅采用某一种方法就能解决问题，往往需要运用多种方法。因而，审计人员在审计时应结合实际情况综合考虑，综合采用顺查与逆查、详查与抽查、查账与调查、分析推理与核实等多种方法，以彻底查清所有问题。

2. 去伪存真、抓住本质

审计人员要善于通过一些审计事项的表面现象，揭示其本质所在，然后有针对性地选用审计方法。例如，财务决算审计的重要内容之一是检查被审计单位的盈利情况，若从利润表看，也许其反映的利润额是相当可观的，甚至远远超过了计划数，但仅凭此就作出该单位的经营情况很好、盈利水平高的结论是不可靠的。审计人员只有核实利润额的真实性后，才能作出上述结论，这时就需要运用分析法、审阅法、核对法，必要时可能还要运用函证法、盘存法等。

3. 深入实际、依靠群众

由于广大职工对被审计单位的情况相当熟悉，审计人员只有深入实际、依靠群众，才能在短时间内掌握更多、更具体的情况，才能据此选用正确的审计方法。

任务二　审计取证的方法

一、审计取证的基本方法

（一）顺查法和逆查法

按照取证顺序与记账程序的关系，审计取证方法可分为顺查法和逆查法。

1. 顺查法

顺查法是指审计的取证顺序与反映经济业务的会计资料形成过程相一致的方法。

在顺查法下，审计人员可通过以下几个步骤获取审计证据：第一，检查被审计单位的原始凭证，查明经济业务的发生原因和事实经过，以及原始凭证编制的真实性、合法性；第二，核对原始凭证与记账凭证是否一致，并审查记账凭证编制的真实性、合法性和正确性；第三，以记账凭证或记账凭证汇总表为依据，核对日记账、明细账和总账，确认其是否一致，并通过账账核对和账实核对验证编制财务报表的各项依据是否真实、可靠；第四，将经核实的账目与财务报表进行核对，分析确定财务报表编制的真实性、合法性。这种方法实际上是归纳法在审计领域的运用，也就是按归纳有用财务信息的顺序来取得审计证据。

顺查法的优点为:审计过程全面细致,一般而言不容易遗漏错弊事项,审计质量较高;方法简单,容易掌握。

顺查法的缺点为:重点不突出,机械繁杂,工作量大,不利于审计工作效率的提高。

顺查法一般适用于业务规模较小、会计资料较少、存在问题较多的被审计单位。

2. 逆查法

逆查法是指审计取证的顺序与反映经济业务的会计资料形成过程相反的方法。

在逆查法下,审计人员可通过以下几个步骤获取审计证据:第一,分析检查被审计单位的财务报表,从中发现异常变动和问题线索,确定审计重点;第二,追查至相关的日记账、明细账和总账,通过账账核对和账实核对,进一步确定需要重点检查的记账凭证;第三,核对记账凭证和原始凭证,以最终查明问题的原因和过程。

逆查法的优点为:从审计事项的总体上把握重点,在发现问题线索的基础上明确主攻方向,目的性和针对性较强;重点突出,能够节省人力和时间,有助于提高审计工作效率。

逆查法的缺点为:一般情况下,由于逆查法不要求对审计事项进行全面的详细审查,其可能遗漏重要错弊事项;在技术上逆查法比顺查法更为复杂,掌握起来难度较大。

逆查法主要适用于业务规模较大、内部控制系统比较健全、管理基础较好的被审计单位。

综上,顺查法和逆查法各有利弊。为了扬长避短、更好地发挥审计作用,审计人员应结合实际情况,灵活地将两种方法结合起来加以运用。例如,在小型企业采用顺查法进行查账时,审计人员也可针对重要事项采用逆查法进行检查。在大中型企业采用逆查法审查各类业务时,对于部分重要审计事项,审计人员也可采用顺查法进行详细核对,从而充分发现问题、防止重大遗漏。

(二) 详查法和抽查法

按照审查经济业务和会计资料的数量多少,审计取证方法可分为详查法和抽查法。

1. 详查法

详查法是指对被审计的某类经济业务和会计资料的全部内容毫无遗漏地进行全面详细审查的方法。在审计发展的早期,审计人员采用的审计取证方法主要为详查法。

详查法不同于全部审计。详查法是一种审计方法,它是相对于抽查法而言的。全部审计是审计的一种类别,是根据审计范围的大小对审计进行的具体分类,它是相对于局部审计而言的。全部审计不一定采用详查法,可根据被审计单位的具体情况采用抽查法。例如,如果被审计单位的内部控制系统健全且有效,审计人员即使需要检查其全部会计资料,仍可采用抽查法。

详查法的优点为:能够有效地查出会计资料中存在的各种差错,不容易出现遗漏,一般能够收集到说明审计事项的完整证据,有效保证审计质量。

详查法的缺点为:需要审查全部账表凭证,工作量大,费时费力,审计成本相对较高。

一般情况下,详查法适用于经济业务比较简单的被审计单位。如果被审计单位的内部控制系统比较薄弱,或者被审计单位可能存在重大违反财经法纪行为,审计人员可考虑采用详查法。

2. 抽查法

抽查法是指对被审计单位的部分经济业务和会计资料进行检查,并根据检查结果推断其总体状况的方法。

抽查法不同于局部审计。抽查法作为一种审计方法,是相对于详查法而言的。局部审计作为审计类别的一种,是根据审计范围的大小对审计进行的具体分类。在局部审计情况下,审计人员对局部审计中的某些审计事项既可以采用抽查法,又可以采用详查法。

抽查法的优点为:它能使审计人员从单调、复杂的工作中摆脱出来,极大地提高审计工作效率,节省审计资源,产生事半功倍的效果。

抽查法的缺点为:它以部分资料的检查结果去推断总体的状况,有可能对审计质量产生影响;尤其是对那些发生频率不高的错弊行为,抽查法存在一定的局限性。

抽查法的适用范围非常广泛,审计人员在对规模较大、经济业务多、内部控制系统健全有效、会计基础工作较好、组织机构健全的单位进行审计时,都可采用抽查法。

例 5-1

审计人员在审查宏远通用机械厂 2021 年财务报表时,发现其 10 月 16 日第 20 号记账凭证及所附原始凭证有问题。原始凭证有发货单 1 张、入库验收单 1 张和转账支票存根 1 张。其中,发货单、入库验收单如表 5-1、表 5-2 所示。

表 5-1　盛大供销社门市部发货单　　　　　　　　　NO.004037

购货单位:宏远通用机械厂　　　　　2021 年 10 月 15 日　　　　　金额单位:元

品名	单位	数量	单价(元/千克)	金额	备注
无水乙二氧	千克	654.00	27.14	17 749.56	
二丁酯	千克	1 700.00	4.34	7 378.00	
丙酮	千克	1 888.20	8.65	16 332.93	
合计				41 460.49	
大写(人民币)	肆万壹仟肆佰陆拾元肆角玖分				

表 5-2　宏远通用机械厂入库验收单

购货单位:宏远通用机械厂　　　　2021 年 10 月 10 日　　　　金额单位:元

品名	单位	数量	单价(元/千克)	金额	备注
无水乙二氧	千克	654.00	27.14	17 749.56	
二丁酯	千克	1 700.00	4.34	7 378.00	
丙酮	千克	1 888.20	8.65	16 332.93	

验收人:李平　　　　　　　　　　　　　　　　　　　　　　采购员:钱林

转账支票上的付款金额及收货单位与上述发票相符。

解析:

根据上述会计凭证及审计人员所掌握的被审计单位的基本情况,审计人员归纳出以下几个疑点。

(1) 该厂生产产品所消耗的材料主要是钢材和耐火材料,对于上述三种化工原料的年需求量最多不超过 100 千克,但是上述会计凭证所反映的购进数量表现为异常数量。

(2) 这三种化工原料是机电化工公司独家经营的易耗品,盛大供销社门市部不可能经营这三种化工原料。

(3) 入库验收单上的日期与发票上的日期不相符。根据被审计单位的情况,入库验收单上的验收日期一般应比发票上的日期要晚。

根据上述疑点,审计人员进行了追踪查证,通过查阅原材料明细账,去仓库查对保管账,盘查实物,并到盛大供销社门市部查证等手段,终于查明了真相——该厂购进小型面包车一辆,价款及运杂费(运杂费由某汽车销售公司代垫)共计 41 460.49元,为了不在账上直接反映该汽车的购进情况,相关人员决定将购车款计入生产成本。于是该厂财务科利用与盛大供销社门市部的购销关系,向其索要一张发票,填写虚假内容后交仓库"入库",并指使会计人员对转账支票的转账联与存根联填写不同的内容,即在转账联上填写真实的收款单位——某汽车销售公司及其开户银行和账号,在存根联上则填写盛大供销社门市部。

查明真相后,审计人员提出审计意见:建议该厂将购面包车款项从原材料调入固定资产,并补提当年折旧。

二、审计取证的技术方法

审计取证技术方法是指审计人员收集和评价审计证据的方法。审计取证技术方法的发展水平也是衡量审计工作水平的重要尺度。审计取证技术方法应用于审计程序的准备阶段和实施阶段。审计取证技术方法与审计目标、审计证据有密切的内在联系。审计组织和审计人员在开展审计工作时,可以运用检查、观察、询问、外部调查、重新计算、重新执行、分析等方法获取审计证据。

（一）检查

检查是指对纸质、电子或者其他介质形式存在的文件、资料进行审查，或者对有形资产进行审查，包括检查记录或文件以及检查有形资产。

1. 检查记录或文件

检查记录或文件是指审计人员对被审计单位内部或外部生成的，以纸质、电子或其他介质形式存在的记录或文件进行审查。

检查记录或文件时，审计人员应关注以下要点：是否存在涂改或伪造现象；记载的经济事项是否真实、合理，并且符合国家有关法律和规章制度的规定；各相关文件之间是否一致，包括日期、金额、数量等内容方面是否存在勾稽关系。

具体而言，其检查内容包括：原始凭证上记载的数量、单价、金额及其合计数是否正确；日记账上的记录与相应的原始凭证记录是否一致；日记账与会计凭证上的记录是否与总分类账及有关的明细分类账相符；总分类账的账户余额与所属明细分类账的账户余额合计数是否相符；总分类账各账户的借方余额合计与贷方余额合计是否相符；总分类账各账户的余额或发生额合计与财务报表上相应项目的金额是否一致；财务报表上各有关项目的数字计算是否正确，各报表之间的有关数字是否一致，以及是否与前期财务报表上的有关数字相符；外来账单与本单位有关账目的记录是否相符。

例 5-2

阳光有限责任公司 2021 年 12 月管理费用明细资料如下。

（1）管理人员工资 5 678 元。

（2）生产人员工资 85 310 元。

（3）支付公司广告费 6 000 元。

（4）支付产品包装费 9 000 元。

（5）支付违约罚款 4 800 元。

（6）支付银行短期借款利息 8 380 元。

（7）支付招待费 5 700 元。

（8）支付赔偿金 6 000 元。

（9）支付行政人员差旅费 4 189 元。

要求： 分析阳光有限责任公司管理费用明细资料中存在的问题。

解析：

（1）生产人员的工资 85 310 元，应记入"生产成本"账户。

（2）广告费 6 000 元和包装费 9 000 元，应记入"营业费用"账户。

（3）支付违约罚款 4 800 元和赔偿金 6 000 元，应记入"营业外支出"账户。

（4）支付银行短期借款利息 8 380 元，应记入"财务费用"账户。

阳光有限责任公司的做法，虚增了管理费用，导致企业的成本、费用、利润不真实，从而影响了报表的真实性。

2. 检查有形资产

检查有形资产是指审计人员对资产实物进行审查。检查有形资产的方法主要适用于存货和现金,也适用于有价证券、应收票据和固定资产等。

检查有形资产是为了确定被审计单位的有形资产是否真实存在,并且与账面记录是否相符,查明其是否存在短缺、毁损、贪污、盗窃等问题。

检查有形资产可为其存在性提供可靠的审计证据,但不一定能够为权利和义务或计价认定提供可靠的审计证据。因此,审计人员除了检查有形资产,还应对被审计单位资产的计价和所有权另行审计。

例 5-3

注册会计师赵明在对万福生科农业开发股份有限公司的财务报表进行审计时,获得了如表5-3所示的在建工程的附注资料。

表5-3 万福生科农业开发股份有限公司部分在建工程项目进度表

金额单位:万元

项目	2011 年年报		2012 年年报	
	工程进度	期末余额	工程进度	期末余额
供热车间改造	80%	5 439	90%	7 369
淀粉糖生产线扩改建	90%	208	30%	2 809
污水处理	50%	201	50%	4 201

要求:审阅万福生科农业开发股份有限公司的在建工程进度表,查找其中存在的异常问题。

解析:以上附注内容摘编于万福生科农业开发股份公司 2012 年年报,该公司采用虚假手段,虚增业绩,于 2011 年在深市创业板上市,后因财务造假被监管部门处罚。我们从表5-3中可以看出两处疑点:一是淀粉糖生产线扩改过程,2011 年年报显示已完工 90%,投入 208 万元,而在次年投入达到 2 809 万元的情况下,完工进度居然降到 30%;二是污水处理工程,其投入资金由 2011 年的 201 万元增加到次年的 4 201 万元,完工进度居然没有变化。

(二) 观察

观察是指察看相关人员正在从事的活动或者执行的程序。例如,对被审计单位执行的存货盘点或控制活动进行观察。

通过观察,审计人员能够对被审计单位的基本情况有所了解,获取被审计单位的经营环境、生产状况、业务运行情况及内部控制遵循情况的证据。

审计人员通过观察获取的审计证据仅限于观察发生的时点,并且相关人员在已知被观察的情况下,其从事活动或执行程序的做法可能与日常不同,从而影响审计人员对真实情况的了解。

（三）询问

询问是指以书面或者口头方式向有关人员了解关于审计事项的信息。审计人员一般在运用其他方法发现疑点和问题后会采用询问这一方法。例如,审计人员发现书面资料未能提供充分有效的信息,或者书面资料有不足之处时,可以通过询问来弄清事实真相,取得真实可靠的审计证据。审计人员通过询问获取的证据需要做成书面记录,由答询人签字盖章。

需要注意的是,询问本身不足以发现认定层次存在的重大错报,也不足以测试内部控制系统运行的有效性,审计人员还应当实施其他审计程序以获取充分、适当的审计证据。

（四）外部调查

外部调查是指向与审计事项有关的第三方进行调查。根据调查方式的不同,外部调查可分为现场调查和函证调查。现场调查是指审计人员直接到与审计事项有关的第三方注册地或工作地进行实地调查;函证调查是指审计人员为证明被审计单位会计资料所载事项而向其他有关单位或个人发函询证。

函证分为积极式函证和消极式函证。积极式函证要求,无论函询事项与事实相符与否,被询证者都应给予复函。审计人员收到复函后,应同被审计单位账面记录核对,如有不符可再次发函询证。积极式函证在手续上比较麻烦,但是能取得书面证据,提高审计证据的可信性。对于数额较大、有疑点的往来款项,宜采取积极函证方法。如果函证未得到回复,审计人员应采取替代审计方法进行查证。消极函证是指被询证者只有在发现函询事项与事实不符时,才予以复函。发函方经过一段时间未收到复函,可认为所询证事项与事实相符。消极式函证取得的审计证据的可靠性不如积极式函证取得的审计证据强。

由于外部调查所取得的证据是由独立于被审计单位之外的第三者提供的,其可靠性较高。

（五）重新计算

重新计算是指以手工方式或者使用信息技术对有关数据计算的正确性进行核对。

重新计算法可用于以下资料的审查。

（1）原始凭证的重新计算,包括数量乘单价的积数以及小计、合计数的计算等。

（2）记账凭证的重新计算,包括明细科目金额合计的计算等。

（3）账簿的重新计算,包括每页各栏金额的小计、合计、月计、累计和转页金额的计算等。

（4）报表的重新计算,包括有关项目的小计、合计、总计及有关指标的计算等。

（5）其他有关资料的重新计算,包括预算、分析、检查、计划等数据的计算等。

审计人员要将重新计算方法与其他审计方法结合起来使用才能取得证明经济活

动真实性、合法性和效益性的审计证据,而且审计人员应掌握有关会计核算原理和计算方法。例如,重新计算财务报表时,审计人员应明白财务报表的勾稽关系;重新计算预测、计划等资料时,审计人员应熟悉预测、计划的方法及有关指标的含义等。

重新计算所获得的证据属于审计人员的亲历证据,通常具有较高的可靠性。

例 5-4

阳光有限责任公司的材料采用计划成本核算。审计人员在审查"生产成本""原材料"和"材料成本差异"明细账时发现:甲材料 10 月初的材料成本差异为借差 5 400 元,库存材料计划成本为 150 000 元;10 月份购入甲材料计划成本为 1 200 000元,其实际成本为 1 178 400 元;10 月份基本生产车间耗用甲材料的计划成本为 240 000 元,结转耗用材料的实际成本为 244 800 元。

问题:该公司材料成本结转是否正确?

解析:审计人员抽查有关耗用材料汇总表和材料成本差异计算表,验算其材料实际成本如下:

材料成本差异率=（5 400＋1 178 400－1 200 000）÷(150 000＋1 200 000)×100%
=－1.2%

发出料实际成本=240 000×(1－1.2%)=237 120(元)

多转材料成本=244 800－237 120=7 680(元)

重新计算结果表明,该公司 10 月份多结转材料成本 7 680 元。

(六)重新执行

重新执行是指审计人员重新独立执行原本作为被审计单位内部控制系统中的程序。例如,审计人员利用被审计单位的银行存款日记账和银行对账单,重新编制银行存款余额调节表,并与被审计单位编制的银行存款余额调节表进行比较。

(七)分析

分析是指研究财务数据之间、财务数据与非财务数据之间可能存在的合理关系,对相关信息作出评价并关注其异常波动和差异。分析主要包括以下内容:多期比较,实际和预算比较,与行业数据比较,数据间关系研究,财务信息与非财务信息关系分析等。分析方法可以运用于审计计划、审计实施及审计终结的全过程。常用的分析方法包括比较分析法、比率分析法和趋势分析法。

1. 比较分析法

比较分析法是指通过某一财务报表项目与其既定标准的比较,寻找差异,发现问题,以获取有关审计证据的一种技术方法。例如,本期实际数与计划数、预算数或审计人员的计算结果之间的比较,本期实际数与同业标准之间的比较等。

2. 比率分析法

比率分析法是指通过对财务报表中的某一项目与相关项目相比所得的值进行分

析,进而获取实际证据的一种技术方法。

3. 趋势分析法

趋势分析法是指通过对连续若干期某一财务报表项目的变动金额及其百分比的计算,分析该项目的增减变动方向和幅度,进而获取有关审计证据的一种技术方法。

除此以外,分析方法还可应用于分析和调查异常变动项目、重要比率或者趋势与预期数额和相关信息的差异情况。

例 5-5

审计人员赵明和李华在审计阳光有限责任公司过程中,获取了如表 5-4 所示的该公司流动资产的相关数据。已知阳光有限责任公司 2021 年经营稳定,业绩没有明显的增长。

表 5-4 阳光有限责任公司流动资产简表

金额单位:万元

项目	2020 年	2021 年
货币资金	80	78
应收账款	320	500
存货	1 100	900
流动资产合计	1 500	1 478

问题:请根据上述资料,运用分析程序查找阳光有限责任公司流动资产中可能存在的风险。

解析:审计人员赵明和李华运用分析程序(结构百分比法)查找阳光有限责任公司流动资产中可能存在的风险,分析结果如表 5-5 所示。

表 5-5 阳光有限责任公司流动资产分析表

金额单位:万元

项目	2020 年		2021 年		增长	
	金额	百分比	金额	百分比	金额	百分比
货币资金	80	5.33%	78	5.28%	-2	-0.05%
应收账款	320	21.33%	500	33.83%	180	12.5%
存货	1 100	73.34%(倒挤)	900	60.89%	-200	-12.45%
流动资产合计	1 500	100%	1 478	100%	-22	—

审计人员赵明和李华作出如下分析:阳光有限责任公司 2021 年流动资产总额与 2020 年相比没有明显变化,但是应收账款占流动资产的比重提高了 12.5%,存货占流动资产总额的比重降低了 12.45%。应收账款的大幅度增加说明企业可能放宽了信用政策,可能伴随更高的坏账风险。存货减少说明被审计单位可能存在跨期记账的问题,存在存货低估风险。

例 5-6

2004 年 9 月,国家审计署驻深圳特派办对长江干堤湖南段进行审计。长江流经湖南省的河段均在岳阳市境内,这里也是长江最危险的河段——荆江的南岸。1998 年长江特大洪水后,为了保护沿岸百姓生命财产安全,党中央决定投巨资加固修整长江大堤。长江干堤湖南段堤防建设获国债资金 13.47 亿元,是国债资金的重点项目,关系上千万人民群众的生命财产安全。2004 年深圳特派办审计组对长江干堤湖南段 2000 年至 2003 年建设资金进行审计时,重点对隐蔽工程进行了审计。这项工程由岳阳市长江修防处负责,主要是对 22 公里江堤险段实施水下抛石,即按设计要求把块石平顺均匀地铺在堤脚,以起到护岸固基的重要作用。工程预算与实际完成投资均为 3.46 亿元,全部使用国债资金。审计人员肩负着高度的社会责任,全力以赴投入审计,结果发现一个惊人的黑洞:4 家块石供货单位 2000 年至 2003 年向岳阳市长江修防处供应的块石总量,居然比 4 家供货单位同期购进的块石总量多出 60 万方。这意味着岳阳市长江修防处虚报隐蔽工程抛石总量,套取国债资金,给长江大堤安全带来隐患。一窝长江大堤"蛀虫"被审计挖出后,受到法律严惩。

在查处长江堤防隐蔽工程偷工减料问题中,审计人员按照工程建设标段,对其施工方案、计划、图纸、发票等进行检查,根据发票上的公章找到采石场进行询问,发现有的发票是假发票。为了证实真实的买石量,审计人员从港监部门的运输记录中查出每天运送石料的船只名称、吨位及运送次数,由此推算出施工单位可能购买的石料数量,并将这个推算结果与施工单位上报的工程量进行核对,看是否相符。此外,审计人员还检查了施工单位的抛石记录与运输记录及相关气象资料是否相符。检查结果表明,有的气象资料显示当天下着倾盆大雨不适宜进行抛石,而施工单位的抛石记录则显示当天仍在施工,而且某些运输记录和抛石记录也存在不相符的情况。这些都是证明施工单位造假的有力证据。

问题:请根据以上资料,分析审计人员运用了哪些审计方法。

解析:审计人员为获取长江堤防隐蔽工程用料真实性的审计证据,主要运用了以下几种审计方法。

(1)检查方法。检查的资料有被审计单位内部的也有外来的。内部的资料包括施工方案、计划、图纸、发票、抛石日志。外来的资料包括港监部门的运输记录、气象日志。

（2）询问方法。询问的对象主要是外部人员，包括采石场和运输部门的人员。

（3）分析方法。审计人员主要从三个角度进行分析：首先，将推算出来的采购石料数量和被审计单位申报的数量进行核对；其次，将被审计单位抛石日志时间和气象日志下雨时间进行核对；最后，将往江中运输石料数量和抛石记录进行核对。

审计人员在审计过程中目标明确，围绕查验工程用料的真实性设计了相关的审计程序，所获审计证据的相关性很高。此外，审计人员在检查中发现被审计单位的内部资料有作假的情况时，较多地利用了外部信息，提高了审计证据的可靠性。最后，审计人员从不同的审计程序中获取了能够充分证明被审计单位在用料方面造假的审计证据。

技能训练

一、单项选择题

1. 对被审计单位的部分经济业务和会计资料进行检查，并根据检查结果推断总体状况的审计方法是（　　）。

  A. 顺查法　　　　　B. 逆查法　　　　　C. 详查法　　　　　D. 抽查法

2. 某一管理层财务报表认定存在错报，该错报单独或连同其他错报是重大的，但审计人员未能发现这种错报的风险，这属于（　　）。

  A. 固有风险　　　　　　　　　　B. 控制风险

  C. 检查风险　　　　　　　　　　D. 重大错报风险

3. 审计人员自行编制银行存款余额调节表，并与被审计单位编制的银行存款余额调节表进行比较的审计取证方法是（　　）。

  A. 检查　　　　　B. 外部调查　　　　　C. 分析　　　　　D. 重新操作

4. 审计人员对被审计单位有关数据进行比较和分析的取证方法是（　　）。

  A. 重新计算　　　　　B. 外部调查　　　　　C. 分析　　　　　D. 检查

5. 下列有关审计分析方法的表述，正确的是（　　）。

  A. 分析仅运用于审计实施阶段

  B. 分析仅包括财务数据之间关系的分析

  C. 分析可以帮助审计人员发现异常变动项目

  D. 重新计算是财务审计常用的分析方法

二、多项选择题

1. 审计取证方法按其取证顺序与记账程序的关系可以分为（　　）。

  A. 就地审计　　　　B. 抽查法　　　　　C. 顺查法　　　　　D. 逆查法

2. 下列选项中，可以使用重新计算法进行审查的有（　　）。

A. 各数据间的关系研究   B. 记账凭证的重新计算

C. 往来账项的核实   D. 原始凭证的重新计算

3. 下列关于分析程序的说法,正确的有(　　)。

A. 分析程序的主要目的是确认异常或意外的波动

B. 当分析结果与期望值有较大差别时,注册会计师应认为相关数据不恰当

C. 在对内部控制系统的了解中,注册会计师不会运用分析程序

D. 对于异常变动的项目,注册会计师应考虑审计方法是否适当,是否应追加审计程序

4. 下列描述中,正确的有(　　)。

A. 询问通常不足以发现认定层次存在的重大错报,也不足以测试内部控制系统运行的有效性,注册会计师还应当实施其他审计程序获取充分、适当的审计证据

B. 在某些情况下,函证也可以为完整性认定提供证据

C. 函证获取的通常是直接来自第三方的对有关信息和现存状况的声明,所以函证获取的证据可靠性较高

D. 对于银行存款,如果实施其他审计程序获取的审计证据可以将检查风险降低到可接受的水平,那么无须实施函证程序

5. 注册会计师所需获取的审计证据数量受各种因素的影响,以下关于审计证据数量的说法中,正确的有(　　)。

A. 获取的原件证据可能比获取的复印件证据少

B. 审计证据质量越高,需要的审计证据可能越少

C. 证据的质量存在的缺陷越多,所需的证据越多

D. 错报风险越大,需要的审计证据可能越多

三、综合题

审计人员在对 A 公司的库存现金审计时发现,库内有两张未经批准而私自借出库存现金的白条,金额合计为 5 000 元,经过盘点证明,白条所列现金 5 000 元确实不在库。由此,审计人员认为该出纳员挪用库存现金 5 000 元。该出纳员承认这一事实。

要求:请指出该审计案例中的审计证据,并简要说明审计人员所运用的审计程序。

项目六 制定审计方案

知识 目标

1. 了解初步业务活动的内容。
2. 熟悉审计业务约定书的含义、作用、基本内容。
3. 理解重要性含义、运用及特征。
4. 掌握审计风险的含义及风险模型。
5. 理解重要性水平、审计证据、审计风险三者之间的关系。
6. 熟悉总体审计策略和具体审计计划的编制内容。

技能 目标

1. 能够确定是否承接审计业务,完成相关工作底稿的编制。
2. 具备书写审计业务约定书的能力。
3. 能够确定重要性水平。
4. 能够运用审计风险模型确定可接受的检查风险水平。
5. 能够制订总体审计策略和具体审计计划,完成相关工作底稿。

素养 目标

1. 培养学生良好的职业判断能力。
2. 培养学生分析问题与解决问题的能力。
3. 培养学生团队合作精神与组织沟通协调能力。

知识 结构

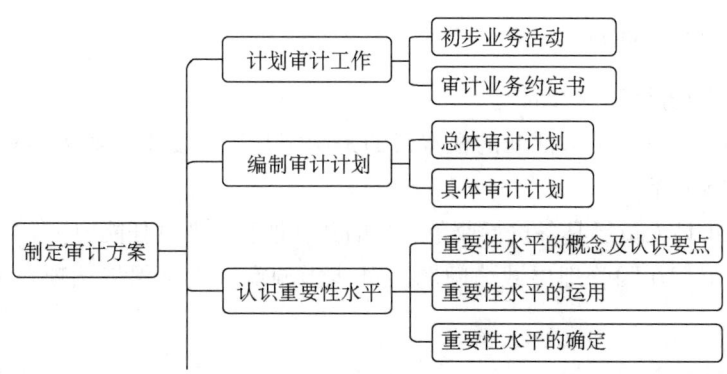

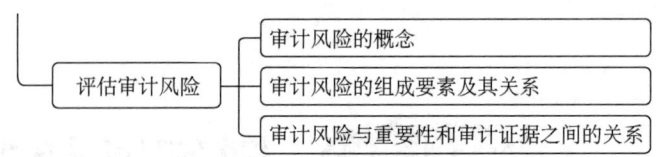

```
                    ┌─────────────────────┐    ┌──────────────────────────────┐
                    │      评估审计风险     │───│       审计风险的概念           │
                    └─────────────────────┘    └──────────────────────────────┘
                                                ┌──────────────────────────────┐
                                                │    审计风险的组成要素及其关系   │
                                                └──────────────────────────────┘
                                                ┌──────────────────────────────┐
                                                │审计风险与重要性和审计证据之间的关系│
                                                └──────────────────────────────┘
```

 **案例导入**

赵明的烦恼

注册会计师赵明是信诚会计师事务所的合伙人之一,其业务专长是对制造型企业执行财务报表审计。2022 年 1 月 14 日,赵明接到了妻子的电话,说妹妹张红所在的甲公司准备对其 2021 年度的财务报表进行审计,希望赵明能够承接这个审计业务。据赵明的妻子介绍,张红所在的甲公司是一家专门从事买卖文玩的文化贸易公司,张红在甲公司里面任财务总监,公司成立 10 年,业绩良好。赵明一听,既然是妻子所托,又是一个开拓新客户的机会,就爽快地答应了。

2022 年 1 月 28 日,赵明率领自己的审计小组进入甲公司,为其执行财务报表审计业务,但是在审计的过程中赵明发现自己对甲公司的业务性质不是很了解,对于文玩产品的风险也无从把控,感觉审计工作开展起来很困难。此外,在审计的过程中,对于财务报表中出现的一些问题,赵明妻子的妹妹张红也总是找各种各样的理由,百般推脱,拒绝调整,赵明碍于妻子的面子,左右为难,后悔承接了这项审计业务。

思考:审计人员应如何评估是否接受一项审计业务?

任务一 计划审计工作

计划审计工作是审计人员进行审计工作的第一步,也是整个审计工作的基础和依据。在这一阶段,审计人员需要完成两个方面的工作:一是开展初步业务活动;二是与被审计单位签订审计业务约定书。

一、初步业务活动

(一) 初步业务活动的目的

审计人员开展初步业务活动的根本目的是确定是否接受审计业务委托,具体包括以下三项主要内容。

(1) 确保审计人员已具备执行业务所需的独立性和专业胜任能力。

(2) 确定不存在因管理层诚信问题而可能影响审计人员保持该项业务意愿的事项。

（3）确保与被审计单位之间不存在对业务约定条款的误解。

（二）初步业务活动的内容

在计划审计工作阶段，会计师事务所应当开展下列初步业务活动。

（1）针对保持客户关系和具体审计业务，实施相应的质量管理程序，并且根据实施相应程序的结果作出适当的决策。这是审计人员控制审计风险的重要环节。

（2）评价审计人员遵守相关职业道德规范的情况。职业道德规范要求审计人员恪守独立、客观、公正的原则，保持专业胜任能力和应有的关注，并对审计过程中获知的信息保密。只有确保审计人员已具备执行业务所需要的独立性和专业胜任能力，才能保证审计人员对该项业务表达正确的意愿。

（3）就审计业务约定条款达成一致意见。在作出接受或保持客户关系及具体审计业务的决策后，会计师事务所应在审计业务开始前，与被审计单位就审计业务约定条款达成一致意见，签订或修改审计业务约定书，以避免双方对审计业务的理解产生分歧。

二、审计业务约定书

（一）审计业务约定书的含义

审计业务约定书是指会计师事务所与被审计单位签订的，用以记录和确认审计业务的委托与受托关系、审计目标和范围、双方的责任以及报告的格式等事项的书面协议。会计师事务在所承接任何审计业务时，都应与被审计单位签订审计业务约定书。

（二）审计业务约定书的作用

（1）审计业务约定书能够增进会计师事务所与委托人之间的了解，避免在审计目的、范围和双方责任等方面产生误解，以便被审计单位更加了解审计人员的审计责任。

（2）审计业务约定书能够作为被审计单位鉴定审计业务完成情况及会计师事务所检查被审计单位约定义务履行情况的依据。如果被审计单位对审计人员的服务有疑，审计人员可以根据约定书的有关内容做出辩解。

（3）如果出现法律诉讼，司法机关根据审计业务约定书可以确定会计师事务所和委托人双方应承担的法律责任。所以，签订审计业务约定书是保护审计机构和审计人员的有效措施之一。

（三）审计业务约定书的基本内容及格式

审计业务约定书的具体内容和格式可能因被审计单位的不同而不同，但应当包括以下主要内容。

（1）财务报表审计的目标与范围。

（2）审计人员的责任。

（3）管理层对财务报表的责任。

（4）管理层编制财务报表所适用的财务报告编制基础。

（5）审计人员拟出具审计报告的预期形式和内容，以及对其在特定情况下出具的审计报告可能不同于预期形式和内容的说明。

审计业务约定书的参考格式如图6-1所示。

审计业务约定书

甲方：_____有限公司

乙方：_____会计师事务所有限公司

兹由甲方委托乙方对_____进行审计,经双方协商,达成以下约定。

一、业务范围与审计目标

1. 乙方接受甲方委托,对甲方按照企业会计准则编制的财务报表进行审计。

2. 乙方通过执行审计工作,对财务报表的下列方面发表审计意见。

(1) 财务报表是否在所有重大方面按照企业会计准则的规定编制。

(2) 财务报表是否在所有重大方面公允反映被审计单位的财务状况、经营成果和现金流量。

二、甲方的责任与义务

(一) 甲方的责任

1. 根据《中华人民共和国会计法》及《企业财务会计报告条例》,甲方及甲方负责人有责任保证会计资料的真实性和完整性。因此,甲方管理层有责任妥善保存和提供会计记录(包括但不限于会计凭证、会计账簿及其他会计资料),这些记录必须真实、完整地反映甲方的财务状况、经营成果和现金流量。

2. 按照企业会计准则的规定编制和公允列报财务报表是甲方管理层的责任,这种责任包括:

(1) 设计、实施和维护与财务报表编制相关的内部控制,以使财务报表不存在由于舞弊或错误而导致的重大错报;

(2) 选择和运用恰当的会计政策;

(3) 作出合理的会计估计。

(二) 甲方的义务

1. 及时为乙方的审计工作提供其所要求的全部会计资料和其他有关资料(在 年 月 日之前提供审计所需的全部资料),并保证所提供资料的真实性和完整性。

2. 确保乙方不受限制地接触任何与审计有关的记录、文件和所需的其他信息。

3. 甲方管理层对其作出的与审计有关的声明予以书面确认。

4. 为乙方派出的有关工作人员提供必要的工作条件和协助,主要事项将由乙方于外勤工作开始前提供清单。

5. 按本约定书的约定及时足额支付审计费用以及乙方人员在审计期间的交通。食宿和其他相关费用。

三、乙方的责任和义务

(一) 乙方的责任

1. 乙方的责任是在实施审计工作的基础上对甲方财务报表发表审计意见,乙方按照中国注册会计师审计准则(以下简称审计准则)的规定进行审计。审计准则要求注册会计师遵守职业道德规范,计划和实施审计工作,以对财务报表是否不存在重大错报获取合理保证。

2. 审计工作涉及实施审计程序,以获取有关财务报表金额和披露的审计证据。乙方选择的审计程序取决于乙方的判断,包括对由于舞弊或错误导致的财务报表重大错报风险的评估。在进行风险评估时,乙方考虑与财务报表编制相关的内部控制,以设计恰当的审计程序,但目的并非对内部控制的有效性发表意见。审计工作还包括评价管理层选用会计政策的恰当性和作出会计估计的合理性,以及评价财务报表的总体列报。

3. 乙方需要合理计划和实施审计工作，以使乙方能够获取充分、适当的审计证据，为甲方财务报表是否不存在重大错报获取合理保证。

4. 乙方有责任在审计报告中指明所发现的甲方在重大方面没有遵循企业会计准则编制财务报表且未按乙方的建议进行调整的事项。

5. 由于测试的性质和审计的其他固有限制，以及内部控制的固有局限性，不可避免地存在着某些重大错报在审计后仍然可能未被乙方发现的风险。

6. 在审计过程中，乙方若发现甲方内部控制存在乙方认为的重要缺陷，应向甲方提交管理建议书。但乙方在管理建议书中提出的各种事项，并不代表已全面说明所有可能存在的缺陷或已提出所有可行的改善建议。甲方在实施乙方提出的改善建议前应全面评估其影响。未经乙方书面许可，甲方不得向任何第三方提供乙方出具的管理建议书。

7. 乙方的审计不能减轻甲方及甲方管理层的责任。

（二）乙方的义务

1. 按照约定时间完成审计工作，出具审计报告。乙方应于 202　年　月　日前出具审计报告。

2. 除下列情况外，乙方应当对执行业务过程中知悉的甲方信息予以保密。

（1）取得甲方的授权。

（2）根据法律法规的规定，为法律诉讼准备文件或提供证据，以及向监管机构报告发现的违反法规行为。

（3）接受行业协会和监管机构依法进行的质量检查。

（4）监管机构对乙方进行行政处罚（包括监管机构处罚前的调查、听证）以及乙方对此提起行政复议。

四、审计收费

1. 本次审计服务的收费是以乙方各级别工作人员在本次工作中所耗费的时间为基础计算的，乙方预计本次审计服务的费用总额为人民币　元。

2. 甲方应于本约定书签署之日起　日内支付　％的审计费用，剩余款项于审计报告草稿完成日结清。

3. 如果由于无法预见的原因，致使乙方从事本约定书所涉及的审计服务实际时间较本约定书签订时预计的时间有明显的增加或减少时，甲乙双方应通过协商，相应调整本约定书第四项第 1 条下所述的审计费用。

4. 如果由于无法预见的原因，致使乙方人员抵达甲方的工作现场后，本约定书所涉及的审计服务不再进行，甲方不得要求退还预付的审计费用；如上述情况发生于乙方人员完成现场审计工作，并离开甲方的工作现场之后，甲方应另行向乙方支付人民币　元的补偿费，该补偿费应于甲方收到乙方的收款通知之日起　日内支付。

5. 与本次审计有关的其他费用（包括交通费、食宿费等）由甲方承担。

五、审计报告和审计报告的使用

1. 乙方按照《中国注册会计师审计准则第 1501 号——对财务报表形成审计意见和出具审计报告》和《中国注册会计师审计准则第 1502 号——在审计报告中发表非无保留意见》规定的格式和类型出具审计报告。

2. 乙方向甲方出具审计报告一式　份。

3. 甲方在提交或对外公布审计报告时，不得修改乙方出具的审计报告及后附的已审计财务报表，当甲方认为有必要修改会计数据、报告附注和所作的说明时，应当事先通知乙方，乙方将考虑有关的修改对审计报告的影响，必要时将重新出具审计报告。

六、本约定书的有效期间

本约定书自签署之日起生效，并在双方履行完毕本约定书约定的所有义务后终止。但其中第三（二）2、四、五、八、九、十项并不因本约定书终止而失效。

七、约定事项的变更

如果出现不可预见的情况,影响审计工作如期完成,或需要提前出具审计报告时,甲乙双方均可要求变更约定事项,但应及时通知对方,并由双方协商解决。

八、终止条款

1. 如果根据乙方的职业道德及其他有关专业职责、适用的法律、法规或其他任何法定的要求,乙方认为已不适宜继续为甲方提供本约定书约定的审计服务时,乙方可以采取向甲方提出合理通知的方式终止履行本约定书。

2. 在终止业务约定的情况下,乙方有权就其于本约定书终止之日前对约定的审计服务项目所做的工作收取合理的审计费用。

九、违约责任

甲、乙双方按照《中华人民共和国民法典》的规定承担违约责任。

十、适用法律和争议解决

本约定书的所有方面均应适用中华人民共和国法律进行解释并受其约束。本约定书履行地为乙方出具审计报告所在地,因本约定书所引起的或与本约定书有关的任何纠纷或争议(包括关于本约定书条款的存在、效力或终止,或无效之后果),双方选择以下第　　种解决方式:

1. 向有管辖权的人民法院提起诉讼。

2. 提交　　仲裁委员会仲裁。

十一、双方对其他有关事项的约定

本约定书一式两份,甲、乙方各执一份,具有同等法律效力。

甲方:　　有限公司(盖章)　　　　　　乙方:　　会计师事务所(盖章)

授权代表:(签名并盖章)　　　　　　授权代表:(签名并盖章)

　　年　月　日　　　　　　　　　　　　年　月　日

图 6-1　审计业务约定书格式

例 6-1

注册会计师赵明是信诚会计师事务所的合伙人之一,他从 2017 年开始对乙公司执行财务报表审计业务。赵明在承接审计业务之前,就已经与乙公司签订了审计业务约定书,在审计业务约定书里面明确了双方的责任与义务。乙公司是一家外贸企业,最近几年一直业绩良好,赵明自从接手该业务,在 2021 年之前每年都对乙公司出具无保留意见的审计报告。但是自 2021 年开始,外部环境的改变,以及乙公司管理层在决策上的重大失误,致使其产品大量滞销,业绩大幅下滑,股价大幅下跌,由此给投资者造成了巨大的投资损失。

很多投资者联合投诉乙公司与信诚会计师事务所串通舞弊、粉饰财务报表、欺骗投资者进行投资,要求乙公司与信诚会计师事务所承担相应的法律责任,并进行经济赔偿。

但是注册会计师赵明认为,投资者之所以蒙受损失,是因为乙公司 2021 年业绩不佳,而自己为乙公司所出具的所有的审计报告都是 2021 年以前的,也就是说,审计报告是真实的,与投资者蒙受损失无必然关联。

问题:赵明是否应该进行经济赔偿?是否应该承担相应的法律责任?

解析:赵明是否应该进行经济赔偿以及承担相应的法律责任的关键点在于事务所与被审计单位之间的一个责任界定。因为赵明在承接审计业务之前,就已经与被审计单位签订了审计业务约定书,并在审计业务约定书里面明确了双方的责任与义务。那么从审计业务的内容来看,他所需要承担的责任是合理地计划和实施审计工作,对财务报表提供合理保证。赵明在2021年之前,对乙公司出具的所有的审计报告都是无保留意见的审计报告,而且在此期间乙公司的业绩也确实没有问题,因此赵明完全没有义务来承担相关经济赔偿责任和法律责任。

通过这个案例,我们发现审计业务约定书很好地保护了赵明自身的这种权益,这就是审计业务约定书的重要性。

例6-2

阳光有限责任公司为筹措资金,决定向银行贷款。但银行希望它出具审计后的财务报表,以作出是否给其贷款的决定。于是,阳光有限责任公司决定聘请信诚会计师事务所进行审计。阳光有限责任公司以前从未被审计过,审计过程不太顺利。注册会计师赵明刚到阳光有限责任公司就发现,该公司会计账册不齐,而且相关账目也未结平。于是赵明花费一个星期的时间帮助阳光有限责任公司会计整理账簿。但阳光有限责任公司会计人员却向财务经理抱怨,认为注册会计师赵明太苛刻,妨碍其正常工作。

第二周,当赵明向会计人员索要客户有关资料以便对应收账款询证时,会计人员以这些资料系公司机密为由,加以拒绝。接着,赵明又要求,公司在年末这一天停止生产,以便对存货进行盘点。但阳光有限责任公司又以生产任务忙为由,加以拒绝。

赵明无奈之下,只得向事务所的合伙人王刚汇报。王刚立即与阳光有限责任公司总经理进行接洽,告知对方如果无法进行询证或盘点,注册会计师将无法对其财务报表发表意见。阳光有限责任公司总经理闻言之后,非常生气。他说:"我情愿向朋友借钱,也不要你们的审计报告。"随后,他命令注册会计师赵明马上离开公司,而且拒绝支付前两周的审计费用。王刚也很生气,他严肃地告诉阳光有限责任公司总经理,除非结清所有的审计费用,否则,前期由赵明代编的会计账册将不予归还。

问题:你认为信诚会计师事务所的做法是否妥当?如不妥当,请具体说明。

解析:

1. 信诚会计师事务所的做法不妥当。

2. 在上述案例中,信诚会计师事务所犯了以下几个错误。

(1)审计前没有与客户妥善会谈,以致客户不了解审计的意义、目的及范围。这是造成客户不同意注册会计师进行询证或盘点的原因。

(2)没有与客户签订审计业务委托书,没有与客户商定审计收费方案。与客户联系不足,在客户账未结平之前就贸然前去审计,实属不妥。

(3)没有制订审计计划,也没有助理人员进行必要的监督,如注册会计师在没有获得合伙人同意的情况下帮助客户整理账册实属多余。

(4)以扣留客户账册作为要求客户付款的条件,有失职业道德,而且很可能因此被客户起诉。信诚会计师事务所应立即归还客户公司账册,如果整理工作时间不长,可以放弃审计收费,如果审计收费金额巨大,可以通过正常的法律渠道予以申诉,通过合法程序来维护自身利益。

任务二　编制审计计划

凡事预则立、不预则废,审计工作也不例外。计划审计工作对于审计人员顺利完成审计工作和控制审计风险具有非常重要的意义。合理的审计计划有助于审计人员关注重点审计领域、及时发现和解决潜在问题并恰当地组织和管理审计工作,从而使审计工作更加有效。同时,充分的审计计划可以帮助审计项目组对其成员进行恰当分工和指导监督,并复核其工作,还有助于协调其他审计人员和专家的工作。

审计计划分为总体审计计划和具体审计计划两个层次。一般情况下,审计人员应当依据总体审计计划制订具体审计计划,并有效利用审计资源以实现审计目标。值得注意的是,虽然制订总体审计计划的过程通常在具体审计计划之前,但是两者具有内在紧密联系,审计人员对具体审计计划的修改可能会影响甚至改变总体审计计划的内容。对此,审计人员应根据实际情况及时修改具体审计计划,并相应调整总体审计计划的内容。

一、总体审计计划

审计人员应当为审计工作制订总体审计计划。总体审计计划用以确定审计范围、时间安排和方向,并指导具体审计计划的制订。

(一)总体审计计划的制订

在制订总体审计计划时,审计人员应当考虑以下主要事项。

1. 确定审计业务的特征

这一事项具体包括采用的会计准则、特定行业的报告要求以及被审计单位组成部分的分布等,以界定审计范围。

在确定审计范围时,审计人员一般需要考虑下列具体事项。

(1)编制财务报表适用的会计准则和相关会计制度。

(2)特定行业的报告要求,如某些行业监管机构要求提交的报告。

(3)预期审计工作涵盖的范围。

(4)外币折算,包括外币交易的会计处理、外币财务报表的折算和相关信息的披露。

（5）内部审计工作的可获得性及审计人员拟信赖内部审计工作的程度。

（6）利用以前审计工作中审计证据的预期。

（7）信息技术对审计程序的影响，包括数据的可获得性和对使用计算机辅助审计技术的预期。

（8）协调审计工作与中期财务信息审阅的预期涵盖范围和时间安排，以及中期审阅所获取的信息对审计工作的影响。

（9）与被审计单位人员的时间协调和相关数据的可获得性。

2. 明确审计业务的报告目标以及计划审计的时间安排

这一事项具体包括提交审计报告的时间要求，预期与管理层和治理层进行沟通的日期等。

审计人员在计划报告目标、时间安排时，需要考虑下列事项。

（1）被审计单位对外报告的时间表，包括中间阶段和最终阶段。

（2）与管理层和治理层举行会谈，讨论审计工作的性质、时间安排和范围。

（3）与管理层和治理层讨论审计人员拟出具报告的类型和时间安排，并沟通其他事项，包括管理建议书和向治理层通报的其他事项。

（4）与管理层就整个审计业务中具体审计工作的进展安排进行的沟通。

（5）项目组成员之间沟通的预期性质和时间安排，包括项目组会议的性质和时间安排，以及复核已执行工作的时间安排。

（6）预期是否需要和第三方进行其他沟通，包括与审计相关的法定或约定的报告责任。

3. 根据职业判断，考虑影响项目组工作方向的重要因素

总体审计计划的制订应当包括考虑影响审计业务的重要因素，以确定项目组的工作方向。具体包括：确定适当的重要性水平，初步识别可能存在较高的重大错报风险的领域，初步识别重要的账户余额，评价是否需要针对内部控制的有效性获取审计证据，识别被审计单位、所处行业、财务报告要求及其他相关方面最近发生的重大变化等。

在确定审计方向时，审计人员需要考虑下列事项。

（1）重要性方面。

（2）重大错报风险较高的审计领域。

（3）财务报表层次的重大错报风险对指导、监督及复核的影响。

（4）项目组人员的选择和工作分工，包括向重大错报风险较高的审计领域分派具备适当经验的人。

（5）项目预算，包括考虑为重大错报风险可能较高的审计领域分配适当的工作时间。

（6）向项目组成员强调在收集和评价审计证据过程中保持职业怀疑的必要性。

（7）以往审计中对内部控制运行有效性进行评价的结果，包括所识别的控制缺陷的性质及应对措施。

（8）管理层重视设计和实施健全的内部控制的相关证据，包括这些内部控制得

以适当记录的证据。

（9）业务交易量规模，以基于审计效率的考虑确定是否依赖内部控制。

（10）对内部控制重要性的重视程度。

（11）影响被审计单位经营的重大发展变化，包括信息技术和业务流程的变化，关键管理人员变化，以及收购、兼并和分立等情况。

（12）重大的行业发展情况。例如，行业法规变化和新的报告规定。

（13）会计准则及会计制度的变化，该变化可能涉及被审计单位作出重大的新披露或对现有披露作出重大修改。

（14）其他重大变化。例如，影响被审计单位的法律环境的变化。

（二）总体审计计划的内容及格式

审计人员应当在总体审计策略中清楚地说明审计资源的规划和调配，包括确定执行审计业务所必需的审计资源的性质、时间安排和范围。具体包括以下几项内容。

（1）具体审计领域调配的资源，包括向高风险领域分派有适当经验的项目组成员，以及就复杂的问题利用专家工作等。

（2）向具体审计领域分配资源的多少，包括分派到重要地点进行存货监盘的项目组成员的人数，在集团审计中复核组成部分注册会计师工作的范围，以及向高风险领域分配的审计时间预算等。

（3）何时调配这些资源，包括是在期中审计阶段还是在关键的截止日期调配资源等。

（4）如何管理、指导、监督这些资源，包括预期何时召开项目组预备会和总结会，预期项目合伙人和经理如何进行复核，以及是否需要实施项目质量复核等。

总体审计计划格式如表 6-1 所示。

表 6-1　总体审计计划

被审计单位:阳光有限责任公司	索引号:BE
项目:总体审计计划	财务报表截止日/期间:2021 年 12 月 31 日
编制:赵明	复核:李华
日期:2021 年 11 月 1 日	日期:2021 年 11 月 6 日

一、审计范围

报告要求	
适用的会计准则和相关会计制度	新企业会计准则
适用的审计准则	
新企业会计准则与财务报告相关的行业特别规定	
被审计单位组成部分的数量及所在地点	
需要阅读的含有已审计财务报表文件中的其他信息	
制定审计策略需考虑的其他事项	

（续表）

二、审计业务时间安排

（一）对外报告时间安排：2022 年 1 月 31 日

（二）审计程序时间安排

审计程序	执行时间
1. 期中审计	
（1）风险评估程序	2021 年 11 月
（2）制定总体审计计划	2021 年 11 月
（3）制订具体审计计划	2021 年 11 月
（4）控制测试	2021 年 11 月
（5）实质性程序	2021 年 11 月
2. 期末审计	
（1）存货监盘	2021 年 12 月 31 日
（2）实质性程序	2022 年 1 月

（三）沟通的时间安排

所需沟通	时间
与管理层及治理层的沟通	进场前一次，外勤结束后一次，出具报告前一次（如有必要）
项目组会议（包括预备会和总结会）	根据进度提前通知

三、影响审计业务的重要因素

（一）重要性

确定的重要性水平	索引号
财务报表整体的重要性：300 万元（按净利润的 5％计算）	
实际执行的重要性：210 万元（按整体重要性的 70％计算）	

（二）可能存在较高重大错报风险的领域

可能存在较高重大错报风险的领域	索引号
实施新企业会计准则相关变化的内容	
营业收入及营业成本	
期间费用	
所得税费用	
存货	

（续表）

（三）重要的组成部分和账户余额

重要的组成部分	索引号
阳光有限责任公司没有分公司、子公司	
重要的账户余额	
存货、在建工程、应付账款	
主营业务收入、主营业务成本	
所得税费用、应交税费	

四、人员安排

（一）项目组主要成员及职责

姓名	职业	主要职责
李华	副主任会计师	对项目总负责
赵明	高级经理	复核销售与收款循环、生产与存货循环
刘莉	高级经理	复核采购与付款循环、筹资与投资循环
陈诚	项目经理	检查销售与收款循环
张颖	项目经理	检查生产与存货循环
王阳	项目经理	检查采购与付款循环、筹资与投资循环

（二）与项目质量控制复核人员的沟通

沟通内容	负责沟通的项目组成员	计划沟通时间
风险评估、对审计计划的讨论	赵明	2021 年 11 月 8 日
审计调整事项	赵明	2022 年 1 月 25 日
审计意见类型	赵明	2022 年 1 月 28 日

五、对专家工作的利用

根据我们对阳光有限责任公司销售与收款循环内部控制的了解，我们将利用计算机专家的工作进行控制测试。

二、具体审计计划

审计人员应当为审计工作制订具体审计计划。具体审计计划比总体审计计划更加详细，应当包括风险评估程序、计划实施的进一步审计程序和其他审计程序。

（一）风险评估程序

按照《中国注册会计师审计准则第 1211 号——通过了解被审计单位及其环境识别和评估重大错报风险》的规定，具体审计计划应当包括为了充分识别和评估财务报表重大错报风险,审计人员计划实施的风险评估程序的性质、时间安排和范围。

(二)计划实施的进一步审计程序

按照《中国注册会计师审计准则第1231号——针对评估的重大错报风险采取的应对措施》的规定,具体审计计划应当包括针对评估的认定层次的重大错报风险,审计人员计划实施的进一步审计程序的性质、时间安排和范围。进一步审计程序包括控制测试和实质性程序。

(三)其他审计程序

具体审计计划应当包括根据审计准则的规定,审计人员针对审计业务需要实施的其他审计程序。其他审计程序是指上述进一步审计程序中没有涵盖的、根据其他审计准则的要求审计人员应当执行的既定程序。

具体审计计划格式如表6-2所示。

表6-2 具体审计计划

被审计单位:阳光有限责任公司	索引号:BE
项目:具体审计计划	财务报表截止日/期间:2021年12月31日
编制:赵明	复核:李华
日期:2021年11月1日	日期:2021年11月6日

```
1. 风险评估程序
1.1  一般风险评估程序
1.2  针对特别项目的程序
2. 了解被审计单位及其环境
2.1  被审计单位的行业状况、法律环境与监管环境以及其他外部因素
2.2  被审计单位的性质
2.3  被审计单位的会计政策的选择和运用
2.4  被审计单位的目标、战略及相关经营风险
2.5  被审计单位的财务状况
3. 了解被审计单位的内部控制情况
3.1  被审计单位的内部控制环境
3.2  被审计单位的风险评估过程
3.3  被审计单位的信息系统与内部沟通情况
3.4  控制活动
3.5  被审计单位对内部控制的监督情况
4. 对风险评估及审计计划的讨论
5. 评估的重大错报风险
5.1  评估的财务报表层次的重大错报风险
5.2  评估的认定层次的重大错报风险
6. 计划实施的进一步审计程序
6.1  重要账户或列报的计划总体方案(计划矩阵)
6.2  计算机辅助审计技术的应用
7. 其他程序
```

三、审计计划的更改

编制审计计划工作并非审计业务中的一个孤立阶段,而是一个持续的、不断修正的过程,贯穿整个审计业务的始终。由于未预期事项、条件的变化或在实施审计程序中获取了计划外的审计证据等,在审计过程中,审计人员应当在必要时对总体审计计划和具体审计计划作出更新和修改。

审计过程可以分为不同阶段,通常前一阶段的工作结果会对后一阶段的工作计划产生一定的影响,而且随着工作的推进,审计人员可能需要对已制定的相关计划进行相应的更新和修改。通常来讲,这些更新和修改可能涉及比较重要的事项。例如,对重要性水平的修改,对某类交易、账户余额和披露的重大错报风险的评估,以及对进一步审计程序(包括总体方案和拟实施的具体审计程序)的更新和修改等。一旦计划被更新和修改,审计工作也就应当进行相应的修正。

> **例 6-3**
>
> 注册会计师赵明从 2019 年开始负责轩辕公司的财务报表审计业务,轩辕公司是一家从事通信设备生产的上市公司,公司成立 10 年,业绩稳步上升。近年来,轩辕公司还加大了对新产品的研发投入力度,并持有多项专利成果。在赵明对轩辕公司开始审计工作的前两年,由于对公司的情况不甚了解,所以每次在开始工作之前,赵明都会制订详细的审计计划,用于界定重点审计领域,发现并解决潜在的错误,以恰当地管理和组织审计工作,并提高审计效率。但是到了 2021 年,赵明认为其对轩辕公司的情况已经足够了解,所以决定将 2020 年的审计计划继续用于 2021 年的审计工作。但是在 2021 年轩辕公司的管理层产生了重大的变化,公司面临的外部竞争压力也越来越大,而且公众的需求也变得越来越多元化。
>
> **问题:**赵明的这种做法是否恰当? 为什么?
>
> **解析:**赵明的这种做法是否恰当主要取决于审计计划的编制的目的。注册会计师编制审计计划的目的是指导当期的审计工作。同时,审计计划完全是基于对当期企业实际情况的风险评估来制订的,即使在同一个年度,审计计划也会随着预期事项的改变、具体环境的变化以及在审计实施过程中收集到的审计证据的情况而有所调整。具体到本案例,轩辕公司 2021 年的内外部环境产生了重大的变化,那么在这种情况下,赵明仍然坚持采用 2020 年的审计计划开展审计工作,这种行为显然是不正确的。

任务三　认识重要性水平

一、重要性水平的概念及认识要点

审计的重要性水平是指用金额额度表示的被审计单位财务报表中错报或漏报的严重

程度,即该额度以上的错报或漏报在特定环境下可能影响报表使用者的判断或决策。

我们在理解重要性水平概念时要注意以下几点。

(1)如果合理预期错报(包括漏报)单独或汇总起来可能影响财务报表使用者依据财务报表作出的经济决策,则我们通常认为该错报是重大的。

(2)对重要性水平的判断是根据具体环境作出的。被审计单位所处的环境不同,重要性水平的标准也会存在一定的差别。被审计单位的经营规模不一样,重要性水平的标准也不完全一致。一般来说,经营规模比较大的单位,其重要性水平的绝对值比经营规模较小的单位要更大一些,但是其重要性水平的相对值要比经营规模较小的单位要小。

(3)重要性水平受错报的金额或性质的影响,或受两者共同作用的影响。金额的大小是判断重要性水平的一个非常重要的因素,同样类型的错报,金额大的要比金额小的更重要。一项错报单独来看不重要,但如果其经常出现,积少成多,也就变得重要了。此外,错报的性质也会影响重要性水平,如涉及舞弊与违法行为的错报、可能引起履行合同义务的错报、影响收益趋势的错报、不期望出现的错报等,其重要性水平都是比较高的。

(4)判断某事项对财务报表使用者的影响是否重大,是基于财务报表使用者整体共同的财务信息需求作出的。由于不同财务报表使用者对财务信息的需求差异可能很大,因此审计人员不考虑错报对个别财务报表使用者可能产生的影响。

(5)重要性水平的评估需要运用职业判断。影响重要性水平的因素很多,审计人员应当根据被审计单位面临的环境,综合考虑其他因素,合理确定重要性水平。不同的审计人员在确定同一被审计单位财务报表层次和认定层次的重要性水平时,得出的结果可能不同,这主要是因为其对影响重要性因素的判断存在差异。因此,审计人员需要运用职业判断来合理评估被审计事项的重要性水平。

二、重要性水平的运用

在计划和执行审计工作时,重要性水平的运用贯穿于整个审计过程。

(一)审计计划阶段对重要性水平的运用

在计划阶段,审计人员应当对被审计事项的重要性做出初步判断,确定其重要性水平,进而确定所需审计证据的数量。重要性水平与审计证据之间呈反向关系,即重要性水平越低,应获取的审计证据越多。因此,审计人员在编制审计计划时,应当根据所确定的审计重要性水平,合理确定所需的审计证据,并以此决定审计程序的性质、时间和范围。

(二)审计实施阶段对重要性水平的运用

在实施阶段,随着审计过程的推进,审计人员应当及时评价计划阶段确定的重要性水平是否适当,并根据具体环境的变化或者根据审计执行过程中获取的信息,调整相关重要性水平,进而对进一步审计程序的性质、时间和范围进行修订。

在确定审计程序后,如果审计人员决定接受更低的重要性水平,审计风险将增加。如有可能,审计人员可通过扩大控制测试范围或实施追加控制测试,以及修改计划实施的实质性程序的性质、时间和范围,来降低审计风险。

(三)审计报告阶段对重要性水平的运用

在报告阶段,审计人员应依据重要性水平评价识别出的错报以及未更正错报对财务报表和审计意见的影响。

1. 评价识别出的错报的影响

审计人员可能将低于某一金额的错报界定为明显微小的错报,对这类错报不予累积,因为审计人员认为这些错报的汇总数明显不会对财务报表产生重大影响。但是,"明显微小"不等同于"不重大",除非这些明显微小的错报,无论单独或者汇总起来,从规模、性质及其发生的环境来看,都是明显微不足道的。如果不确定一个或多个错报是否明显微小,就不能认为这些错报是不需要累积的。因此,审计人员需要在制订总体审计计划和具体审计计划时,确定一个明显微小错报的临界值,低于该临界值的错报视为明显微小的错报,可以不累积。

2. 评价累积未更正错报的影响

在出具审计报告之前,审计人员需要通过比较累积未更正错报与财务报表整体的重要性水平,来评价累积未更正错报的影响是否重大。其主要存在以下三种情况。

(1)累积未更正错报超过重要性水平。如果累积未更正错报超过了重要性水平,审计人员应当要求管理层调整财务报表。如果管理层拒绝调整财务报表,审计人员应考虑累积未更正错报对发表审计意见类型的影响。

(2)累积未更正错报接近重要性水平。如果累积未更正错报接近重要性水平,表明被审计事项存在比可接受的低风险水平更大的风险,即未被发现的错报连同审计过程中累积错报的汇总数可能超过重要性水平。因此,审计人员应当要求管理层检查某类交易、账户余额或披露,以便了解审计人员识别出的错报的产生原因,并要求管理层采取措施以确定这些交易、账户余额或披露实际发生错报的金额,及时对财务报表作出适当的调整。

(3)累积未更正错报远低于重要性水平。如果累积未更正错报明显微小,远低于重要性水平,审计人员即可认为这些错报的累积数明显不会对财务报表产生重大影响,是可接受的,也不会影响审计人员发表审计意见。

重要性水平在审计过程中的运用如表 6-3 所示。

表 6-3　重要性水平的运用

重要性的运用步骤		
计划审计工作	第一步	确定重要性水平的初步判断数额(财务报表层次)
	第二步	将重要性水平的初步判断数额分配至各主要认定(认定层次)
进一步审计程序	第三步	获取审计证据,发现并推断错报、漏报数额。此时,审计人员可根据已发现的错报、漏报,修正重要性水平的初步判断数
	第四步	汇总错报、漏报数额

重要性的运用步骤		
评价审计结果	第五步	将汇总的错报、漏报数额与初步判断的或经过修正后的重要性水平进行比较,作为确定审计意见的参考依据

三、重要性水平的确定

(一) 影响重要性水平的主要因素

在计划审计工作时,审计人员应当确定一个合理的重要性水平,以发现被审计单位在金额上重大的错报。审计人员在确定计划的重要性水平时,需要考虑以下主要因素。

(1) 对被审计单位及其环境的了解。被审计单位的行业状况、法律环境与监管环境等其他外部因素,以及被审计单位的业务性质、对会计政策的选择和应用,被审计单位的目标、战略及相关的经营风险,被审计单位的内部控制等因素,都将影响审计人员对重要性水平的判断。

(2) 审计的目标,包括特定报告要求、信息使用者的要求等因素也会影响审计人员对重要性水平的确定。

(3) 财务报表各项目的性质及相互关系。财务报表使用者对不同报表项目的关心程度不同。一般而言,审计人员如果认为流动性较高的项目出现较小金额的错报就会影响报表使用者的决策,则应当对此从严确定重要性水平。

(4) 财务报表项目的金额及波动幅度。财务报表项目的金额及波动幅度可能促使财务报表使用者作出不同的反应。因此,审计人员在确定重要性水平时,应当深入研究这些项目的金额及波动幅度。

总之,只要是影响预期财务报表使用者决策的因素,都可能对重要性水平产生影响。注册会计师应当在计划阶段充分考虑这些因素,并采用合理的方法,确定重要性水平。

(二) 两个层次重要性水平的确定

1. 财务报表层次的重要性水平

财务报表审计的目标是审计人员通过执行审计工作对财务报表整体发表审计意见,得出财务报表是否公允反映财务状况的结论。因此,审计人员在制订总体审计计划时,应当确定财务报表整体的重要性水平。

审计人员在确定重要性水平时需要运用职业判断,通常先选定一个基准,再乘以某一百分比作为财务报表整体的重要性水平。审计人员在选择基准时,需要考虑的因素有以下五点。

(1) 财务报表要素。例如,资产、负债、所有者权益、收入和费用。

(2) 是否存在特定会计主体财务报表使用者特别关注的项目。例如,为了评价财务业绩,使用者可能更关注利润、收入或净资产。

(3) 被审计单位的性质、所处的生命周期阶段以及所处的行业和经济环境。

(4) 被审计单位的所有权结构和融资方式。例如,如果被审计单位仅通过债务而非权益进行融资,财务报表使用者可能更关注其资产及资产的索偿权,而非被审计单位的收益。

（5）基准的相对波动性。基准的确定取决于被审计单位的具体情况,一些实务中常用的基准如表6-4所示。

表6-4　常用的基准

被审计单位的具体情况	可能选择的基准
企业的盈利水平保持稳定	经常性业务的税前利润
企业近年来经营状况大幅度波动,盈利和亏损交替发生,或者其过去3～5年经常性业务的平均税前利润或亏损由正常盈利变为微利或微亏,或者其本年度税前利润因情况变化而出现意外增加或减少	过去3～5年经常性业务的平均税前利润(取绝对值),或其他基准,例如营业收入
企业为新设企业,处于开办期,尚未开始经营,目前正在建造厂房及购买机器设备	总资产
企业处于新兴行业,目前侧重于抢占市场份额,扩大企业知名度和影响力	营业收入

为选定的基准确定百分比需要运用职业判断。百分比和选定的基准之间存在一定的联系,经常性业务的税前利润对应的百分比通常比营业收入对应的百分比要高。例如,对于以营利为目的的制造行业实体,审计人员可能认为经常性业务的税前利润5%是适当的;而对于非营利组织,审计人员可能认为总收入或费用总额的1%是适当的。百分比无论高低,只要符合具体情况,都是适当的。

如果同一期间各财务报表的重要性水平不同,审计人员应当取其最低者作为财务报表层次的重要性水平。审计人员应当先为每张报表确定一个重要性水平。但由于财务报表彼此相互关联,而且很多审计程序经常涉及两个以上的报表,因此审计人员在编制审计计划时,应使用财务报表中最小的错报总体水平。例如,如果利润表的重要性水平为200万元,资产负债表的重要性水平为100万元,最终审计人员应当选择100万元作为财务报表层次的重要性水平。

例 6-4

信诚会计师事务所注册会计师赵明和李华对阳光有限责任公司2021年度财务报表进行审计,发现其未经审计的有关财务报表项目如表6-5所示。

表6-5　阳光有限责任公司财务报表项目　　　　　单位:万元

报表项目名称	金额
资产总额	180 000
股东权益总额	88 000
营业收入	240 000
利润总额	36 000
净利润	24 000

注册会计师赵明和李华拟以资产总额、净资产总额(股东权益总额)、营业收入和净利润作为判断基准,采用固定比率法,并假定资产总额、净资产总额、营业收入和净利润的固定百分比分别为 0.5%、1%、0.5% 和 5%。

问题: 注册会计师赵明和李华如何计算确定阳光有限责任公司 2021 年度财务报表层次的重要性水平?

解析:

$$180\ 000 \times 0.5\% = 900(万元)$$
$$88\ 000 \times 1\% = 880(万元)$$
$$240\ 000 \times 0.5\% = 1\ 200(万元)$$
$$24\ 000 \times 5\% = 1\ 200(万元)$$

通过以上计算可知,审计人员赵明和李华应选择金额最低的 880 万元作为财务报表层次的重要性水平。因为审计人员选择的重要性水平越低,计划执行的程序越充分,越能够将审计风险控制在可接受的水平。

2. 各类交易、账户余额或列报等认定层次的重要性水平

财务报表提供的信息是由各类交易、账户余额或列报等认定层次的信息汇集加工而成,审计人员只有通过对各类交易、账户余额或列报认定层次实施审计,才能得出财务报表是否公允反映财务状况的结论。因此,审计人员应当考虑各类交易、账户余额或列报认定层次的重要性水平。

各类交易、账户余额或列报认定层次的重要性水平又称可容忍错报。可容忍错报的确定以审计人员对财务报表层次重要性水平的初步评估为基础。它是指在不导致财务报表存在重大错报的情况下,审计人员对各类交易、账户余额或列报确定的可接受的最大错报。在实务中,审计人员应当合理确定可容忍错报。

审计人员在确定认定层次重要性水平时应考虑的因素有以下几项。

(1) 各类交易、账户余额、列报的性质及错报的可能性。

(2) 审计成本。

(3) 各类交易、账户余额、列报的重要性水平与财务报表层次重要性水平的关系。

例 6-5

审计人员在对阳光有限责任公司的财务报表进行审计时,确定的各项目的重要性水平如表 6-6 所示。

表 6-6　各项目的重要性水平　　　　　　　　单位:万元

项目	金额	重要性水平
货币资金	800	1
应收账款	2 200	20
存货	4 100	90

（续表）

项目	金额	重要性水平
固定资产	9 000	50
总计	16 100	161

问题：分析审计人员分配重要性水平的依据。

解析：在表6-6中，由于货币资金的性质重要，应收账款涉及主营业务收入，审计人员应对这两项重点关注，并确定较低的重要性水平；存货错报或漏报的可能性较大，为节省审计成本，审计人员应分配较高的重要性水平；固定资产属于较大的资本性支出，审计人员应确定较低的重要性水平。

（三）审计过程中对重要性水平的修改

由于下列情况的发生，审计人员可能需要修改财务报表整体的重要性水平。

（1）审计过程中被审计单位的情况发生重大变化。

（2）审计人员在审计过程中获取了新信息。

（3）通过实施进一步审计程序，审计人员对被审计单位及其经营所情况的了解发生了变化。

任务四　评估审计风险

一、审计风险的概念

审计风险是指当财务报表存在重大错报时，审计人员发表不恰当审计意见的可能性。审计人员如果想对所发表审计意见的正确性有较大的把握，就只能接受较低的审计风险。审计人员如果要对审计意见的正确性有99%的把握，那么可接受的审计风险水平就只能为1%；如果只要求有95%的把握，那么可接受的审计风险水平就可以是5%。

实务提醒

在审计进程中，审计风险评估是一个持续不断的过程。例如，在审计的准备阶段，审计人员应通过了解被审计单位、进行内部控制评价、评估重大错报风险、判断重要性水平对审计风险进行初步评估，然后再根据评估结果来分配审计资源。

二、审计风险的组成要素及其关系

审计风险的大小取决于重大错报风险和检查风险。审计风险、重大错报风险和检查风险之间的关系如下：

$$审计风险水平＝重大错报风险水平×检查风险水平$$

假设针对某一认定,审计人员将可接受的审计风险水平设定为5%,然后在实施风险评估程序后将重大错报风险评估为25%,则根据上述关系式,审计人员可接受的检查风险为20%。当然,在实务中,审计人员不一定采用绝对数来表达这些风险水平,而是选用"高""中""低"等文字描述。

审计人员应当实施审计程序,评估重大错报风险,并根据评估结果设计和实施进一步审计程序,以控制检查风险。

(一) 重大错报风险

重大错报风险是指财务报表在审计前存在重大错报的可能性。重大错报风险与被审计单位的风险有关,且独立存在于财务报表审计中。在设计审计程序以确定财务报表整体是否存在重大错报时,审计人员应当从财务报表层次和各类交易、账户余额、列报认定层次考虑重大错报风险。

1. 两个层次的重大错报风险

财务报表层次重大错报风险与财务报表整体存在广泛联系,可能影响多项认定。此类风险通常与控制环境有关,但也可能与其他因素有关,如经济萧条。此类风险难以界定于某类交易、账户余额、列报的具体认定;相反,此类风险会增加认定层次发生重大错报的可能性,审计人员应重点考虑由舞弊引起的此类风险。

同时,审计人员还应考虑各类交易、账户余额、列报认定层次的重大错报风险,这将有助于审计人员确定实施进一步审计程序的性质、时间和范围。

2. 固有风险和控制风险

认定层次的重大错报风险又可进一步分为固有风险和控制风险。

固有风险是指假设不存在相关的内部控制,某一认定易于发生重大错报(该错报单独或连同其他错报可能是重大的)的可能性。

控制风险是指某项认定发生了重大错报,却没有被企业的内部控制系统和人员及时防止、发现和纠正的可能性。控制风险取决于与财务报表编制有关的内部控制系统的设计和运行的有效性。由于控制的固有局限性,从某种程序上讲,控制风险始终存在。

(二) 检查风险

检查风险是指如果存在某一错报,该错报单独或连同其他错报可能是重大的,但审计人员未能发现这种错报的可能性。检查风险取决于审计程序设计的合理性和执行的有效性。

由于审计人员通常并不会对所有的交易、账户余额和列报进行检查,加之其他原因,检查风险不可能降低为零。其他原因包括审计人员可能选择了不恰当的审计程序、审计过程执行不当,或者错误解读了审计结论等。

(三) 重大错报风险与检查风险的关系

在既定的审计风险水平下,可接受的检查风险水平与认定层次重大错报风险的评估结果之间反向关系。评估的重大错报风险水平越高,可接受的检查风险水平越低;评估的重大错报风险水平越低,可接受的检查风险水平越高。

三、审计风险与重要性水平和审计证据之间的关系

(一) 审计风险与重要性水平之间的关系

审计风险与重要性水平之间具有反向关系。重要性水平越高,审计风险越低;重要性水平越低,审计风险越高。审计风险越高,越要求审计人员收集更多更有效的审计证据,以将审计风险降至可接受的低水平。审计人员在确定审计程序的性质、时间和范围时需要考虑这种反向关系。

在确定审计程序后,如果审计人员决定接受更低的重要性水平,审计风险将增加。审计人员应当选用下列方法将审计风险降至可接受的水平。

(1) 通过扩大控制测试范围或实施追加控制测试的方法降低评估的重大错报风险。

(2) 通过修改实质性程序的性质、时间和范围,降低检查风险。

在评价审计程序结果时,审计人员确定的重要性水平和审计风险水平,可能与计划审计工作时评估的重要性水平和审计风险水平有所不同。在这种情况下,审计人员应当重新确定重要性水平和审计风险水平,并考虑所实施的审计程序是否充分。

实务提醒

在审计业务中,重要性水平是以金额的大小来表示的。例如,通常 5 000 元的重要性水平比 3 000 元的重要性水平要高。重要性水平是审计人员从财务报表使用者的角度进行判断的结果。如果重要性水平是 5 000 元,则意味着低于 5 000 元的错报不会影响财务报表使用者的决策,此时审计人员需要通过执行有关审计程序确保发现高于 5 000 元的错报。如果重要性水平是 3 000 元,则金额在 3 000 元以上的错报就会影响财务报表使用者的决策,此时审计人员需要通过执行有关审计程序确保发现金额在 3 000 元以上的错报。显然,重要性水平为 3 000 元时的审计风险要比重要性水平为 5 000 元时的审计风险高。

(二) 审计风险与审计证据之间的关系

首先,评估的重大错报风险与所需收集审计证据的数量之间具有正向关系。一般而言,评估的重大错报风险越高,审计人员需要收集的审计证据就越多;评估的重大错报风险越低,审计人员需要收集的审计证据就越少。

其次,评估的重大错报风险与审计人员可以接受的检查风险水平不同。可以接受的检查风险水平与审计证据之间具有反向关系。一般而言,对于同一个审计客户,可以接受的检查风险水平越高,所需收集的审计证据越少;可以接受的检查风险水平越低,所需收集的审计证据越多。

因此,为了获取合理保证,审计人员应当获取充分、适当的审计证据,将审计风险

降至可接受的低水平,从而得出合理的结论,形成正确的审计意见。

 **例 6-6**

信诚会计师事务所的注册会计师赵明和李华接受委派,对阳光有限责任公司 2021 年度的财务报表进行审计。在计划审计阶段,注册会计师赵明和李华确定的可接受的审计风险水平为 5%,评估的阳光有限责任公司的固有风险水平和控制风险水平分别为 60% 和 40%。

问题:审计人员可接受的检查风险水平是多少?

解析:

检查风险水平 ＝ 审计风险水平 ÷ 重大错报风险水平 ＝ 5% ÷ (60% × 40%) ＝ 20.83%

因此,注册会计师赵明和李华确定的可接受的检查风险水平为 20.83%。

技能训练

一、单项选择题

1. 在审计风险模型中,检查风险取决于( )。

A. 与财务报表编制有关的内部控制的设计和运行的有效性

B. 审计程序设计的合理性和执行的有效性

C. 交易、账户余额、列报和披露及其认定的性质

D. 被审计单位的性质及其环境

2. 在理解重要性水平概念时,下列表述错误的是( )。

A. 重要性水平取决于审计人员在具体环境下对错报金额和性质的判断

B. 如果一项错报单独或连同其他错报可能影响财务报表使用者依据财务报表作出的经济决策,则该项错报是重大的

C. 判断一项错报是否重大,应当将使用者作为一个群体对其共同性的财务信息需求进行考虑

D. 对于重要性水平之下的小额错报,无须关注

3. 下列有关审计业务约定书的说法中,错误的是( )。

A. 审计业务约定书是会计师事务所与被审计单位签订的

B. 审计业务约定书的具体内容和格式不会因被审计单位的不同而不同

C. 审计业务约定书具有经济合同的性质,它的目的是明确约定各方的权利和义务,约定书一经约定各方签字认可,即成为法律上生效的契约,对各方均具有法定约束力

D. 会计师事务所承接任何审计业务,均应与被审计单位签订审计业务约定书

4. 甲企业是一个盈利水平比较稳定的企业,注册会计师在确定甲企业相关经济

指标的重要性水平时,通常选择的基准是(　　)。

    A. 经常性业务的税前利润　　　　　　　B. 总资产

    C. 营业收入　　　　　　　　　　　　　D. 净资产

5. 某位注册会计师可接受的审计风险水平为5%,将被审计单位的重大错报风险水平评估为20%。则可以接受的检查风险为(　　)。

    A. 15.2%　　　　　　B. 4.8%　　　　　　C. 25%　　　　　　D. 12%

二、多项选择题

1. 在制订总体审计计划时,注册会计师需要考虑的事项有(　　)。

    A. 预期审计工作涵盖的范围

    B. 确定重大错报风险较高的审计领域

    C. 向高风险领域分派具有适当经验的项目组成员

    D. 计划实施实质性程序的性质、时间和范围

2. 重要性水平取决于在具体环境下审计人员对错报金额和性质的判断。在以下关于重要性水平的说法中,正确的有(　　)。

    A. 财务报表错报包括财务报表金额的错报和财务报表披露的错报

    B. 不同的注册会计师在确定同一被审计单位财务报表层次和认定层次的重要性水平时,得出的结果可能不同

    C. 重要性水平的确定可以离开具体环境

    D. 如果财务报表中的某项错报足以改变或影响财务报表使用者的相关决策,则该项错报就是重要的

3. 注册会计师在汇总评价被审计单位尚未调整的错报或漏报数额时,该汇总数可能包括(　　)。

    A. 前期尚未调整的错漏报数

    B. 本期尚未调整的错漏报数

    C. 推断的错漏报数

    D. 期后事项及或有事项数

4. 注册会计师应当开展初步业务活动,以确保在计划审计工作时达到(　　)要求。

    A. 注册会计师已具备执行审计业务所需要的独立性

    B. 确定客户能为审计工作提供必要的条件

    C. 客户不存在对业务约定条款的误解

    D. 注册会计师已具备执行审计业务所需要的专业胜任能力

5. 在以下有关检查风险的说法中,正确的有(　　)。

    A. 检查风险取决于审计程序设计的合理性和执行的有效性

    B. 在审计风险水平确定的情况下,重大错报风险水平与可接受的检查风险水平之间具有反向关系

    C. 可接受的检查风险水平最终决定了实质性程序的性质、时间和范围

D. 注册会计师能否将重要账户的检查风险降低至可接受水平,将影响审计意见的类型

三、综合题

注册会计师赵明负责对常年审计客户甲公司 2019 年度的财务报表进行审计,他撰写了总体审计计划和具体审计计划,部分内容如下:

(1) 经初步了解,2019 年度甲公司及其环境未发生重大变化,拟信赖以往审计中对管理层认定形成的判断。

(2) 因对甲公司内部审计师的客观性和专业胜任能力存有疑惑,拟不利用其内部审计的工作。

(3) 如需要对计划的重要性水平做出修正,拟通过修改计划实施的实质性程序的性质、时间和范围降低重大错报风险。

(4) 因甲公司于 2019 年 9 月关闭某地办事处并注销其银行账户,拟不再函证该银行账户。

(5) 因审计工作时间安排紧张,拟不函证应收账款,直接实施替代审计程序。

要求:针对上述事件,指出注册会计师赵明拟定的计划是否存在不当之处,并说明理由。

项目七　审计测试

知识目标

1. 了解风险评估的作用和风险评估程序的内容。
2. 掌握内部控制的含义、目标以及要素。
3. 掌握识别和评估重大错报风险的方法。
4. 熟悉针对财务报表层次重大错报风险的总体应对措施。
5. 理解控制测试和实质性程序的含义、要求、性质、时间和范围。

技能目标

1. 能够判断内部控制系统设计是否合理，并指出内部控制系统设计与执行中存在的缺陷。
2. 能够识别和评估财务报表层次和认定层次的重大错报风险。
3. 能够应对财务报表层次的重大错报风险。
4. 能够实施控制性测试。
5. 能够实施实质性程序。

素养目标

1. 培养学生严谨的职业态度。
2. 培养学生学以致用的能力。
3. 培养学生的沟通协调能力以及大局意识。

知识结构

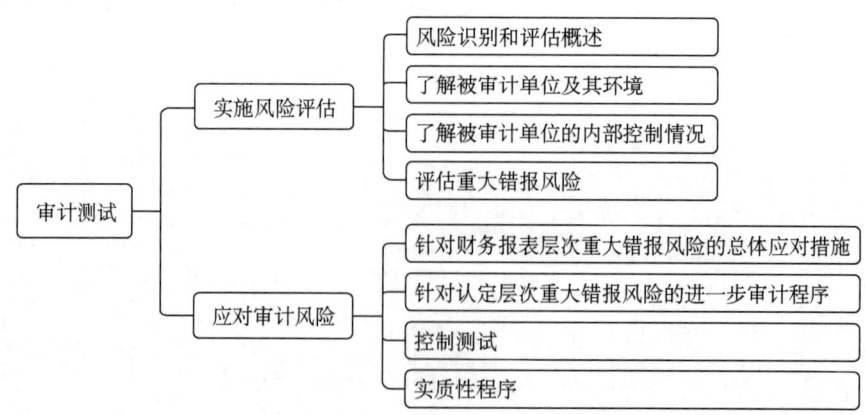

96

案例导入

风险无处不在　意外不期而遇

被称"史上最穷上市公司"的成都华泽钴镍材料股份有限公司于2019年5月正式退市。一个上市公司,为何沦落到如此地步?

2013年4月,王辉、王涛两兄妹以陕西华泽100%的股权注入濒临退市的成都聚友网络股份有限公司,成功借壳上市,并将公司更名为成都华泽钴镍材料股份有限公司。在王氏兄妹入驻的当年,公司就扭亏为盈。2013年和2014年公司分别实现利润约1.25亿元和2.53亿元,并获得了瑞华会计师事务所出具的标准无保留意见的审计报告。可是,好景不长,2016年4月28日,瑞华会计师事务所在专项审核意见中指出,2015年年末、2014年年末、2013年年末大股东占用上市公司资金余额分别为14.97亿元、14.14亿元和10.81亿元。一时间,王氏家族占用上市公司资产的消息不胫而走。

2016年4月30日,公司年报显示2015年度亏损约1.12亿元,瑞华会计师事务所对其财务报表和财务报告内部控制分别出具了带强调事项段的保留意见和否定意见。2016年6月18日、6月29日、7月8日公司分别收到来自四川省证监局、中国证监会和深交所的调查和处罚通知书。2016年10月22日,7名董事、3名监事和5名在任及离任高管被中国证监会正式立案调查。2017年年末,公司货币资金不足54元,官网欠费被暂停,无钱支付年报审计费用。2019年5月,公司正式退市。

对于这样一家公司,注册会计师风险评估的重要性可见一斑。2016年和2017年,瑞华会计师事务所连续两年对其财务报表出具无法表示意见的审计报告,对其财务报告内部控制出具否定意见。即便如此,瑞华会计师事务所仍受到中国证监会的责罚。2018年12月,中国证监会公布了对瑞华会计师事务所的行政处罚决定,处罚理由为:瑞华会计师事务所在对成都华泽钴镍材料股份有限公司2013年度和2014年度财务报表审计时未勤勉尽责,未能实施有效的审计程序对公司舞弊风险进行识别,未直接与公司治理层沟通其是否了解公司存在舞弊风险及如何监督管理层对舞弊风险进行识别和应对等,其出具的审计报告存在虚假记载。由此判罚公告可知,瑞华会计师事务所的风险评估本应该更为及时一些,也就是说在2013和2014年就应对被审计单位的相关风险有所识别。

思考:审计人员在风险评估时应从哪些方面入手? 可采用的评估程序有哪些?

任务一　实施风险评估

审计人员实施审计的目标是对财务报表不存在由错误或舞弊导致的重大错报获取合理保证。风险导向审计要求审计人员识别和评估重大错报风险,设计和实施进一步审计程序以应对评估的错报风险,并根据审计结果出具恰当的审计报告。

审计风险准则要求审计人员应当了解被审计单位及其环境,以充分识别和评估财务报表重大错报风险,并设计和实施进一步审计程序。

一、风险识别和评估概述

(一)风险识别和评估的概念

在风险导向审计模式下,审计人员以重大错报风险的识别、评估和应对为审计工作的主线,最终将审计风险控制在可接受的水平。风险的识别和评估是审计风险控制流程的起点。风险识别和评估是指审计人员通过实施风险评估程序,识别和评估财务报表层次和认定层次的重大错报风险。其中,风险识别是指审计人员找出财务报表层次和认定层次的重大错报风险;风险评估是指审计人员对重大错报发生的可能性和后果严重程度进行评估。

(二)风险识别和评估的作用

了解被审计单位及其环境是十分必要的,可以为审计人员在下列关键环节中作出职业判断提供重要基础。

(1)确定重要性水平,并随着审计工作的进程评估对重要性水平的判断是否适当。

(2)考虑会计政策的选择和运用是否恰当,以及财务报表的列报是否适当。

(3)识别与财务报表中金额或披露相关的需要特别考虑的领域。

(4)确定在实施分析程序时所使用的预期值。

(5)设计和实施进一步审计程序,将审计风险降至可接受的水平。

(6)评价所获取审计证据的充分性和适当性。

了解被审计单位及其环境是一个连续和动态地收集、更新与分析信息的过程,并贯穿整个审计过程。审计人员应当运用职业判断确定需要了解被审计单位及其环境的程度。评价对被审计单位及其环境了解的程度是否恰当,关键是看审计人员对被审计单位及其环境的了解是否足以识别和评估财务报表的重大错报风险。如果审计人员通过了解被审计单位及其环境获得的信息足以识别和评估财务报表的重大错报风险,以及设计和实施进一步审计程序,那么其了解的程度就是恰当的。

(三)风险评估程序

审计人员了解被审计单位及其环境的目的是识别和评估财务报表重大错报风险。其为了解被审计单位及其环境而实施的程序称为风险评估程序。

审计人员应当依据实施这些程序所获取的信息来评估重大错报风险。审计人员应当实施下列风险评估程序,以了解被审计单位及其环境。

1. 询问管理层和被审计单位内部其他人员

询问管理层和被审计单位内部其他人员是审计人员了解被审计单位及其环境的一个重要信息来源。审计人员可以考虑向管理层和财务负责人询问以下事项。

(1) 管理层所关注的主要问题。例如,新的竞争对手、主要客户和供应商的流失、新的税收法规的实施以及经营目标或战略的变化等。

(2) 被审计单位最近的财务状况、经营成果和现金流量。

(3) 可能影响财务报告的交易和事项,或者目前发生的重大会计处理问题。例如,重大的购并事宜等。

(4) 被审计单位发生的其他重要变化。例如,所有权结构、组织结构的变化,以及内部控制系统的变化等。

审计人员通过询问获取的大部分信息来自管理层和负责财务报告的人员。审计人员也可以通过询问被审计单位内部其他不同层级的人员获取信息,或为识别重大错报风险提供不同的视角。

2. 实施分析程序

分析程序是指审计人员通过研究不同财务数据之间以及财务数据与非财务数据之间的内在关系,对财务信息作出评价。分析程序还包括调查识别出的、与其他相关信息不一致或与预期数据严重偏离的波动和关系。

分析程序既可用于风险评估,也可用于对财务报表的总体复核。审计人员实施分析程序有助于识别异常的交易或事项以及对财务报表和审计产生影响的金额、比率和趋势。在实施分析程序时,审计人员应当预期可能存在的合理关系,并与被审计单位记录的金额、依据记录金额计算的比率或趋势相比较。如果发现异常或未预期到的关系,审计人员应当在识别重大错报风险时考虑这些比较结果。

3. 观察和检查

观察和检查程序可以对管理层和其他相关人员的询问结果加以支持,并可以提供有关被审计单位及其环境的信息。在实践中,审计人员可以实施下列观察和检查程序。

(1) 观察被审计单位的经营活动。

(2) 检查文件、记录和内部控制手册。

(3) 阅读由管理层和治理层编制的报告。

(4) 实地察看被审计单位的生产经营场所和厂房设备。

(5) 追踪交易在财务报告信息系统中的处理过程(穿行测试)。

二、了解被审计单位及其环境

(一) 总体要求

按照《中国注册会计师审计准则第 1211 号——通过了解被审计单位及其环境识别和评估重大错报风险》的要求,审计人员应当了解被审计单位本身及其内部和外部环境,具体包括以下六个方面。

（1）相关行业状况、法律环境和监管环境及其他外部因素。

（2）被审计单位的性质。

（3）被审计单位对会计政策的选择和运用。

（4）被审计单位的目标、战略以及可能导致重大错报风险的相关经营风险。

（5）对被审计单位财务业绩的衡量和评价。

（6）被审计单位的内部控制。

（二）了解的具体内容

1. 被审计单位的行业状况、法律环境和监管环境及其他外部因素

1）行业状况

审计人员应当了解以下几项行业状况,以便识别与被审计单位所处行业有关的重大错报风险。

（1）所处行业的市场与竞争,包括市场需求、生产能力和价格竞争。

（2）生产经营的季节性和周期性。

（3）与被审计单位产品相关的生产技术。

（4）能源供应与成本。

（5）行业的关键指标和统计数据。

2）法律环境与监管环境

审计人员应当了解被审计单位所处的以下几项法律环境与监管环境。

（1）会计原则和行业特定惯例。

（2）受管制行业的法规框架,包括披露要求。

（3）对被审计单位经营活动产生重大影响的法律法规。

（4）税收政策。

（5）目前对被审计单位开展经营活动产生影响的政府政策,如货币政策、财政政策、财政刺激措施、关税或贸易限制政策等。

（6）影响行业和被审计单位经营活动的环保要求。

3）其他外部因素

审计人员应当了解影响被审计单位经营的其他外部因素,主要包括总体经济情况、利率、融资的可获得性、通货膨胀水平等。

2. 被审计单位的性质

1）所有权结构

对被审计单位所有权结构的了解有助于审计人员识别关联方关系并了解被审计单位的决策过程。因此,审计人员应当了解所有权结构以及所有者与其他人员或实体之间的关系,考虑关联方关系是否已经得到识别,以及关联方交易是否得到恰当核算。

2）治理结构

良好的治理结构可以对被审计单位的经营和财务运作实施有效的监督,从而降

低财务报表发生重大错报的风险。因此,审计人员应当了解被审计单位的治理结构。例如,董事会的构成情况,董事会内部是否有独立董事;治理结构中是否设有审计委员会或监事会,其运作情况如何。此外,审计人员还应当考虑治理层是否能够在独立于管理层的情况下对被审计单位事务(包括财务报告)作出客观判断。

3）组织结构

复杂的组织结构可能导致某些特定的重大错报风险。因此,审计人员应当了解被审计单位的组织结构,考虑复杂组织结构可能导致的重大错报风险,包括财务报表合并、商营减值和长期股权投资核算等问题,以及财务报表是否已对这些问题进行了充分披露。

4）经营活动

了解被审计单位的经营活动有助于审计人员识别预期在财务报表中反映的主要交易类别、重要账户余额和列报。因此,审计人员应当了解被审计单位的以下几项经营活动内容。

（1）主营业务的性质。

（2）与生产产品或提供劳务相关的市场信息。

（3）业务的开展情况。

（4）联盟、合营与外包情况。

（5）从事电子商务的情况。

（6）地区与行业分布。

（7）生产设施、仓库的地理位置及办公地点。

（8）关键客户。

（9）货物或服务的重要供应商。

（10）劳动用工安排。

（11）研究与开发活动及其支出。

（12）关联方交易。

5）投资活动

了解被审计单位的投资活动有助于审计人员关注被审计单位在经营策略和方向上的重大变化。因此,审计人员应当了解被审计单位的以下几项投资活动。

（1）近期拟实施或已实施的并购活动以及资产处置情况,包括业务重组或某些业务的终止。例如,审计人员应当了解并购活动如何与被审计单位目前的经营业务相协调,并考虑它们是否会引发进一步的经营风险。

（2）证券投资、委托贷款的发生与处置。

（3）资本性投资活动,包括固定资产和无形资产投资、近期或计划发生的变动,以及重大的资本承诺等。

（4）不纳入合并范围的投资。

6）筹资活动

了解被审计单位的筹资活动有助于审计人员评估被审计单位在融资方面的压

力,并进一步考虑被审计单位在可预见未来的持续经营能力。因此,审计人员应当了解被审计单位的以下几项筹资活动。

(1)债务结构和相关条款。

(2)主要子公司和联营企业的重要融资安排。

(3)实际受益方及关联方。

(4)衍生金融工具的使用。

3.被审计单位对会计政策的选择和运用

1)重大和异常交易的会计处理方法

某些被审计单位可能存在与其所处行业相关的重大交易。例如,银行向客户发放贷款,证券公司对外投资,医药企业的研究与开发活动等。审计人员应当考虑被审计单位对重大的和不经常发生的交易的会计处理方法是否适当。

2)在新领域和缺乏权威性标准或共识的领域,采用重要会计政策产生的影响

在新领域和缺乏权威性标准或共识的领域,审计人员应当关注被审计单位选用了哪些会计政策、为什么选用这些会计政策以及选用这些会计政策产生的影响。

3)会计政策的变更

如果被审计单位变更了重要的会计政策,审计人员当考虑变更的原因及其适当性。

(1)会计政策变更是否是法律、行政法规或者适用的会计准则和相关会计制度要求的变更。

(2)会计政策的变更是否能够提供更可靠、更相关的会计信息。除此之外,审计人员还应当关注会计政策的变更是否得到恰当处理和充分披露。

(3)被审计单位何时采用、如何采用新颁布的财务报告准则、法律法规等。

4.被审计单位的经营目标、战略以及相关经营风险

经营目标是企业经营活动的指针,企业管理层或治理层一般根据企业经营面临的外部环境和各种内部因素,制定合理可行的经营目标。战略是管理层为实现经营目标采用的方法。为了实现某一既定的经营目标,企业可能有多个可行战略。随着外部环境的变化,企业应对目标和战略作出相应的调整。

经营风险是指可能对被审计单位实现经营目标和实施战略的能力产生不利影响的重要状况、事项、情况,作为或不作为所导致的风险,以及管理层制定不恰当的目标和战略而导致的风险。不同的企业可能面临不同的经营风险,这取决于企业经营的性质、所处行业、外部监管环境、企业的规模和复杂程度,管理层有责任识别和应对这些风险。

审计人员应当了解被审计单位是否存在下列经营目标和战略,并考虑相应的经营风险。

(1)行业发展,及其可能导致的被审计单位不具备足以应对行业变化的人力资源和业务专长等风险。

(2)开发新产品或提供新服务,及其可能导致的被审计单位产品责任增加等

风险。

（3）业务扩张，及其可能导致的被审计单位对市场需求的估计不准确等风险。

（4）新颁布的会计法规，及其可能导致的被审计单位执行法规不当或不完整，或会计处理成本增加等风险。

（5）监管要求，及其可能导致的被审计单位法律责任增加等风险。

（6）本期及未来的融资条件，及其可能导致的被审计单位由于无法满足融资条件而失去融资机会等风险。

（7）信息技术的运用，及其可能导致的被审计单位信息系统与业务流程难以融合等风险。

5. 被审计单位财务业绩的衡量和评价

被审计单位管理层经常会衡量和评价关键业绩指标（包括财务的和非财务的）、预算及差异分析、分部信息和分支机构、部门或其他层次的业绩报告以及与竞争对手的业绩比较。此外，外部机构也会衡量和评价被审计单位的财务业绩，如分析师的报告和信用评级机构的报告。

在了解被审计单位财务业绩衡量和评价情况时，审计人员应当关注下列信息。

（1）关键业绩指标、关键比率、趋势和经营统计数据。

（2）同期财务业绩比较分析。

（3）预算、预测、差异分析。

（4）员工业绩考核与激励性报酬政策。

（5）被审计单位与竞争对手的业绩比较。

内部财务业绩衡量可能显示未预期到的结果或趋势。在这种情况下，管理层通常会进行调查并采取纠正措施。也就是说，与内部财务业绩衡量相关的信息可能显示财务报表存在错报风险。因此，审计人员应当关注被审计单位内部财务业绩衡量所显示的未预期到的结果或趋势、管理层的调查结果和纠正措施，以及相关信息是否显示财务报表可能存在重大错报。

需要注意的是，如果拟利用被审计单位内部信息系统生成的财务业绩衡量指标，审计人员应当考虑相关信息是否可靠，以及利用这些信息是否足以实现审计目标。

三、了解被审计单位的内部控制情况

（一）内部控制概述

1. 内部控制的含义

内部控制是指被审计单位为了合理保证财务报告的可靠性、经营的效率和效果以及对法律法规的遵守，由治理层、管理层和其他人员设计与执行的政策及程序。

2. 内部控制的目标

（1）财务报告的可靠性。这一目标与管理层履行财务报告编制责任密切相关。

（2）经营的效率和效果，即经济有效地使用企业资源，以最优方式实现企业的目标。

（3）遵守适用的法律法规的要求，即在法律法规的框架下从事经营活动。

3. 设计和实施内部控制的责任主体

治理层、管理层和组织中的每一个人都对内部控制负有责任。

4. 实现内部控制目标的手段

实现内部控制目标的手段是设计和执行控制政策及程序。

例 7-1

当走进一家冰淇淋店的时候，首先映入大家眼帘的是服务员和她背后两块巨大的广告牌。一块广告牌上写着：如果你对本店服务不满意，请拨打这个投诉电话。另一块服务牌上面写着：你可以凭小票到前台免费领取一份圣代冰淇淋。

问题：这家冰淇淋店为什么要在墙上挂着两块广告牌呢？

解析：第一块广告牌可以促使本店的服务员为顾客提供更好的服务，增加顾客的满意度。第二块广告牌的目的是鼓励顾客向服务员索取小票。在零售类企业，店员造假最普遍的途径就是从顾客那里收取现金，然后不入账，或者其记账的金额低于实际收取的金额。该店通过鼓励客户索取小票的方式，可以很好地杜绝收银员这种监守自盗的行为。由此可见，该店仅仅用了两块广告牌，以及免费的圣代冰淇淋，就很好地解决了企业所面临的经营风险以及财务风险。这就是内部控制的作用。

（二）内部控制的要素

1. 控制环境

控制环境是指对建立、加强或削弱特定政策、程序及其效率产生影响的各种因素，包括治理职能和管理职能，以及治理层和管理层对内部控制及其重要性的态度、认识和措施。良好的控制环境是实施有效内部控制的基础。

审计人员应当对被审计单位控制环境的如下几个方面进行了解。

（1）诚信原则和道德价值观念。

（2）员工的胜任能力和公司的人力资源政策。

（3）治理层的参与程度。

（4）管理层的理念和经营风格。

（5）组织结构及职权与责任的分配。

在评价控制环境各个要素时，审计人员应当考虑控制环境的各个要素是否得到有效执行。因为管理层也许建立了合理的内部控制，但却未被有效执行。

2. 风险评估过程

任何经济组织在经营活动中都会面临各种各样的风险，风险会对其生存和竞争能力产生影响。虽然很多风险并不为经济组织所控制，但管理层应当确定可以承受的风险水平，识别这些风险并采取一定的应对措施。

风险评估过程的作用是识别、评估和管理影响被审计单位实现经营目标的各种风险。针对财务报告目标的风险评估过程一般包括识别与财务报告相关的经营风险,评估风险的重大性和发生的可能性,以及采取措施管理这些风险。例如,风险评估可能会涉及被审计单位如何考虑对某些交易未予记录的可能性,或者识别和分析财务报告中的重大会计估计发生错报的可能性。与财务报告相关的风险也可能与特定事项和交易有关。

被审计单位的风险评估过程包括识别与财务报告相关的经营风险,以及针对这些风险所采取的措施。审计人员应当了解被审计单位的风险评估过程和结果。

3. 信息系统与沟通

与财务报告相关的信息系统包括用以生成、记录、处理和报告交易事项及情况,对相关资产、负债和所有者权益履行经营管理责任的程序和记录。交易可能通过人工或自动化程序生成。

与财务报告相关的沟通包括使员工了解其在与财务报告有关的内部控制方面的角色和职责,员工之间的工作联系,以及向适当级别的管理层报告例外事项的方式。审计人员应当了解被审计单位内部如何对财务报告的岗位职责以及与财务报告相关的重大事项进行沟通。审计人员还应当了解管理层与治理层之间的沟通,以及被审计单位与外部的沟通。

4. 控制措施

控制措施是指有助于确保管理层的指令得以执行的政策和程序,包括与授权、业绩评价、信息处理、实物控制和职责分离等相关的政策和措施。

(1)授权。审计人员应当了解与授权有关的控制活动,包括一般授权和特别授权。授权的目的在于保证交易在管理层认可的范围内进行。一般授权是指管理层对组织内部某类交易或活动的授权。特别授权是指管理层针对特定类别的交易或活动逐一设置的授权。此外,特别授权也可能用于超过一般授权限制的常规交易。

(2)业绩评价。审计人员应当了解与业绩评价有关的控制活动,主要包括被审计单位分析评价实际业绩与预算的差异,综合分析财务数据与经营数据的内在关系,将内部数据与外部信息来源相比较,评价职能部门、分支机构或项目活动的业绩,以及对发现的异常差异或关系采取的必要调查与纠正措施。

(3)信息处理。审计人员应当了解与信息处理有关的控制活动,包括被审计单位信息技术的一般控制和应用控制。被审计单位通常执行各种措施,检查各种类型信息处理环境下交易的准确性、完整性和授权情况。信息处理控制方式可以是人工的,也可以是自动化的,或者是基于自动流程的人工控制。

(4)实物控制。审计人员应当了解实物控制,主要包括了解被审计单位对资产和记录采取的安全保护措施,对访问计算机程序和数据文件是否设置授权,以及被审计单位定期盘点并将盘点记录与会计记录相核对的情况。因为实物控制的效果影响资产的安全,从而对财务报表的可靠性及审计产生影响。

(5)职责分离。审计人员应当了解职责分离,主要包括了解被审计单位如何将交易授权、交易记录以及资产保管等职责分配给不同员工,以防范同一员工在履行多项职责时可能发生的舞弊或错误。当信息技术运用于信息系统时,职责分离可以通过设置安全控制来实现。

在了解被审计单位的控制措施时,审计人员应当重点考虑一项控制措施单独或连同其他控制措施,是否能够以及如何防止或发现并纠正各类交易、账户余额和披露存在的重大错报。审计人员的工作重点是识别和了解被审计单位针对可能出现重大错报领域的控制措施。如果多项控制活动能够实现同一目标,审计人员不必了解与该目标相关的每项控制活动。

5. 对控制的监督

对控制的监督是指被审计单位评价内部控制在一段时间内运行有效性的过程,该过程包括及时评价控制的设计和运行,以及根据情况的变化采取必要的纠正措施。例如,管理层对财务部门是否定期编制银行存款余额调节表进行复核,内部审计人员评价销售人员是否遵守公司关于销售合同条款的政策,法律部门定期监控公司的道德规范和商务行为准则是否得以遵循等。监督对控制体系的持续有效运行十分重要措施,因为如果管理人员没有对某项控制措施进行监督,该项控制措施可能无法得到持续的执行。

对控制的监督主要包括以下两个方面。

(1) 管理控制方法。管理层通常运用预算和其他财务报告来监督工作的进行,由于管理层对工作比较熟悉,这种管理控制方法是内部控制的一个重要因素。管理层可以在预算、标准成本、历史情况的基础上定期将记录的交易和余额同预期的结果相比较,以提高控制水平。

(2) 内部审计。内部审计是企业自我独立评价的一种活动,是管理层用来监督会计系统和相关控制程序的手段。内部审计可通过协助管理层监管其他控制政策和程序的有效性,来促成好的控制环境的建立。内部审计人员可以通过对管理层的指令进行专门的询问或经常复核经营业务来促进效率的提高。此外,内部审计人员还能为改进内部控制提供建设性的意见。内部审计的有效性与其权限、人员的资格以及可使用的资源密切相关。内部审计人员必须独立于被审计部门,并且必须直接向董事会或审计委员会报告。

审计人员在了解和评价内部控制时,采用的具体分析框架及控制要素的分类可能并不唯一,其重点是考察这些控制措施能否实现控制目标。审计人员可以使用不同的框架和术语描述内部控制的不同方面,但必须涵盖上述内部控制五个要素。此外,无论对内部控制要素如何进行分类,审计人员都应当重点考虑被审计单位的某项控制是否能够以及如何防止或发现并纠正各类交易、账户余额、列报存在的重大错报。

(三) 从整体层面和业务流程层面了解内部控制

1. 从整体层面了解内部控制

从在整体层面对被审计单位内部控制的了解和评估,通常由审计项目组中对被审计单位情况比较了解且较有经验的成员负责,同时需要审计项目组其他成员的参与和配合。在了解内部控制的各要素时,审计人员应当对被审计单位整体层面内部控制的设计进行评价,并确定其是否得到执行。这一评价过程需要大量的职业判断,审计人员应当考虑管理层自身的理念和态度、实际设计和执行的控制措施以及对经营活动的密切参与是否能够实现控制的目标。

财务报表层次的重大错报风险很可能源于薄弱的控制环境,因此,审计人员在评价财务报表层次的重大错报风险时,应当将被审计单位整体层面的内部控制状况和了解到的被审计单位及其环境等方面的情况结合起来考虑。

被审计单位整体层面的内部控制是否有效直接影响重要业务流程层面控制的有效性,进而影响审计人员拟实施的进一步审计程序的性质、时间和范围。

2. 从业务流程层面了解内部控制

在实务中,将被审计单位的整个经营活动划分为几个重要的业务循环,有助于审计人员更有效地了解和评估重要业务流程及相关控制。通常,制造业企业的内部控制可以划分为以下四个循环:销售与收款循环,采购与付款循环,生产与存货循环,筹资与投资循环。

在确定重要业务流程和重要交易类别后,审计人员便可着手了解每一类重要交易的生成、记录、处理及其在财务报表中报告的程序,即重要交易流程。审计人员可以通过下列方法了解重要交易流程:询问被审计单位的适当人员;观察重要业务和重要交易所运用的处理方法和程序;检查被审计单位的手册和其他书面资料;追踪交易在财务报告信息系统中的处理过程(穿行测试)。

四、评估重大错报风险

评估重大错报风险是风险评估阶段的最后一个步骤。评估是确定进一步审计程序性质、范围和时间安排的基础,以应对识别的风险。

(一) 评估财务报表层次和认定层次的重大错报风险

1. 评估重大错报风险的审计程序

(1) 在了解被审计单位及其环境的整个过程中,综合考虑财务报表中各类交易、账户余额和披露的情况,以识别风险。例如,被审计单位因相关环境法规的实施需要更新设备,从而面临原有设备闲置或贬值的风险;宏观经济的低迷可能预示被审计单位应收账款的回收存在问题。

(2) 结合对拟测试的相关控制的考虑,将识别出的风险与认定层次可能发生错报的领域相联系。比如,因销售困难,被审计单位产品的市场价格下降,可能导致年末存货成本高于其可变现净值,需要计提存货跌价准备。在这种情况下,被审计单位存货的计价认定可能发生错报。

(3) 评估识别出的风险,并评价其是否更广泛地与财务报表整体相关,进而潜在地影响多项认定。

(4) 考虑发生错报的可能性,以及潜在错报的重大程度是否足以导致重大错报。

审计人员应当利用实施风险评估程序获取的信息,包括在评价控制设计和确定其是否得到执行时获取的审计证据,以及作为支持风险评估结果的审计证据。审计人员应当根据风险评估结果,确定实施进一步审计程序的性质、时间安排和范围。

2. 识别两个层次的重大错报风险

在对重大错报风险进行识别和评估后,审计人员应当确定识别的重大错报风险是与特定的某类交易、账户余额、披露的认定相关,还是与财务报表整体广泛相关,进而影响多项认定。

一般情况下,某些重大错报风险可能与特定的某类交易、账户余额、披露的认定相关。但是,某些重大错报风险也可能与财务报表整体广泛相关,进而影响多项认定。例如,管理层缺乏诚信或承受异常的压力可能引发舞弊风险,这些风险与财务报表整体相关。

财务报表层次的重大错报风险很可能源于薄弱的控制环境。薄弱的控制环境带来的风险可能对财务报表产生广泛的影响,难以限于某类交易、账户余额和披露。对此,审计人员应当采取总体应对措施。例如,被审计单位治理层、管理层对内部控制的重要性缺乏认识,没有建立必要的制度和程序,这样的缺陷就是源于薄弱的控制环境,可能对财务报表产生广泛影响,需要审计人员采取总体应对措施。

在评估重大错报风险时,审计人员应当将所了解的控制与特定认定相联系。控制可能与某一认定直接相关,也可能与某一认定间接相关。关系越间接,控制在防止或发现并纠正认定错报中的作用越小。审计人员应当考虑对识别的各类交易、账户余额和披露认定层次的重大错报风险予以汇总和评估,以确定进一步审计程序的性质、时间安排和范围。

(二) 仅通过实质性程序无法应对的重大错报风险

作为风险评估的一部分,审计人员如果认为仅通过实质性程序获取的审计证据无法应对认定层次的重大错报风险,就应当评价被审计单位针对这些风险设计的控制,并确定其执行情况。

在被审计单位对日常交易采用高度自动化处理的情况下,审计证据可能仅以电子形式存在,其充分性和适当性通常取决于自动化信息系统相关控制的有效性。对此,审计人员应当考虑仅通过实施实质性程序不能获取充分、适当审计证据的可能性。

(三) 对风险评估的修正

审计人员对认定层次重大错报风险的评估,可能受审计过程中不断获取审计证据的影响而出现相应的变化。

例如,审计人员对重大错报风险的评估可能基于预期控制运行有效这一判断,即相关控制可以防止或发现并纠正认定层次的重大错报。但在测试控制运行的有效性时,审计人员获取的证据可能表明相关控制在被审计期间并未有效运行。同样,在实施实质性程序后,审计人员可能发现错报的金额和频率比在风险评估时预计的金额和频率要高。因此,如果通过实施进一步审计程序获取的审计证据与初始评估获取的审计证据相矛盾,审计人员应当修正风险评估结果,并相应修改相关进一步审计程序。

因此,评估重大错报风险与了解被审计单位及其环境一样,也是一个连续和动态地收集、更新与分析信息的过程,贯穿整个审计过程。

例 7-2

注册会计师赵明和李华接受信诚会计师事务所的委派,对阳光有限责任公司2021 年度会计报表进行审计。在审计工作底稿中,赵明和李华记录了阳光有限责任公司情况及其环境,部分内容摘录如下。

(1) 2021 年年初,阳光有限责任公司董事会决定将每月薪酬发放日由当月最后 1 日推迟到次月 5 日,同时将员工薪酬水平平均上调10%。阳光有限责任公司2021 年员工队伍基本稳定。

(2) 自 2021 年 11 月起,阳光有限责任公司将主要产品交货方式由在阳光有限责任公司仓库交货,改为运至客户指定交货地点交客户签收,但客户需承担阳光有限责任公司因此而发生运费的 80%。

(3) 2021 年年末,有网民称阳光有限责任公司生产的 B 产品含有较高的有害化学成分,会对消费者健康造成不良影响。阳光有限责任公司随即发表声明,表示 B 产品有害化学成分含量没有超出现行安全标准,并公布了国家有关部门的检测报告。但大部分网络调查显示,仍有超过半数的网民对 B 产品的安全性表示担忧。

问题:分析上述事项是否表明阳光有限责任公司存在重大错报风险。

解析:

(1) 考虑到应付职工薪酬在资产负债表日要比年初数多出一个月的金额,且职工薪酬上涨了 10%,总体应付职工薪酬年末数应当远大于年初数。经查,该公司应付职工薪酬账面仅有 6 万元余额,与上年年末余额很接近,可能存在 2021 年年末少计应付职工薪酬的风险。该风险主要与应付职工薪酬、营业成本和销售费用等项目的完整性认定相关。

(2) 阳光有限责任公司主要产品交货方式的改变,可能涉及相关产品与控制权转移时点的改变,由发货转移推迟到运至客户指定的交货地点交客户签收才转移。因此,2021 年 11 月起阳光有限责任公司可能存在发货时即提前确认相关营业收入的风险。该风险与营业收入、营业成本的发生认定和存货的完整性认定相关。

(3) 有网民称阳光有限责任公司生产的 B 产品含有较高的有害化学成分,会对消费者健康造成损害,虽然阳光有限责任公司进行了澄清,但影响并未消除,仍有超过半数的网民对 B 产品的安全性表示忧虑。因此,B 产品销售会受此影响,公司存在减值风险。该风险与存货项目的计价和分摊认定相关。

例 7-3

注册会计师赵明和李华接受信诚会计师事务所的委派,对阳光有限责任公司 2021 年度会计报表进行审计。阳光有限责任公司主要从事医疗器械设备的生产和销售。产品分两大类:甲类产品为大中型医疗器械设备,主要销往医院;乙类产品为小型医疗器械设备,主要通过经销商销往药店。

(1) 2021 年年初,阳光有限责任公司在 6 个城市增设了销售服务处,使销售服务处的数量由 6 个增加到 12 个。注册会计师赵明和李华审计销售费用时发现,销售费用中的办公室租金只从 260 万元增加到 300 万元。

(2) 销售甲类产品时,阳光有限责任公司负责把设备运送到医院并安装调试,医院验收合格后签署医疗设备验收单,阳光有限责任公司根据医疗设备验收单确认销售收入。阳光有限责任公司从 2021 年起向医院提供一个月的免费试用期,医院在试用期结束后签署设备验收单。注册会计师赵明和李华在审查阳光有限责任公司 2021 年发出商品账时发现,本年发出商品比上年增多,由于只能确认 11 个月的收入,销售收入和成本应该比 2020 年有所下降,但从阳光有限责任公司财务数据看,甲类产品 2021 年的收入和成本不降反升。

(3) 阳光有限责任公司生产所用备件的购买和领用不频繁,但各类备件的种类繁多。为减少年末存货盘点的工作量,管理层决定于 2021 年 11 月 30 日对备件进行盘点,其余存货在年末进行盘点。

问题:针对上述资料,请逐项指出资料所列事项是否表明阳光有限责任公司存在重大错报风险。如果存在,请简要说明理由。

解析:

(1) 表明存在重大错报风险。阳光有限责任公司 2021 年销售服务处的数量从 6 个增加到 12 个,但销售费用中的办公室租金只从 260 万元增加到 300 万元,表明可能存在少计销售费用的风险。

(2) 表明存在重大错报风险。阳光有限责任公司从 2021 年起甲类产品向医院提供一个月的免费试用期,只能确认 11 个月的收入,销售收入和成本应该有所下降,但财务数据显示甲类产品的收入和成本不降反升,表明可能存在提前确认收入的风险。

(3) 表明存在重大错报风险。公司于 2021 年 11 月 30 日对备件进行盘点,12 月份若备件发生增减变动,年末存货盘点时应当考虑对备件增减变动进行调整确认,这其中可能存在存货金额不正确的风险。

任务二 应对审计风险

审计人员应在审计过程中贯彻风险导向的审计理念,围绕重大错报风险的识别、评估和应对,计划和实施审计工作。

风险导向审计理念要求审计人员通过实施风险评估程序,识别和评估财务报表层次以及各类交易、账户余额和披露认定层次的重大错报风险,并针对评估的重大错报风险确定总体应对措施,设计和实施进一步审计程序。因此,在实践中,审计人员应当针对评估的重大错报风险实施程序,即针对评估的财务报表层次重大错报风险确定总体应对措施,并针对评估的认定层次重大错报风险设计和实施进一步审计程序,以将审计风险降至可接受的低水平。

一、针对财务报表层次重大错报风险的总体应对措施

所谓财务报表层次重大错报风险,是指审计人员所识别的与财务报表整体相关、涉及多项认定从而具有广泛影响性的重大错报风险。在财务报表重大错报风险的评估过程中,审计人员应当确定所识别的重大错报风险是与特定的某类交易、账户余额和披露的认定相关,还是与财务报表整体广泛相关,进而影响多项认定。如果是后者,则属于财务报表层次的重大错报风险。

审计人员应当针对评估的财务报表层次重大错报风险确定下列总体应对措施。

1. 向项目组强调保持职业怀疑的必要性

保持高度的职业怀疑态度有助于注册会计师尽可能避免在收集和评价审计证据过程中可能存在的判断错误。

2. 指派更有经验或具有特殊技能的审计人员,或利用专家的工作

由于各行业在经营业务、经营风险、财务报告、法规要求等方面具有特殊性,审计人员的专业分工细化成为一种趋势。审计项目组成员中应有一定比例的人员曾经参与过被审计单位以前年度的审计,或具有被审计单位所处特定行业的相关审计经验。必要时,审计人员要考虑利用信息技术、税务、评估、精算等方面的专家的工作。

3. 提供更多的督导

对于财务报表层次重大错报风险较高的审计项目,审计项目组的高级别成员,如项目合伙人、项目经理等经验较丰富的人员,要对其他成员提供更详细、更经常、更及时的指导和监督,并加强项目质量复核。

4. 在选择拟实施的进一步审计程序时融入更多的不可预见的因素

被审计单位人员,尤其是管理层,如果熟悉审计人员的审计流程和方法,就可能采取种种规避手段,掩盖财务报告中的舞弊行为。因此,在设计拟实施审计程序的性质、时间安排和范围时,为了避免既定思维对审计方案的限制和对审计效果的影响,使针对重大错报风险的进一步审计程序更加有效,审计人员应避免某些程序不被被审计单位管理层预见或事先了解。

在实务中,审计人员可以通过以下方式提高审计程序的不可预见性。

(1) 对某些未测试过的低于设定的重要性水平或风险较小的账户余额和认定实施实质性程序。

(2) 调整实施审计程序的时间,使被审计单位不可预期。

（3）采取不同的审计抽样方法，使当期抽取的测试样本与以前有所不同。

（4）选取不同的地点实施审计程序，或预先不告知被审计单位所选定的测试地点。

5. 对拟实施审计程序的性质、时间安排或范围作出总体修改

财务报表层次的重大错报风险很可能源于薄弱的控制环境。薄弱的控制环境带来的风险可能对财务报表产生广泛影响，难以限于某类交易、账户余额和披露，对此，审计人员应当采取总体应对措施。相应地，审计人员对控制环境的了解也影响其对财务报表层次重大错报风险的评估。有效的控制环境可以使审计人员增强对内部控制和被审计单位内部证据的信赖程度。如果控制环境存在缺陷，审计人员应当考虑对拟实施审计程序的性质、时间安排和范围作出总体修改。

（1）在期末而非期中实施更多的审计程序。控制环境的缺陷通常会削弱期中审计证据的可信赖程度。

（2）通过实施实质性程序获取更广泛的审计证据。良好的控制环境是其他控制要素发挥作用的基础。控制环境存在缺陷通常会削弱其他控制要素的作用，导致审计人员可能无法信赖内部控制，从而主要依赖实施实质性程序获取审计证据。

（3）增加拟纳入审计范围的经营地点数量。

二、针对认定层次重大错报风险的进一步审计程序

（一）进一步审计程序的含义

进一步审计程序是相对于风险评估程序而言的，是指审计人员针对评估的各类交易、账户余额和披露认定层次重大错报风险实施的审计程序，包括控制测试和实质性程序。

审计人员应当针对评估的认定层次重大错报风险设计和实施进一步审计程序，包括审计程序的性质、时间安排和范围。审计人员设计和实施的进一步审计程序的性质、时间安排和范围，应当与评估的认定层次重大错报风险具备明确的对应关系。审计人员实施的审计程序应具有目的性和针对性，有的放矢地配置审计资源，以提高审计效率和效果。

需要说明的是，在应对评估的认定层次重大错报风险时，虽然拟实施的进一步审计程序的性质、时间安排和范围都应当确保其具有针对性，但其中进一步审计程序的性质是最重要的。例如，审计人员评估的重大错报风险越高，实施进一步审计程序的范围通常越大，但是只有在确保进一步审计程序的性质与特定风险相关的情况下，扩大审计程序的范围才是有效的。

（二）设计进一步审计程序时的考虑因素

在设计进一步审计程序时，审计人员应当考虑下列因素。

1. 风险的重要性

风险的重要性是指风险造成后果的严重程度。风险的后果越严重，审计人员就越需要关注和重视，并精心设计有针对性的进一步审计程序。

2. 重大错报发生的可能性

重大错报发生的可能性越大,审计人员越需要精心设计进一步审计程序。

3. 涉及的各类交易、账户余额和披露的特征

不同的交易、账户余额和披露产生的认定层次的重大错报风险也会存在差异,适用的审计程序也有差别。对此,审计人员需要区别对待,并设计有针对性的进一步审计程序。

4. 被审计单位采用的特定控制的性质

不同性质的控制,尤其是人工控制还是自动化控制,对审计人员设计进一步的审计程序具有重要影响。

5. 内部控制在防止或发现并纠正重大错报方面的有效性

如果审计人员在风险评估时预期内部控制运行有效,随后拟实施的进一步审计程序必须包括控制测试,且实质性程序自然会受到之前控制测试结果的影响。

(三) 进一步审计程序的性质、时间和范围

1. 进一步审计程序的性质

进一步审计程序的性质是指进一步审计程序的目的和类型。

进一步审计程序的目的包括通过实施控制测试确定内部控制运行的有效性,以及通过实施实质性程序发现认定层次的重大错报。

进一步审计程序的类型包括检查、观察、询问、函证、重新计算、重新执行和分析程序。如前所述,在应对评估风险时,合理确定审计程序的性质是最重要的。这是因为不同的审计程序应对特定认定错报风险的效力不同。例如,对于与收入完整性认定相关的重大错报风险,控制测试通常更能有效应对;对于与收入发生认定相关的重大错报风险,实质性程序通常更能有效应对。又如,实施应收账款的函证程序可以为应收账款在某一时点存在的认定提供审计证据,但通常不能为应收账款的计价认定提供审计证据。对应收账款的计价认定,审计人员通常需要实施其他更为有效的审计程序,如检查应收账款账龄和期后收款情况,了解欠款客户的信用情况等。

2. 进一步审计程序的时间

进一步审计程序的时间是指审计人员何时实施进一步审计程序,或审计证据适用的期间或时点。因此,当提及进一步审计程序的时间时,在某些情况下是指审计程序的实施时间,在另一些情况下是指需要获取的审计证据适用的期间或时点。

审计人员可以在期中或期末实施控制测试或实质性程序。审计人员选择实施进一步审计程序时间的一项基本考虑因素应当是审计人员评估的重大错报风险。当重大错报风险较高时,审计人员应当考虑在期末或接近期末实施实质性程序,或采用不通知的方式,在管理层不能预见的时间实施进一步审计程序。

此外,审计人员在确定何时实施进一步审计程序时应当考虑以下几项重要因素。

(1) 控制环境。良好的控制环境可以抵消在期中实施进一步审计程序的局限性,使审计人员在确定实施进一步审计程序的时间时有更大的灵活度。

(2) 何时能得到相关信息。例如,某些控制活动可能仅在期中(或期中以前)发

生,而之后可能难以再被观察到。又如,某些电子化的交易和账户文档如未能及时取得,可能被覆盖。在这些情况下,审计人员如果希望获取相关信息,则需要考虑能够获取相关信息的时间。

（3）错报风险的性质。例如,被审计单位为了保证盈利目标的实现,而在会计期末以后伪造销售合同以虚增收入。此时,审计人员需要考虑在期末(即资产负债表日)这个特定时点获取被审计单位截至期末所能提供的所有销售合同及相关资料,以防范被审计单位在资产负债表日后伪造销售合同、虚增收入的做法。

（4）审计证据适用的期间或时点。审计人员应当根据需要获取的特定审计证据适用的期间或时点确定何时实施进一步审计程序。例如,为了获取资产负债表日的存货余额证据,显然不宜在与资产负债表日间隔过长的期中时点或期末以后时点实施存货监盘等相关审计程序。

（5）编制财务报表的时间,尤其是编制某些披露的时间,这些披露为资产负债表、利润表、所有者权益变动表或现金流量表中记录的金额提供了进一步解释。

3. 进一步审计程序的范围

进一步审计程序的范围包括抽取的样本量、对某项控制活动的观察次数等。

在确定进一步审计程序的范围时,审计人员应当考虑下列因素。

（1）确定的重要性水平。确定的重要性水平越低,审计人员实施进一步审计程序的范围越广。

（2）评估的重大错报风险。评估的重大错报风险越高,其对拟获取审计证据的相关性、可靠性的要求越高,因此,审计人员实施的进一步审计程序的范围也越广。

（3）计划获取的保证程度。计划获取的保证程度是指审计人员计划通过所实施的审计程序获取的对测试结果可靠性信心。计划获取的保证程度越高,其对测试结果可靠性的要求越高,审计人员实施的进一步审计程序的范围也越广。例如,审计人员对财务报表不存在重大错报的信心可能来自控制测试和实质性程序。如果审计人员计划从控制测试中获取更高的保证程度,则其实施的控制测试的范围就更广。

需要说明的是,随着重大错报风险的增加,审计人员应当考虑扩大审计程序的范围。但是,只有当审计程序本身与特定风险相关时,扩大审计程序的范围才是有效的。

实务提醒

在现代风险导向审计的理念下,审计人员应当针对评估的财务报表层次重大错报风险确定总体应对措施,并针对评估的认定层次重大错报风险设计和实施进一步的审计程序,以将审计风险降至可接受的水平。在确定总体应对措施以及设计和实施进一步审计程序的性质、时间和范围时,审计人员应当运用职业判断。

例 7-4

注册会计师赵明和李华接受委派,负责阳光有限责任公司2021年度财务报表审计业务,并针对评估的重大错报风险设计了以下几项进一步审计程序。

（1）阳光有限责任公司利用高度自动化系统开具销售发票。赵明和李华于2021年7月确认系统的一般控制有效，并确认该系统正在运行，得出系统在2021年度有效运行的结论。

（2）虽然应付账款完整性认定的控制有效，但评估的固有风险较高。赵明和李华决定放弃信赖相关内部控制，转而扩大检查等实质性程序的范围。

（3）赵明和李华怀疑阳光有限责任公司可能在会计期末以后通过伪造销售合同虚增销售收入，拟在2021年12月31日向阳光有限责任公司索取全部销售合同副本。

（4）阳光有限责任公司在2021年度多次向银行和其他企业抵押借款。为应对与财务报表披露的完整性认定相关的重大错报风险，赵明和李华决定扩大对实物资产的检查范围。

（5）经评估，公司存货计价认定相关控制的有效性较高，赵明和李华在设计进一步审计程序时，决定相应缩小控制测试的范围。

问题： 注册会计师赵明和李华针对评估的重大错报风险设计的进一步审计程序在性质、时间安排或范围方面是否存在不当之处？简要说明理由。

解析：

事项（1）：审计程序的时间安排存在不当之处。因为根据7月份获取的一般控制有效证据不能得出全年一般控制有效运行的结论，赵明和李华至少还应证实剩余期间一般控制有效运行。

事项（2）：审计程序的性质设计存在不当之处。对于完整性认定的重大错报风险，实质性程序不如控制测试有效。赵明和李华不应放弃对内部控制的依赖。

事项（3）：无不当之处。在资产负债表日获取所有销售合同及相关资料，对于防范阳光有限责任公司资产负债表日后伪造销售合同具有很强的针对性。

事项（4）：审计程序的性质设计存在不当之处。为应对抵押借款披露完整性的重大错报风险，审计人员应实施对借款协议、契约的检查程序，而不应检查实物资产。

事项（5）：控制测试范围不当。审计人员在风险评估时评估的控制运行有效性越高，控制测试范围应当越大。

三、控制测试

审计人员通过对内部控制的了解，可以掌握被审计单位的内部控制情况。在此基础上，审计人员还要采取一定方法，对内部控制实际发挥作用的程度进行控制测试。

（一）控制测试的含义和要求

1. 控制测试的含义

控制测试是指用于评价内部控制在防止或发现并纠正认定层次重大错报方面运

行有效性的审计程序。需要注意的是,这一概念需要与"了解内部控制"进行区分。"了解内部控制"包含两层含义:一是评价控制的设计;二是确定控制是否得到执行。测试控制运行的有效性与确定控制是否得到执行所需获取的审计证据是不同的。

在实施风险评估程序以获取控制是否得到执行的审计证据时,审计人员应当确定某项控制是否存在,被审计单位是否正在使用。

在测试控制运行的有效性时,审计人员应当从下列方面获取相关审计证据。

(1)控制在所审计期间的相关时点是如何运行的。

(2)控制是否得到一贯执行。

(3)控制由谁或以何种方式执行。

从这三个方面来看,控制运行有效性强调的是控制能够在各个时点按照既定设计得以一贯执行。因此,在了解控制是否得到执行时,审计人员只需抽取少量的交易进行检查或观察某几个时点。但在测试控制运行的有效性时,审计人员需要抽取足够数量的交易进行检查或对多个时点进行观察。

测试控制运行的有效性与确定控制是否得到执行所需获取的审计证据虽然存在差异,但两者也有联系。为评价控制设计和确定控制是否得到执行而实施的某些风险评估程序并非专为控制测试而设计,但其可能会提供有关控制运行有效性的审计证据。因此,审计人员可以考虑在评价控制设计和获取其得到执行的审计证据的同时测试控制运行的有效性,以提高审计效率。同时,审计人员应当考虑通过获取这些审计证据是否能够达到控制测试的目的。

2. 控制测试的要求

作为进一步审计程序的类型之一,控制测试并非在任何情况下都需要实施。当存在下列情形之一时,审计人员应当实施控制测试。

(1)在评估认定层次重大错报风险时,预期控制的运行是有效的。

(2)仅实施实质性程序并不能够提供认定层次充分、适当的审计证据。

如果在评估认定层次重大错报风险时预期控制的运行是有效的,审计人员应当实施控制测试,就控制在相关期间或时点的运行有效性获取充分、适当的审计证据。

(二)控制测试的性质

控制测试的性质是指控制测试所使用的审计程序的类型及其组合。

控制测试采用的审计程序有询问、观察、检查和重新执行。

1. 询问

审计人员可以通过向被审计单位适当员工询问,获取与内部控制运行情况相关的信息。例如,询问信息系统管理人员有无未经授权接触计算机硬件和软件的情况,向负责复核银行存款余额调节表的人员询问复核情况,包括复核的要点、发现不符事项如何处理等。然而,仅通过询问不能为控制运行的有效性提供充分的证据,审计人员通常需要印证被询问者的答复如向其他人员询问和检查执行控制时所使用的报告、手册或其他文件等。

因此,虽然询问是一种有用的手段,但它必须和其他测试手段结合使用才能发挥作用。在询问过程中,审计人员应当保持职业怀疑态度。

2. 观察

观察是测试无书面记录的控制运行情况的有效方法。例如,审计人员可以通过观察了解存货盘点控制的执行情况。观察也可运用于实物控制如查看仓库门是否留好、空白支票是否妥善保管。通常情况下,审计人员通过观察直接获取的证据比间接获取的证据更可靠。但是,审计人员还要考虑其所观察到的控制在审计人员不在场时可能未被执行的情况。

3. 检查

对于测试留有书面证据的控制运行情况,检查非常适用。书面说明、复核时留下的记号以及其他记录在偏差报告中的标志,都可以作为控制运行情况的证据。例如,检查销售发票是否有复核人员签字,检查销售发票是否附有客户订购单和出库单等。

4. 重新执行

为了合理保证计价认定的准确性,被审计单位的一项控制是由复核人员核对销售发票上的价格与统一价格单上的价格是否一致。但是,要检查复核人员有没有认真执行核对,仅检查复核人员是否在相关文件上签字是不够的,审计人员还需要自己选取一部分销售发票进行核对。这就是重新执行程序。如果需要进行大量的重新执行,审计人员就要考虑通过实施控制测试缩小实质性程序的范围是否有效率。

实务提醒

询问本身并不足以测试控制运行的有效性,审计人员需要将询问与其他审计程序结合使用。由于观察提供的证据仅限于观察发生的时点,审计人员将询问与检查或重新执行结合使用,会比仅实施询问和观察获取更高水平的保证。例如,对于被审计单位针对处理收到的邮政汇款单设计和执行了相关的内部控制,审计人员通过询问和观察程序往往不足以测试此类控制的运行有效性,还需要检查能够证明此类控制在所审计期间的其他时段有效运行的文件和凭证,以获取充分、适当的审计证据。

(三) 控制测试的时间

控制测试的时间包含两层含义:一是何时实施控制测试;二是测试所针对的控制适用的时点或期间。一个基本的原理是,如果测试特定时点的控制,审计人员只能得到该时点控制运行有效性的审计证据;如果测试某一期间的控制,审计人员只能获取控制在该期间有效运行的审计证据。因此,审计人员应当根据控制测试的目的确定控制测试的时间,并确定拟信赖的相关控制的时点或期间。

在根据控制测试的目的确定控制测试的时间方面,如果仅需要测试控制在特定时点的运行有效性,审计人员只需要获取该时点的审计证据;如果需要获取控制在某一期间有效运行的审计证据,仅获取与时点相关的审计证据是不充分的,审计人员应当辅以其他控制测试,包括测试被审计单位对控制的监督。所谓的其他控制测试应当具备的功能是,能提供相关控制在所有相关时点都运行有效的审计证据;被审计单位对控制的监督起到的就是一种检验相关控制在所有相关时点是否都能有效运行的作用。因此,审计人员测试这类活动能够强化控制在某期间运行有效性的审计证据效力。

(四) 控制测试的范围

当针对控制运行的有效性需要获取更具说服力的审计证据时,审计人员可能需要扩大控制测试的范围。在确定控制测试的范围时,除考虑对控制的信赖程度外,审计人员还应考虑以下因素。

(1) 在整个拟信赖期间,被审计单位执行控制的频率。控制执行的频率越高,控制测试的范围越大。

(2) 在所审计期间,审计人员拟信赖控制运行有效性的时间长度。拟信赖控制运行有效性的时间越长,控制测试的范围越大。

(3) 控制的预期偏差。预期偏差可以用控制未得到执行的预期次数占控制应当得到执行次数的比率加以衡量(也可称为预期偏差率)。控制的预期偏差率越高,需要实施控制测试的范围越大。如果控制的预期偏差率过高,审计人员应当考虑控制可能不足以将认定层次的重大错报风险降至可接受的水平,从而针对某一认定实施的控制测试可能是无效的。

(4) 通过测试与认定相关的其他控制获取的审计证据的范围。当审计人员针对其他控制获取审计证据的充分性和适当性较高时,测试该控制的范围可适当缩小。

(5) 拟获取的有关认定层次控制运行有效性的审计证据的相关性和可靠性。

实务提醒

审计人员不是对所有的内部控制均要进行控制测试,而只是对可能会导致财务报表出现重大错报或漏报的那些内部控制政策和程序执行控制测试。某些内部控制的失效或执行不当并不一定会导致财务报表的重大错报或漏报。例如,工资的计算需要独立于计算人员的其他人员进行复核,如果未经过复核,则该项控制失效。如果工资计算人员本身是认真负责的,则工资的支出与记录不一定会出现重大错报。

例 7-5

注册会计师赵明和李华接受委派,负责阳光有限责任公司 2021 年度财务报表审计业务。在制订具体审计计划时,赵明和李华需要了解阳光有限责任公司的内部控制,以评估重大错报风险,进而针对评估结果设计了以下几项进一步审计程序。

(1) 在了解保护原材料安全完整的内部控制后,他们没有了解阳光有限责任公司管理层重点推荐的防止浪费原材料的内部控制。

（2）了解到阳光有限责任公司赊销审批环节的内部控制存在重大的设计缺陷后，他们决定不对该环节实施穿行测试。

（3）为了解阳光有限责任公司业务流程层面的检查性控制，他们按职员级别从低到高的顺序向若干不同级别的职员进行了询问。

（4）为证实内部控制的执行效果，他们实施的控制测试以重新执行程序为主，并辅之以询问、观察和检查程序。

问题：逐一针对上述每种情况，指出赵明和李华在了解内部控制、评估重大错报风险、设计进一步审计程序时是否存在不当之处，简要说明理由，并提出改进建议。

解析：

事项（1）：不存在不当之处。注册会计师只需了解与审计相关的内部控制。在生产中防止材料浪费的控制通常与审计无关。

事项（2）：放弃穿行测试不当。即使不拟信赖内部控制，注册会计师仍需执行穿行测试，以确认以前对业务流程及可能发生错报环节了解的准确性和完整性。

事项（3）：询问的顺序不当。赵明和李华应当先询问高级别人员，以确定应运行哪些控制是重要的，再询问低级别人员，以确定他们是否与高级别人员的理解相符。

事项（4）：控制测试的性质不当。只有当询问、观察和检查程序均无法证实内部控制的执行效果时，注册会计师才考虑实施重新执行程序。

四、实质性程序

（一）实质性程序的含义和要求

实质性程序是指用于发现认定层次重大错报的审计程序，包括对各类交易、账户余额和披露的细节测试以及实质性分析程序。

审计人员实施的实质性程序应当包括下列与财务报表编制完成阶段相关的审计程序。

（1）将财务报表中的信息与其所依据的会计记录进行核对或调节。

（2）检查财务报表编制过程中作出的重大会计分录和其他调整。审计人员对会计分录和其他会计调整检查的性质和范围，取决于被审计单位财务报告过程的性质和复杂程度以及由此产生的重大错报风险。

由于审计人员对重大错报风险的评估是一种判断，其可能无法充分识别所有的重大错报风险，加之内部控制存在固有局限性，无论评估的重大错报风险结果如何，审计人员都应当针对所有重大类别的交易、账户余额和披露实施实质性程序。

（二）实质性程序的性质

实质性程序的性质是指实质性程序的类型及其组合，实质性程序的基本类型包括细节测试和实质性分析程序。

细节测试是指对各类交易、账户余额和披露的具体细节进行测试,目的在于直接识别财务报表认定是否存在错报。细节测试被用于获取与某些认定相关的审计证据,如存在、准确性、计价等。

实质性分析程序从技术特征上讲仍然是分析程序,主要是通过研究数据间关系评价信息,只是将该技术方法用做实质性程序,即用以识别各类交易、账户余额和披露及相关认定是否存在错报。实质性分析程序通常更适用于在一段时间内存在可预期关系的大量交易。

(三)实质性程序的时间

实质性程序的时间选择与控制测试的时间选择有共同点,也有很大差异。其共同点在于,两类程序都面临对期中审计证据和以前审计获取的审计证据的考虑。两者的差异包括以下两点。

(1)在控制测试中,在期中实施控制测试并获取期中关于控制运行有效性审计证据的做法更具有一种"常态";而实施实质性程序的目的在于更直接地发现重大错报,所以在期中实施实质性程序时更需要考虑其成本效益。

(2)在本期控制测试中拟信赖以前审计获取的有关控制运行有效性的审计证据,已经受到了很大的限制;而对于以前审计中通过实质性程序获取的审计证据,审计人员采取了更加慎重的态度和更严格的限制。

如果在期中实施了实质性程序,审计人员应当针对剩余期间实施进一步的实质性程序,或将实质性程序和控制测试结合使用,以将期中测试得出的结论合理延伸至期末。

如果拟将期中测试得出的结论延伸至期末,审计人员应当考虑针对剩余期间仅实施实质性程序是否足够。如果认为实施实质性程序本身不充分,审计人员还应测试剩余期间相关控制运行的有效性或针对期末实施实质性程序。

(四)实质性程序的范围

评估的认定层次重大错报风险和实施控制测试的结果是审计人员在确定实质性程序范围时的重要考虑因素。审计人员评估的认定层次重大错报风险越高,需要实施实质性程序的范围越广。如果对控制测试结果不满意,审计人员可能需要考虑扩大实质性程序的范围。

实质性分析程序的范围有两层含义。第一层含义是对什么层次上的数据进行分析,审计人员可以选择在高度汇总的财务数据层次上进行分析,也可以根据重大错报风险的性质和水平调整分析层次。例如,按照不同产品线、不同季节或月份、不同经营地点或存货存放地点等实施实质性分析程序。第二层含义是需要对什么幅度或性质的差异展开进一步调查。实施分析程序可能发现差异,但并非所有的差异都值得展开进一步调查。可容忍或可接受的差异额(即预期差异额)越大,作为实质性分析程序一部分的进一步调查的范围就越小。因此,确定适当的预期差异额同样属于实质性分析程序的范畴。在设计实质性分析程序时,审计人员应当确定已记录金额与预期值之间可接受的差异额。在确定该差异额时,审计人员应当主要考虑各类交易、账户余额和披露及相关认定的重要性和计划的保证水平。

例 7-6

注册会计师赵明和李华针对识别的重大错报风险实施了以下实质性程序,并将其记录在审计工作底稿中。

(1) 根据不同类别员工的薪酬标准和平均人数,估算 2021 年度应计提的员工薪酬,与 2021 年度实际计提的金额进行比较。

(2) 从 2021 年度营业收入明细账中抽取一定数量的销售记录,检查销售发票、产品出库单以及客户签收记录的入账日期、品名、数量、金额等是否和记账凭证一致。

(3) 计算年末存货的可变现净值(包括参考资产负债表日后销售情况),与存货账面价值比较,检查存货跌价准备的计提是否充分。

问题:分析上述实质性程序与识别的重大错报风险是否直接相关。

解析:

(1) 该程序可以估算 2021 年度应计提的员工薪酬,审计人员将估算结果与 2021 年度实际计提金额进行比较,能够发现被审计单位应付职工薪酬计提数整体上是否合理。该程序与识别少计应付职工薪酬的风险直接相关。

(2) 审计人员通过执行该程序可以发现提前确认营业收入的问题。该程序与识别提前确认收入风险直接相关。

(3) 通过计算期末存货的可变现净值(包括参考资产负债表日后销售情况),并与存货账面价值进行比较,可以识别可能存在的少计存货跌价准备的问题,检查被审计单位的资产减值计算是否准确。该程序与识别资产减值风险直接相关。

例 7-7

注册会计师赵明和李华接受委派,负责阳光有限责任公司 2021 年度财务报表审计业务。在应对评估的认定层次的重大错报风险时,赵明和李华设计和实施了以下几项有针对性的进一步审计程序。

(1) 了解固定资产内部控制后,赵明和李华认为相关内部控制设计合理且得以运行,在随后设计进一步审计程序时,相应缩小了控制测试的样本规模。

(2) 为应对存货存在认定的重大错报风险,赵明和李华拟降低对内部控制的信赖,计划实施的进一步审计程序以检查、重新计算、函证等细节测试为主。

(3) 由于成本核算采用了高度自动化的内部控制,且已证实相关的控制正在执行,赵明和李华决定不再扩大控制测试的范围。

（4）考虑赊销审批制度的设计存在重大缺陷,赵明和李华决定不对相关内部控制进行测试,直接实施函证程序,并将函证的截止时间提前到财务报表日之前1个月。

（5）由于评估的销售费用重大错报风险较低,赵明和李华拟在2021年7月份对上半年发生的销售费用实施细节测试,次年2月份对下半年的销售费用实施实质性程序,在此基础上合并形成销售费用项目的审计结论。

问题:请分别考虑上述每一种情况,指出注册会计师赵明和李华计划的进一步审计程序的性质、时间安排或范围是否存在不当之处,并简要说明理由。

解析:

事项（1）:缩小控制测试的样本规模不当。按规定,审计人员初步评价的控制风险越低,对内部控制的依赖程度越高,进行控制测试的范围应当越大,而不是越小。

事项（2）:拟定的进一步审计程序的性质不当。为证实存货的存在认定,注册会计师应当实施以监盘为主的实质性程序。

事项（3）:控制测试的范围不当。拟信赖高度自动化的内部控制时,审计人员除了确定该控制正在执行,还需证实一般控制运行有效。

事项（4）:函证程序的时间安排不当。将函证截止时间提前到财务报表日之前的前提是评估的控制风险低,而阳光有限责任公司赊销审批制度的设计存在重大缺陷,不满足这一条件。

事项（5）:安排的进一步审计程序不当。审计人员应在剩余期间实施补充程序,以证实期中获取的有关上半年销售费用的审计证据到期末依然有效。

例 7-8

注册会计师赵明和李华接受委派,负责阳光有限责任公司2021年度财务报表审计。在了解阳光有限责任公司及其环境后,他们按照2021年度阳光有限责任公司经常性税前利润的5%确定了财务报表整体的重要性水平为400万元。

资料一:注册会计师赵明在审计工作底稿中记录了所了解的阳光有限责任公司情况及其环境,部分内容摘录如下。

（1）阳光有限责任公司所在的钢材行业受经济形势影响,2021年度产销量下滑明显,整体下降幅度为20%。阳光有限责任公司2021年度销售收入较2020年度增长了12%,超过了管理层于年初确定的11%的增长目标。行业平均毛利率为6%。

（2）阳光有限责任公司预计原材料价格将持续上涨,于2020年度12月大量采购,以满足2021年第一季度的生产要求,但相关原材料价格自2021年1月1日后持续下跌。

资料二:注册会计师赵明在审计工作底稿中记录了所获取的阳光有限责任公司的财务数据,部分内容摘录如表7-1所示。

表 7-1　阳光有限责任公司的部分财务数据

单位:万元

项目	2020 年(未审数)
营业收入	12 000
营业成本	9 800
资产减值损失	0
存货	—
账面余额	6 700
减:存货跌价准备	0
账面价值	6 700

资料三:注册会计师赵明在审计工作底稿中记录了拟实施的进一步审计程序,部分内容摘录如下。

(1)计算本年度重要产品的毛利率,与同行业产品的毛利率进行比较,检查是否存在异常,是否存在较大波动,查明异常波动原因。

(2)抽取本年度营业收入一定数量的记账凭证,检查相应的销售发票、销售合同是否与存货的出库日期、品名、数量等一致。

(3)独立测算主要存货项目的年末可变现净值,将测算结果与阳光有限责任公司的计算结果进行比较,分析差异原因。

问题:

(1)针对资料一,结合资料二,假定不考虑其他条件,逐项指出资料一所列事项是否存在重大错报风险。如果存在重大错报风险,简要说明理由,并说明该风险主要与哪些财务报表项目(假定仅限于资料二所列报表项目)的哪些认定相关。

(2)结合资料三,假定不考虑其他条件,逐项指出审计程序与资料一(结合资料二)识别的重大错报风险是否直接相关,如果直接相关,指出对应的重大错报风险,并简要说明理由。

解析:

(1)各事项是否存在重大错报风险、理由、影响的报表项目及认定见表 7-2。

表 7-2　各事项是否存在重大错报风险、理由、影响的报表项目及认定

事项序号	是否存在重大错报风险	理由	财务报表项目名称及认定
(1)	是	行业产销量整体下滑 20%,阳光有限责任公司销量增长 12%;行业平均毛利率为 6%,阳光有限责任公司毛利率高达 18.33%。这些信息表明,该公司可能存在高估收入或低估成本重大错报风险	营业收入(发生认定)营业成本(完整性认定)

事项序号	是否存在重大错报风险	理由	财务报表项目名称及认定
(2)	是	阳光有限责任公司储存了大量原材料,2021年原材料价格持续下跌,但阳光有限责任公司存货减值准备金额为0,表明该公司存在少计提减值准备的风险	资产减值损失(完整性认定)存货(计价和分摊认定)

(2) 审计程序与重大错报风险的相关性及理由见表7-3。

表7-3 审计程序与重大错报风险的相关性及理由

审计程序序号	是否与资料一(结合资料二)识别的重大错报风险直接相关	与资料一哪一项(结合资料二)识别的重大错报风险直接相关	理由
(1)	是	与第(1)项相关	估算阳光有限责任公司的毛利率,与同行业毛利率比较,可以识别高估收入、低估成本问题
(2)	是	与第(1)项相关	以截止财务报表日已经入账的营业收入记账凭证为起点,追查到相应的销售发票、销售合同是否与存货的出库日期、品名、数量等一致,可以获取营业收入提前入账或虚构营业收入的证据
(3)	是	与第(2)项相关	计算期末存货的可变现净值,并与存货账面价值进行比较,可以识别可能存在少计存货跌价准备的问题

例 7-9

2014年3月份,昆明机床股份有限公司发布公告称,审计人员在审计其2016年年报的时候发现了存货不实以及收入跨期等问题,并自曝了2013年以来存在多起重大的财务违规行为。证监会随即决定对公司展开立案调查。具体来看,该公司通过跨期确认收入、虚计收入以及虚增合同价格等方式,增加了2013年度、2014年度以及2015年度的营业收入。据查,时任公司董事长、总经理以及财务总监对财务造假的活动有所了解并且参与其中。

问题:如果审计人员在2017年度继续对该公司的年度财务报表进行审计工作的话,在审计的过程中,审计人员是否仍然需要实施控制测试呢?

解析:

审计人员在审计过程中之所以实施控制测试,主要是基于被审计单位内部控制制度运行的有效性,从总体上减少审计的工作量,提高审计质量。但是在上述案例里面,由于企业的高管均已知晓,并且参与了财务造假行为,企业的内部控制实际上受限于其固有限制,已经无法正常发挥效用。那么在这种情况下,如果注册会计师在审计过程中仍然执行控制测试实际上是没有任何意义的。因此,在这种情况下,审计人员如果对企业进行财务报表审计的话,只能依托于实质性程序来进行完成。

 技能训练

一、单项选择题

1. 下列各项中,不属于风险评估程序的是( )。

A. 监盘存货 B. 询问管理层

C. 观察控制活动 D. 检查销售合同

2. 注册会计师对行业状况、法律环境与监管环境以及其他外部因素了解的范围和程度会因被审计单位所处行业、规模以及其他因素的不同而不同。对于从事计算机硬件制造的被审计单位,注册会计师可能更关心( )。

A. 宏观经济走势以及货币、财政等方面的宏观经济政策

B. 环保法规

C. 资本充足率

D. 市场和竞争以及技术进步的情况

3. 注册会计师在了解及评价被审计单位内部控制后,实施控制测试的范围是( )。

A. 对财务报表有重大影响的内部控制

B. 并未有效运行的内部控制

C. 有重大缺陷的内部控制

D. 拟信赖的内部控制

4. 对于认定层次重大错报风险发生的可能性,审计人员需要考虑的是( )。

A. 管理层的风险管理方法 B. 来自高层的基调

C. 相关的内部控制活动 D. 采用的政策和程序

5. ( )是评价控制的设计是否合理及是否得到执行,但不涉及评价控制执行的效果。

A. 了解内部控制 B. 控制测试

C. 实质性程序 D. 双重目的测试

二、多项选择题

1. 注册会计师应当从( )方面了解被审计单位及其环境,以确定风险评估程序的性质时间和范围。

A. 被审计单位所在行业状况、法律环境与监管环境

B. 被审计单位的性质

C. 被审计单位对会计政策的选择和运用

D. 被审计单位的目标、战略以及相关经营风险

2. 注册会计师在确定何时实施审计程序时,应当考虑的因素有( )。

A. 控制环境

B. 何时能得到相关信息

C. 错报风险的性质

D. 审计证据适用的期间或时点

3. 特别风险通常与重大的非常规交易和判断事项有关。由于非常规交易具有( )特征,与重大非常规交易相关的特别风险可能导致更高的重大错报风险。

A. 管理当局更多地介入会计处理

B. 数据收集和处理需要更多的人工介入

C. 复杂的计算或会计原则

D. 经常发生金额较大的交易

4. 注册会计师针对各类交易、账户、类别的认定实施进一步审计程序时,可能选择的程序类型包括( )。

A. 检查、观察

B. 询问、针对财务报表层次重大错报风险的总体应对措施、函证、分析程序

C. 重新计算、重新执行

D. 将财务报表与各账户核对

5. 下列关于特别风险的描述中,正确的有( )。

A. 注册会计师应当了解、评估并测试针对特别风险的控制

B. 如果针对特别风险仅实施实质性程序,注册会计师只能使用细节测试

C. 注册会计师应当对拟信赖的针对特别风险的控制在本审计期间的运行有效性实施测试

D. 如果认为评估的认定层次重大错报风险是特别风险,注册会计师应当专门针对该风险实施实质性程序

项目八 业务循环审计

1. 了解各个业务循环的主要业务活动。
2. 熟悉各个业务循环的内部控制并对其进行测试。
3. 明确营业收入、应收账款的审计目标,掌握对营业收入、应收账款实施的实质性程序。
4. 明确应付账款、固定资产的审计目标,掌握对应付账款、固定资产实施的实质性程序。
5. 明确存货、营业成本的审计目标,掌握对存货和营业成本实施的实质性程序。
6. 明确短期借款、长期借款、实收资本(股本)和投资的审计目标,掌握对短期借款、长期借款、实收资本(股本)和投资实施的实质性程序。

技能 目标

1. 能够对各个业务循环的内部控制进行测试。
2. 能够确定营业收入、应收账款的审计目标,并对其实施实质性程序。
3. 能够确定应付账款、固定资产的审计目标,并对其实施实质性程序。
4. 能够确定存货的审计目标,并对其实施实质性程序。
5. 能够确定短期借款的审计目标,并对其实施实质性程序。
6. 能够确定短期借款、长期借款、实收资本(股本)、投资的审计目标,并对其实施实质性程序。

素养 目标

1. 培养学生自主学习新知识和新技能的能力。
2. 培养学生的团队合作精神和良好的组织沟通能力。
3. 培养学生严谨的职业行为规范和良好的审计职业意识。
4. 培养学生良好的职业判断能力。

知识结构

```
                          ┌─ 销售与收款循环概述
                          ├─ 销售与收款循环的内部控制与控制测试
          销售与收款循环审计 ─┼─ 营业收入审计
                          ├─ 应收账款审计
                          └─ 其他相关账户审计

                          ┌─ 采购与付款循环概述
                          ├─ 采购与付款循环的内部控制与控制测试
          采购与付款循环审计 ─┼─ 应付账款审计
                          └─ 固定资产审计

                          ┌─ 生产与存货循环概述
                          ├─ 生产与存货循环的内部控制与控制测试
业务循环审计 生产与存货循环审计 ─┼─ 存货审计
                          └─ 营业成本审计

                          ┌─ 筹资与投资循环概述
                          ├─ 筹资与投资循环的内部控制及控制测试
          筹资与投资循环审计 ─┼─ 借款审计
                          ├─ 投资审计
                          └─ 所有者权益审计

                          ┌─ 货币资金审计概述
                          ├─ 货币资金的内部控制和控制测试
          货币资金审计 ──────┼─ 库存现金审计
                          ├─ 银行存款审计
                          └─ 其他货币资金审计
```

 案例导入

雅百特收入造假案

2019年5月,众华会计师事务所被中国证券监督管理委员会罚款174万元,原因是其为跨国造假的雅百特科技股份有限公司(以下简称雅百特)提供审计服务。

中国证券监督管理委员会的调查显示：2015 年到 2016 年，雅百特通过虚构海外工程项目、国际贸易和国内贸易等手段，累计虚增营业收入约 5.8 亿元，虚增利润约 2.6 亿元。雅百特年报显示，2015 年其与巴基斯坦木尔坦市开展的城市快速公交专线项目，实现营业收入超过 1 亿元，占年度销售收入总额的 21.8%。但事实上，雅百特并没有参与这个项目的建设，只是通过一家海外公司伪造了虚假的工程建设合同。

既然没有参加项目，钱又从哪里来呢？雅百特在 2015 年找了几家关联公司，以虚假采购的方式把钱转给关联公司，再让关联公司以销售的名义把钱还回来，形成资金循环的假象。在这场造假大戏中，雅百特不仅造假账，还伪造巴基斯坦政要的信函以证明公司参与了这个项目。

实际上，雅百特在 2015 年下半年才借壳中联电气上市，而在借壳过程中，雅百特的控股股东与原股东签署了对赌协议。如果去掉 2015 年虚增的收入，雅百特的利润所剩无几，远远达不到对赌协议的要求，雅百特由此走上了财务造假的不归路。

思考：

1. 审计人员在销售与收款循环审计中，应当如何对公司销售收入的真实性进行核查？

2. 在销售与收款循环的审计中，审计人员应该注意哪些要点？

任务一　销售与收款循环审计

一、销售与收款循环概述

销售与收款循环涉及企业向客户转让其日常活动产出的商品或服务并取得对价的各项业务和过程，是企业经营活动中的主要业务循环之一，在企业的整个经营活动中占据重要地位。销售与收款循环涉及营业收入、应收账款等业务，审计人员必须先对被审计单位的业务循环特征进行评估，进而确定针对销售与收款循环交易和账户余额实施的实质性程序的性质、时间安排和范围。

（一）销售与收款循环的业务流程

销售与收款循环以客户提出订单要求为起点，将商品或劳务转化为应收账款，并以最终收回货币资金为终点。销售可以分为两种基本方式，即现销和赊销。在现代经营中由于商业信用的广泛使用，赊销成为大部分企业普遍采用的销售方式。典型的销售与收款业务循环一般包括以下几项主要过程。

1. 处理客户订单

客户提出订单要求是整个销售与收款循环的起点，也是购买某种货物或接受某种劳务的一种申请。客户订单只有在符合企业管理层的授权标准时才能被接受。企业在批准客户订单之后,通常应编制一式多联的销售单,列示客户订购商品或劳务的名称、规格、数量等。销售单是证明销售交易的发生认定的凭据之一,也是销售交易轨迹的起点之一。

2. 批准赊销信用

对于赊销业务,信用管理部门按照赊销政策调查每个客户的信用状况,在每个客户已授权的信用额度内进行赊销业务的批准。在收到销售部门的销售单后,信用管理部门应将该客户已被授权的赊销信用额度、至今尚欠的账款余额、销售单金额进行比较,从而确定该客户的赊销额。

无论是否批准赊销,信用管理部门人员都要在销售单上签署意见,然后再将已签署意见的销售单送回销售部门。

3. 按销售单供货

企业管理层通常要求仓库人员只有在收到经过批准的销售单时,才能供货。设计这项控制程序的目的是防止仓库人员在未经授权的情况下擅自发货。因此,已批准销售单的副联通常应送达仓库人员,作为仓库人员按销售单供货和发货给装运部门的授权依据。

4. 根据销售单编制发运凭证并发货

发运商品是销售与收款循环中出让资产的起点,商品的发出往往是确认销售成立的标志之一。发出商品时企业要编制发运凭证,这种凭证一般是一式多联、连续编号的提货单,它是向客户开出账单所必不可少的凭据。如果企业采用永续盘存记录,发运凭证是逐日登记存货记录的依据。

5. 向客户开出账单并登记销售业务

开具账单包括编制和向客户寄送事先连续编号的销售发票。因此,财务部门应正确、及时地开出账单,且开出账单时要注意不漏开、不重开和不错开。开出恰当数额账单的关键是根据实际发货数量和批准的价格准确地向客户收取货款。在营业收入明细账和应收账款明细账中恰当地记录销售业务,也是会计处理的一个重要部分。

6. 定期对账和催收账款

财务部门应定期编制并向客户寄送应收账款对账单,与客户核对账面记录,保证所有的收款、销售折扣与折让都能正确地记录,如有差异,应及时查明原因并调整。此外,财务部门还要编制应收账款账龄分析表,对已超过正常信用期限、长期拖欠货款的客户以各种方式催收货款,并通知信用管理人员。

7. 办理和记录现金、银行存款收入

这项活动涉及的是货款收回,现金、银行存款增加和应收账款减少的活动。财务部门在办理和记录现金、银行存款收入时,最应关注的是货币资金失窃的可能性;在处理货币资金收入时最关键的是要确保所有货币资金都必须如数、及时地记入现金日记账、银行存款日记账和应收账款明细账,并如数、及时地将现金存入银行。企业通过现金盘点、编制银行余额调节表、定期向客户发送对账单等控制来实现上述目的。

8. 办理和记录销售退回、销售折扣和折让

顾客如果对商品质量不满意,销售企业一般都会同意退货,或给予一定的销售折让。在办理和记录销售退回、销售折扣与折让业务时,必须经过授权审批,并应确保与办理此事有关的部门和职员各司其职,分别控制实物流动和会计处理。

9. 计提坏账准备

企业一般定期对应收票据、应收账款的预期信用损失进行估计,根据估计结果确认信用减值损失并计提坏账准备,管理层对相关估计进行复核和批准。

10. 核销坏账

当客户宣告破产、经营不善、死亡等导致货款无法支付、应收账款确认无法收回时,经管理层批准后财务部门将其核销,并冲减相应的应收账款总账和明细账。财务部门应设置已核销应收账款备查簿,以加强对核销应收账款的管理,防止以后收回已核销的应收账款时产生漏记、错记等情形。

(二) 涉及的主要凭证与会计记录

在内部控制比较健全的企业,销售与收款业务的处理一般需要使用许多凭证与会计记录。典型的销售与收款循环涉及以下几项主要凭证与会计记录。

1. 客户订购单

客户订购单即客户提出的书面购货要求。企业可以通过销售人员或其他途径,如采用电话、邮件、信函和向现有的及潜在的客户发送订购单等方式接受订货,取得客户订购单。

2. 销售单

销售单是列示客户所订购商品的名称、规格、数量以及其他与客户订购单相关信息的凭证,作为销售方内部处理客户订购单的凭据。

3. 发运凭证

发运凭证即企业在发运货物时编制的,用来反映发出商品的名称、规格、数量和其他相关信息的凭据,它可作为向客户开具账单的依据。发运凭证一式多联,其中一联留给客户,其余联次由企业自留。

4. 销售发票

销售发票是一种用来表明已销售商品的名称、规格、数量、价格、销售金额、开票日期等内容的凭证。销售发票也是财务人员在会计账簿中登记销售交易的基本凭据之一。

5. 商品价目表

商品价目表是列示已经授权批准的、可供销售的各种商品的价格清单。

6. 贷项通知单

贷项通知单是一种用来表示由销售退回或经批准的折让导致的应收账款减少的凭证。这种凭证的格式通常与销售发票的格式相同,只不过它是用来证明应收账款的减少,而不是用来证明应收账款的增加。

7. 转账凭证

转账凭证是指记录转账业务的记账凭证。它是根据有关转账业务(即不涉及现

金、银行存款收付的各项业务)的原始凭证编制的。

8. 收款凭证

收款凭证是指用来记录现金和银行存款收入业务的记账凭证。

9. 应收账款账龄分析表

应收账款账龄分析表一般按月编制,用以反映月末尚未收回的应收账款总额的账龄,它能够详细地反映每个客户月末尚未偿还的应收账款金额和账龄。

10. 应收票据/应收账款/合同资产明细账

应收票据/应收账款/合同资产明细账是用来记录已向每个客户转让商品而有权收取对价的明细账。

11. 主营业务收入明细账

主营业务收入明细账是一种用来记录销售交易的明细账。它通常记载和反映不同类别商品或服务营业收入的明细发生情况和总额。

12. 应收票据/应收账款预期信用损失计算表

通常,企业按月编制应收票据/应收账款预期信用损失计算表,以反映月末应收票据/应收账款的预期信用损失。

13. 销售退回、销售折扣与折让明细账

销售退回、销售折扣与折让明细账是指用来核算企业在销售商品时,按照销售合同规定为了及早收回货款而给予顾客的销货折扣和因商品品种、质量等问题而给予顾客的销货折让等情况的明细账。

14. 汇款通知书

汇款通知书是一种与销售发票一起寄给客户,由客户在付款时再寄回销售单位的凭证。这种凭证列示了客户的姓名、销售发票号码、销售单位开户银行账号、金额等内容。

15. 库存现金日记账和银行存款日记账

库存现金日记账和银行存款日记账是指用来记录应收账款的收回或现销收入以及其他各种现金、银行存款收入和支出的日记账。

16. 坏账核销审批表

坏账核销审批表是一种用来批准将某些应收款项注销为坏账,仅在企业内部使用的凭证。

17. 客户对账单

客户对账单是一种定期寄送给客户的用于购销双方定期核对账目的凭证。客户对账单上应注明应收账款的期初余额、本期各项销售交易的金额、本期已收回的货款、应收账款的期末余额等内容。

二、销售与收款循环的内部控制和控制测试

(一) 销售与收款循环的内部控制

内部控制不仅是财务审计的重要内容,也是抽样审计的基础。业务循环的内部

控制具有相互牵制、大大降低会计差错或舞弊发生概率的作用。因此,内部控制在业务循环中是不可或缺的。

1. 销售交易的内部控制

1) 适当的职责分离

适当的职责分离是内部控制中一项重要的控制措施。为了保证销售与收款业务控制系统的有效性,企业应按具体业务环节进行明确分工。例如,处理客户订单、批准信用、发送商品、结算开单、办理销售退回与折让、收取货款、会计记录和核对账目等工作,要分别由不同的职能部门与人员负责,以相互牵制,避免产生舞弊行为。

(1) 销售与批准赊销信用相互独立,可以防止销售部门为扩大销售量而放宽信用标准,导致企业信用风险增加。

(2) 批准赊销信用与发货、开票相互独立,可以防止向不符合信用标准的客户发货,增加坏账风险。

(3) 发货与开票相互独立,可以防止发货未经批准、销售业务没有被记录或商品被盗窃。

(4) 发货与记账相互独立,可以防止商品被盗窃并通过篡改记录加以掩饰。

(5) 收取货款与记账相互独立,可以防止客户所付款项被贪污并通过篡改记录加以掩饰。

(6) 批准销售退回与折让业务和记账相互独立,可以防止收到的货款被贪污。

(7) 批准坏账与收款、记账相互独立,可以防止不符合规定的坏账被批准、收到的款项被贪污。

(8) 编制和寄送客户对账单与收款业务、记账业务相互独立,可以防止销售收款业务中的错弊。

(9) 执行内部检查与业务办理、记录相互独立,可以保证内部检查的独立性和有效性等。

2) 适当的授权审批

有效的控制要求销售与收款循环各环节应经过适当的授权批准。例如,向客户赊销前要进行调查并经授权批准,以降低信用风险;只有在得到授权批准后才能发送货物,以防止向虚构的客户发货;销售价格、销售条件、运费、销售退回和折让要经过授权批准,以防止销售价格、销售退回和折让等与企业的经营管理政策相背离;由保管票据以外的主管人员批准应收票据承兑、违约票据冲销。

3) 会计记录控制

为健全业务审批、财产保管和便于记录,企业要合理设计并使用各种文件和记录。关键性的销售单、销售发票、发运凭证等都应事前按顺序编号使用,以防止遗漏和重复开票或记录销售业务。在批准客户订单之后,企业应当编制一式多联的销售单,分别用于批准赊销、批准发货、记录发货数量、向客户开具发票账单等。此外,企业应定期编制并向客户寄送对账单,以及对每个客户建立应收账款明细账。以应收票据结算时,企业要设置登记账簿以详细记录票据种类、编号、出票人、票面金额、利率、到期日等情况。

4）内部核查程序

由内部审计人员或其他独立人员核查销售交易的处理和记录,是实现内部控制目标不可缺少的一项控制程序。销售与收款循环内部控制检查的主要内容包括:检查是否存在销售与收款业务循环不相容职责混岗的现象;检查授权批准手续是否健全,是否存在越权审批的行为;检查信用政策、销售政策的执行是否符合规定;检查销售收入是否及时入账、应收票据及应收账款的催收是否有效、坏账核销和应收票据的管理是否符合规定;检查销售退回手续是否齐全、退回货物是否及时入库。

5）实物控制

实物控制包括两个方面。一方面,限制非授权人员接近存货,货物的发出必须有经批准的销售单;加强退货的实物控制,由收货部门进行验收并填写验收报告和入库单。另一方面,限制非授权人员接近各种记录和文件,防止伪造和篡改记录。赊销方式下,企业与客户之间的货款结算还包括应收票据,企业要加强对应收票据的实物控制,将保管票据及经管现金与一般会计记录职责相分离。

6）定期寄出对账单

由出纳、销售及应收账款记录以外的人员按月向客户寄送对账单,能够促使客户在发现应付账款余额不准确后及时反馈相关信息。对于核对中发现的不符账项,应由不负责资金管理、不记录营业收入和应收账款的人员来处理。

2. 收款交易的内部控制

（1）企业应当按照《现金管理暂行条例》《支付结算办法》等规定,及时办理销售收款业务。

（2）企业应将销售收入及时入账,不得账外设账,不得擅自坐支现金。销售人员应当避免接触销售现款。

（3）企业应当建立应收账款信用风险分析制度和逾期应收账款催收制度。销售部门应当负责应收账款的催收,财务部门应当督促销售部门加紧催收。对催收无效的逾期应收账款可通过法律程序予以解决。

（4）企业应当按客户设置应收账款台账,及时登记每一客户应收账款余额增减变动情况和信用额度使用情况;对长期往来客户应当建立起完善的客户资料,并对客户资料实施动态管理,及时更新。

（5）对于可能成为坏账的应收账款,企业应当报告有关决策机构,由其进行审查,确定是否确认为坏账。对于发生的各项坏账,企业应查明原因,明确责任,并在履行规定的审批程序后做出会计处理。

（6）对于注销的坏账,企业应当进行备查登记,做到账销案存;已注销的坏账又收回时应当及时入账,防止形成账外资金。

（7）企业应收票据的取得和贴现必须经由保管票据以外的主管人员的书面批准,并由专人保管票据;对于即将到期的票据,企业应及时向付款人提示付款;对于已贴现票据,企业应在备查簿中登记,以便日后追踪管理;企业应制定逾期票据的冲销管理程序和逾期票据追踪监控制度。

(8) 企业应当定期与往来客户通过函证等方式核对应收账款、应收票据等往来款项。如有不符,企业应查明原因,及时处理。

(二) 销售与收款循环的主要风险

被审计单位可能有各种各样的收入来源,处于不同的控制环境,存在复杂的合同安排,这些情况可能会对收入交易的会计核算产生诸多影响,如不同交易安排下的收入确认时间和依据并非全都相同。以一般制造业的赊销销售为例,该业务循环中可能存在如下问题。

1. 虚增收入或提前确认收入

企业虚增收入的常见情况有:从未发货却确认收入;将委托他人销售的商品记录为实现收入;发生在会计期间以后的销售提前确认为收入;发送在产品确认为收入;在顾客需要或同意发货之前发送产品;虚构发票;向没有下订单的顾客发货;发送货物的数量多于顾客订购的数量;把发送给本企业仓库的货物记录为销售;商品退回不及时记录等。

2. 少计收入或延后确认收入

企业少计收入的常见情况有:将商品发出、收到货款并满足收入确认条件后,不确认收入,而将收到的货款作为负债挂账,或转入本单位以外的其他账户;对于属于在某一时点履约的销售交易,被审计单位未在客户取得相关商品或服务控制权时确认收入,推迟收入确认时点;采用以旧换新的方式销售商品时,以新旧商品的差价确认收入。

3. 收入的复杂性可能导致的错误

被审计单位可能针对一些特定的产品或者服务提供一些特殊的交易安排,但管理层可能对这些不同安排下所涉及交易风险的判断缺乏经验,这将导致相关错误的发生。

4. 收入未被记录在正确的会计期间

若期末收入交易和收款交易未计入正确的期间,这种情况将导致相关错误的发生,包括销售退回交易的截止错误。

5. 收入未被记录在正确的账户

收款未及时入账或者记入不正确的账户,将导致应收账款或应收票据及银行存款出现错报。

6. 发生的收入交易未能得到准确记录

发生的收入交易未能得到准确记录与应收账款的准确性认定相关。审计人员应当查明收入未得到准确记录的原因,并考虑是否存在潜在的重大错报风险。

(三) 销售与收款循环的控制测试

1. 了解并描述销售与收款循环的内部控制

审计人员在测试时,需要收集和检查与销售、收款循环有关的资料、文件,结合实地观察并采用适当的方法,包括调查表法、流程图法、文字描述法加以描述,将相关材料纳入审计工作底稿。

2. 检查不相容职责的划分

(1) 走访、观察信用管理部门与销售部门是否独立,或是否分别由不同的人员负责。

(2) 抽取销售退回或折让发票,审查其是否由业务记录以外的人员批准。

(3) 验证坏账冲销是否经过收款业务、记账业务以外的人员批准。

(4) 了解应收票据及应收账款账簿记录人员与出纳员的职责分工。

3. 检查信息系统的运行

(1) 检查系统中自动生成销售单的生成逻辑,是否确保满足客户范围及其信用控制的要求。

(2) 检查系统内发运凭证的生成逻辑及发运凭证是否连续编号;检查例外报告及跟进情况。

(3) 检查系统生成发票的逻辑;检查信息系统的一般控制和收入交易的应用控制,确定相关人员是否使用正确的定价文档来生成发票,价格更改是否经过授权;询问发票生成程序更改的一般控制情况,确定是否经授权及现有的版本是否正在被使用;检查有关程序更改的复核审批手续。

(4) 检查系统中销售记录生成的逻辑,确保销售发票在恰当的会计期间入账;检查系统销售入账记录的生成逻辑,确保销售发票的入账金额正确;对手工调节项目进行检查,并调查原因是否合理。

(5) 检查系统中的对应关系审核设置是否合理。

(6) 检查财务系统账龄分析表的规则设置是否合理。

4. 对可能发生错报的环节测试内部控制制度的执行情况

(1) 订单处理和赊销的信用控制环节:询问员工销售单的生成过程,检查是否所有生成的销售单均以客户订购单为依据;对于系统外授权审批的销售单,检查其是否经过适当批准。

(2) 发运产品环节:询问并观察发运时保安人员的放行检查情况;检查发运凭证上装运部门员工及客户的签名,核对发出商品与发运凭证上的商品种类和数量是否一致。

(3) 开具发票环节:抽取一定数量的销售发票,检查发票是否连续编号,作废发票的处理是否正确;核对销售发票与客户订购单、销售单、发运凭证所载明的品名、规格、数量、价格是否一致。

(4) 记录赊销环节:检查客户针对月末对账单存在差异提出质询的信件,并确定问题是否已得到解决;检查应收账款明细余额以及汇总金额的调节结果与应收账款总账是否相符,负责该项工作的员工是否已签名。

(5) 记录应收账款的收款环节:检查核对每日收款汇总表、电子版收款清单和银行存款清单的核对记录和核对人签名;检查银行存款余额调节表和相关员工的签名;

检查客户针对月末对账单存在差异提出质询的信件,并确定问题是否已被解决;检查管理层对应收账款账龄分析表的复核及跟进措施。

(6)坏账准备计提及坏账核销环节:询问管理层如何复核坏账准备计提表,检查是否有复核人员的签字;检查坏账核销是否经过管理层的恰当审批。

(7)记录现金销售环节:实地观察收银台、销售点的收款过程,检查这些地方是否有足够多的物理监控;检查收款台打印销售小票和现金销售汇总表的程序设置和修改权限设置;检查盘点记录、结算记录上相关负责人的签名;检查银行存款单和销售汇总表上的签名,证明已实施复核;检查银行存款余额调节表的编制和复核人员的审核记录。

(8)销售退回、销售折扣与折让环节:检查销售退回、销售折扣与折让的批准和贷项通知单的签发职责是否分离;确定现金折扣是否经过适当授权;检查错售退回、销售折扣与折让是否附有按顺序编号并经主管人员核准的贷项通知单;检查退回的商品是否具有仓库签发的退货验收报告,并核对将验收报告的数量、金额与贷项通知单是否一致。

5.评价销售与收款循环内部控制

通过对销售与收款循环的了解测试,包括了解测试企业经营环境与业务性质,销售业务管理,应收票据及应收账款和现金、银行存款管理,相关会计科目的复杂性(如分期收款销售、租赁合同、长期工程合同),以前审计中发现的重大错弊等,评价固有风险,包括管理层道德风险、被审计单位面临的财务风险、实现财务目标后对管理层可能产生的激励等,审计人员确定对内部控制的信赖程度,指出内部控制存在的薄弱环节与失控点,评价控制风险,确定实质性程序的性质、时间安排和范围,必要时调整或修订审计计划。

例8-1

注册会计师赵明在审计工作底稿中记录其了解到的阳光有限责任公司针对销售与收款业务循环的内部控制情况,内容如下:

(1)接受客户订单后,销售部门的职员张佳根据客户订单编制销售单,交给审批赊销的信用管理部门职员李丽,李丽在职权范围内进行审批,对于超过其职权范围内的赊销业务,李丽全部交给信用管理部门经理胡晴进行审批。

(2)销售部门职员方佳在核对商品装运凭证和相应的经批准的销售单后,开具销售发票。具体程序为:根据已授权批准的商品价目表填写销售发票的金额,根据商品装运凭证上的数量填写销售发票的数量;销售发票一联交财务部职员许贝据以登记与销售业务相关的总账和明细账。

(3)开具账单部门在收到发运单并与销售单核对无误后,编制预先连续编号的销售发票,并将其连同发运单和销售单及时送交会计部门,会计部门在核对无误后确认销售收入并登记应收账款账簿。会计部门定期向顾客催收款项并寄送对账单,对顾客提出的异议进行专门追查。

（4）公司的应收账款账龄分析由专门的"应收账款账龄分析计算机系统"完成,该系统由独立的信息部门负责维护管理。会计部门相关人员负责在系统中及时录入所有与应收账款交易相关的基础数据。为了便于及时更正录入的基础数据可能存在的差错,信息部门拥有修改基础数据的权限。

问题:假定不考虑其他条件,指出阳光有限责任公司针对销售与收款业务循环的内部控制存在哪些薄弱环节,说明理由并提出改进建议。

解析:

（1）"对于超过职权范围内的赊销业务,李丽全部交给信用管理部门经理胡晴进行审批"不恰当。对于超过销售政策和信用政策规定的赊销业务,正确的做法是实行集体决策审批。

（2）"销售发票一联交财务部职员许贝据以登记与销售业务相关的总账和明细账"不恰当。登记总账和明细账属于不相容职务,应当予以分离。

（3）"会计部门定期向顾客催收款项并寄送对账单,对顾客提出的异议进行专门追查"不恰当。销售部门应当负责应收账款的催收,财会部门应当督促销售部门加紧催收。

（4）"为了便于及时更正录入的基础数据可能存在的差错,信息部门拥有修改基础数据的权限"不恰当。如果信息部门可以更正使用部门送交的数据资料,将增加相关数据资料被人为修改的风险,降低相关数据分析结果的可靠性。

三、营业收入审计

微课 8-1

（一）营业收入的审计目标

营业收入包括销售商品、提供劳务等主营业务活动中所产生的收入,以及企业确认的除主营业务活动以外的其他经营活动实现的收入,包括出租固定资产、出租无形资产、出租包装物和商品、销售材料等实现的收入。营业收入审计是指对企业在生产经营活动中,因销售商品、提供劳务等而取得收入的真实性、完整性和合法性的审查。其审计目标有以下几项。

（1）利润表中记录的营业收入已发生,且与被审计单位有关。

（2）所有应当记录的营业收入均已记录。

（3）与营业收入有关的金额及其他数据均已恰当记录。

（4）营业收入已记录于正确的会计期间。

（5）营业收入已按照企业会计准则的规定在财务报表中作出恰当的列报。

（二）营业收入的实质性程序

1. 主营业务收入的实质性程序

1）获取主营业务收入明细表,并执行以下工作

（1）复核加计是否正确,并核对其与总账数和明细账合计数是否相符,结合其他

业务收入科目,核对其与报表数是否相符。

（2）检查以非记账本位币结算的主营业务收入的折算汇率及折算方法是否正确。

2）检查主营业务收入的确认条件、方法是否符合企业会计准则

根据《企业会计准则第 14 号——收入》的规定,企业应当在履行了合同中的履约义务,及在客户取得相关商品控制权时确认收入。取得相关商品控制权是指能够主导该商品的使用并从中获得几乎全部的经济利益。

当企业与客户之间的合同同时满足下列条件时,企业应当在客户取得商品控制权时确认收入。

（1）合同各方已批准该合同并承诺履行各自义务。

（2）该合同明确了合同各方与所转让商品或提供劳务相关的权利和义务。

（3）该合同有明确的与所转让的商品相关的支付条款。

（4）该合同具有商业实质,即履行该合同将改变企业未来现金流量的风险、时间分布或金额。

（5）企业因向客户转让商品而有权取得的对价很可能收回。

《企业会计准则第 14 号——收入》对"在某一时段内履行的履约义务"和"在某一时点履行的履约义务"的收入确认分别作出了规定。

对于在某一时段内履行的履约义务,企业应当在该段时间内按照履约进度确认收入。当履约进度能够合理确定时,采用产出法或投入法确定恰当的履约进度。当履约进度不能合理确定时,企业已经发生的成本预计能够得到补偿的,应当按照已经发生的成本金额确认收入,直到履约进度能够合理确定为止。

对于在某一时点履行的履约义务,企业应当在客户取得相关商品的控制权时确认收入。在判断客户是否已取得商品控制权时,企业应当考虑下列迹象:①企业就该商品享有现时收款权利,即客户就该商品负有现时付款义务;②企业已将该商品的法定所有权转移给客户,即客户已拥有该商品的法定所有权;③企业已将该商品实物转移给客户,即客户已实物占有该商品;④企业已将该商品所有权上的主要风险和报酬转移给客户,即客户已取得该商品所有权上的主要风险和报酬;⑤客户已接受该商品;⑥其他表明客户已取得商品控制权的迹象。

因此,审计人员需要基于对被审计单位商业模式和日常经营活动的了解,确定被审计单位的合同履约义务是在某一时段内履行的还是在某一时点履行的,以此来评估被审计单位确认产品销售收入的会计政策是否符合《企业会计准则第 14 号——收入》的规定,并测试被审计单位是否按照其既定的会计政策确认产品销售收入。

审计人员通常对所选取的交易,追查至原始的销售合同及与履行合同相关的单据和文件记录,以评价收入确认方法是否符合《企业会计准则第 14 号——收入》的规定。

3）执行分析程序

审计人员通过实施实质性分析程序,检查主营业务收入是否存在重大波动和异

常变动,对主营业务收入的真实性在总体上作出初步判断。

(1)将本期主营业务收入与上期主营业务收入进行比较,分析产品销售的结构和价格是否异常,并分析异常变动的原因。

(2)计算本期重要产品的毛利率,与上期比较,检查是否存在异常,各期之间是否存在重大波动,查明原因。

(3)比较本期各类主营业务收入的波动情况,分析其变动趋势是否正常,是否符合被审计单位季节性、周期性的经营规律,查明异常现象和重大波动的原因。

(4)将本期重要产品的毛利率与同行企业进行对比分析,检查是否存在异常。

(5)结合应交税费项目的审计,根据增值税纳税申报表估算全年收入,并将其与实际收入金额比较。

4)核对收入交易的原始凭证与会计分录

以主营业务收入明细账中的会计分录为起点,检查相关原始凭证,如客户订购单、销售单、发运凭证、销售发票等,目的是评价已入账的营业收入是否真实发生。

检查客户订购单和销售单,以确认客户购买要求是真实存在的,销售交易确实已经过适当的授权批准。

比较核对销售发票存根上所列的单价与经过批准的商品价目表,确定两者是否一致;重新计算销售发票存根上的金额小计数和合计数,确定其是否正确无误;比较核对发票中列出的商品的规格、数量和客户代码等与发运凭证等单据是否一致,确定被审计单位是否已经按合同约定履行了履约义务。同时,审计人员还要检查原始凭证中的交易日期(客户取得商品控制权的日期),以确认收入是否计入了正确的会计期间。

5)实施函证

对被审计单位收入的函证,审计人员一般结合应收账款的函证一并进行,并采用肯定式函证的方式,选择主要客户来确认本期销售额,观察有无未经认可的巨额销售。

6)实施销售截止测试

截止测试是实质性程序中常用的一种审计技术,被广泛运用于货币资金、往来款项、存货、主营业务收入和期间费用等诸多财务报表项目的审计,尤其在主营业务收入项目中运用最为典型。对主营业务收入项目实施截止测试,其目的主要在于确定被审计单位主要业务收入的会计记录归属期是否正确,应计入本期或下期的主营业务收入有无被推迟至下期或提前至本期。

在审计实务中,审计人员应该注意把握三个与主要业务收入确认有密切关系的日期:发票开具日期(开票日期)或者收款日期;记账日期;发货日期(服务行业则是指提供劳务的日期)。截止测试的关键在于检查以上三个日期是否属于同一适当的会计期间。

一般情况下,围绕上述三个重要日期,在审计实务中,审计人员可以考虑选择三条审计路线实施主营业务收入的截止测试,具体内容可见表8-1。

表 8-1　主营业务收入截止测试的三条审计路线对比

起点	路线	目的	优点	缺点
账簿记录	从报表日前后若干天的账簿记录查至记账凭证,检查发票存根与发货凭证	证实已入账收入是否在同一期间开具发票并发货,有无多记收入,防止高估主营业务收入	比较直观,容易追查至相关凭证记录	缺乏全面性和连贯性,只能查多记,无法查漏记
销售发票	从报表日前后若干天的发票存根查至发货凭证与账簿记录	确认已开具发票的货物是否已发货并于同一会计期间确认收入,防止低估收入	较全面、连贯,容易发现漏记收入	较费时费力,尤其是难以查找相应的发货及账簿记录,不易发现多记收入
发运凭证	从报表日前后若干天的发货凭证查至发票开具情况与账簿记录	确认收入是否已记入适当的会计期间,防止低估收入	较全面、连贯,容易发现漏记收入	较费时费力,尤其是难以查找相应的发货及账簿记录,不易发现多记收入

7) 检查销售退回业务

被审计单位存在销货退回的,审计人员应检查相关手续是否符合规定,结合原始销售凭证检查其会计处理是否正确,结合存货项目审计其真实性。

8) 检查销售折扣与折让

企业在销售交易中,常常会因为各种原因给予客户一定的销售折扣与折让。因销售折扣与折让直接影响收入的计量,审计人员针对销售折扣与折让可实施如下几项实质性程序。

(1) 获取折扣与折让明细表,复核其加计是否正确,并与明细账合计数进行核对。

(2) 了解被审计单位有关折扣与折让的政策和程序,抽查折扣与折让的授权批准情况,并与实际执行情况进行核对。

(3) 检查折扣与折让的会计处理是否正确。

9) 检查可变对价的会计处理

针对可变对价,审计人员可实施如下几项实质性程序。

(1) 获取可变对价明细表,选取项目与相关合同条款进行核对,检查合同中是否存在可变对价。

(2) 检查被审计单位对可变对价的估计是否恰当,如是否在整个合同期间采用同一种方法进行估计。

(3) 检查计入交易价格的可变对价金额是否满足限制条件。

(4) 检查资产负债表日被审计单位是否重新估计了应计入交易价格的可变对价金额。如果可变对价金额发生变动,是否按照《企业会计准则第 14 号——收入》的规定进行了恰当的会计处理。

10) 审查企业收入确认和成本结转的正确性

被审计单位合同中包含两项或多项履约义务的,审计人员应审查以下内容:企业是否按照分摊至各单项履约义务的交易价格计量收入;交易价格的确定是否根据合同条款并结合以往习惯做法,是否考虑了可变对价、合同中存在的重大融资成分、非现金对价、应付客户对价等因素的影响;交易价格在各单项履约义务中的分摊方法是否合理;销售成本的结转是否遵循了配比原则。

企业为履行合同发生的成本,当同时满足以下三个条件:该成本与一份当前或预期取得的合同直接相关;该成本增加了企业未来用于履行履约义务的资源;该成本预期能够收回时,应当作为合同履约成本确认为一项资产,并采取与该资产相关的商品收入确认相同的基础进行摊销,计入当期损益。

11)检查主营业务收入在财务报表中的列报和披露是否恰当

根据相关制度规定,被审计单位应在利润表中披露与收入有关的下列事项:收入确认所采用的会计政策;当期确认每一重大的收入金额,包括销售商品的收入、提供劳务的收入、利息收入、使用费收入等。

例 8-2

信诚会计师事务所的注册会计师赵明和李华接受委派,对阳光有限责任公司2021年度的财务报表进行审计。他们在审查该公司产品销售业务时发现,该公司于12月30日通过快递公司售给外地某公司甲产品350件,每件售价800元。外地某公司于12月31日收到了甲产品,并于次年1月3日通过网银付款。阳光有限责任公司本年度未将这笔业务作为主营业务收入和应收账款入账。该产品的单位成本为650元,该公司适用的增值税税率为13%。

问题:指出阳光有限责任公司账务处理中存在的问题,并编制审计调整分录。

解析:根据《企业会计准则第14号——收入》的规定,对于在某一时点履行的履约义务,企业应当在客户取得相关商品控制权时确认收入。

调整的会计分录如下:

借:应收账款		316 400
贷:主营业务收入		280 000
应交税费——应交增值税——销项税额		36 400
借:主营业务成本		227 500
贷:库存商品		227 500

2. 其他业务收入实质性程序

其他业务收入的实质性程序一般包括以下几项内容。

(1)获取其他业务收入明细表,复核加计是否正确,核对其与总账数和明细账合计数是否相符;结合主营业务收入科目,进一步核对其与营业收入报表数是否相符。

(2)计算本期其他业务收入与其他业务成本的比率,并与上期该比率比较,检查是否有重大波动,并查明原因。

(3)检查其他业务收入是否真实准确,收入确认原则及会计处理是否符合规定,并抽查原始凭证予以核实。

（4）检查异常项目,追查其入账依据及有关法律文件是否充分。

（5）抽查资产负债表日前后一定数量的记账凭证,实施截止测试,确定入账时间是否正确。

（6）确定其他业务收入在财务报表中的列报是否恰当。

延伸阅读

万福生科财务舞弊案例

一、万福生科财务舞弊背景介绍

曾被誉为"金稻谷"的万福生科湖南农业开发股份有限公司(以下简称万福生科)于 2011 年 9 月正式登陆创业板 A 股市场。然而,公司上市不到一年就因涉嫌 IPO 财务造假被勒令停牌并接受证监会调查,成为创业板财务造假的第一案。2013 年 5 月,证监会就此案做出了通报,并对万福生科董事长兼总经理给予警告、罚款以及终身证券市场禁入等处罚决定。

万福生科财务造假案的背后是中磊会计师事务所未勤勉尽责。证监会通报了中磊会计师事务所的审计过失,指出其在万福生科发行上市审计和 2011 年度报告的审计中,未勤勉尽责,审计程序缺失,在审计证据的获取以及审计意见的形成方面存在不当行为,所出具的审计报告存在虚假记载,对中磊会计师事务所处以没收业务收入 138 万元并处以 2 倍的罚款,撤销其证券服务业务许可。这是继撤销"绿大地事件"中深圳鹏城会计师事务所证券服务业务许可之后又一严厉罚单。证监会对注册会计师王越、黄国华给予警告,并分别处 10 万元、13 万元罚款,均采取终身证券市场禁入措施。证监会对注册会计师邹宏文给予警告,并处 3 万元罚款。

二、万福生科舞弊手段分析

万福生科舞弊手段主要包括:虚构销售以增加收入;夸大产能以匹配成本;预付账款实现资金循环;虚增在建工程隐瞒造假。万福生科没有采取应收账款这一老套路来对应虚增的收入和利润,而是巧妙地选择预付账款的方法。万福生科以采购的名义,将公司自有资金作为预付款支付给农户和粮食经纪人,这些预付款只有少数用于真实发生的交易,多数资金汇入了由万福生科自己控制的银行账户,随后万福生科将其账户内的采购预付款作为销售回款以现金支取方式转入公司账户中,实现了资金的"体外循环"。经过数轮循环,万福生科的营业收入便可快速放大。同时,万福生科通过虚增在建工程隐瞒造假,将虚增利润转化为在建工程等长期资产,因为在建工程还在建设中,不至于引人注意,其被暴露的风险要比转化为应收账款等流动资产小很多。

三、会计师事务所审计失败原因分析

事务所忽视审计质量是审计失败的直接原因。

（一）未充分了解被审计单位及其环境以评估风险

万福生科所处的稻米加工行业早在 2009 年就开始发生重大变化,全国大米加工企业由于原料供应不足爆发了大面积停产危机。万福生科对此风险只字未提,并隐瞒不报由断粮危机造成的停产。对此,中磊会计师事务所没有充分关注万福生科所处行业格局的重大变化,所以没有识破其原材料供应的谎言,从而没有识别和评估重大错报风险。

(二)未执行有效的实质性程序来应对风险

1.未执行有效的细节测试

针对登记入账的销售交易是否真实,注册会计师如果从主营业务收入明细账中抽取若干分录,追查有无发运凭证及其他佐证,追查存货的永续盘存记录,测试存货余额有无减少,检查更多涉及外部单位的单据,同时独立调查相关重要交易和客户情况,那么万福生科虚构销售对象自然能浮出水面。

2.未有效函证往来款项

针对往来款项,尤其是预付账款同比增长了450%,中磊会计师事务所如果重点关注,选择适合的方式就账户余额及其组成部分,并对重大交易或者重要合同的细节进行函证,则虚增的往来账项就会无立足之地。

3.未全面执行分析性程序

对于万福生科财务舞弊的审计,中磊会计师事务所应通过研究财务数据间关系,结合专业判断进行实质性分析程序,如将销售毛利率与同行业公司、竞争对手相比较,调查异常数据,这一系列分析均能从侧面反映万福生科虚增利润的财务操纵行为,而中磊事务所却未执行有效的分析程序。

四、应收账款审计

(一)应收账款审计目标

应收账款余额一般包括应收账款账面余额和相应的坏账准备两部分。

应收账款是指企业因销售商品、提供劳务而形成的债权,即企业因为销售商品、提供劳务等,应该向购货客户或接受劳务的客户收取的款项或代垫的运费、杂费等,是企业的债权性资产。企业的应收账款是在销售交易或提供劳务过程中产生的,所以应收账款的审计要结合销售交易进行。

企业通常应当定期或者至少于每年年度终了对应收款项进行全面检查,合理预计各项应收款项可能发生的坏账,进而计提坏账准备。应收账款的审计目标有以下几项。

(1)资产负债表中记录的应收账款是存在的。

(2)所有应当记录的应收账款均已记录。

(3)资产负债表中记录的应收账款由被审计单位拥有或控制。

(4)应收账款以恰当的金额包括在财务报表中,与之相关的计价调整已恰当记录。

(5)应收账款已按照企业会计准则的规定在财务报表中作出恰当列报。

(二)应收账款审计的实质性程序

存在以下情况时,应收账款的审计风险会增大:会计年度终了后对应收账款的调整;客户投诉和应收账款函证的差异(对条件、价格或数量的争议);原始凭证丢失或者更改以及没有在合理期间内提供原始凭证;经营活动产生了收益却缺少经营现金流;应收账款明细账或销售日记账中的异常分录等。因此,审计人员应对应收账款实施以下实质性程序。

1. 取得应收账款明细表

(1) 复核加计是否正确,并将明细账合计数和总账数核对是否一致;核对坏账准备科目与报表数是否一致。需要注意的是,应收账款报表数反映的是企业因销售商品、提供劳务等应向购买单位收取的各种款项,减去已计提的相应的坏账准备后的净额。

(2) 检查非记账本位币应收账款的折算汇率及折算是否正确。

(3) 分析有贷方余额的项目,查明原因,必要时,建议被审计单位重新分类调整。

(4) 结合其他应收款、预收款项等往来项目的明细余额,调查有无同一客户多处挂账、异常余额或与销售无关的其他款项(如代销账户、关联方账户或员工账户)。如果有这种情况,审计人员应进行记录,必要时提出调整建议。

2. 执行分析程序

(1) 复核应收账款借方累计发生额与主营业务收入的关系是否合理,并将当期应收账款借方发生额占销售收入净额的百分比与管理层的考核指标和被审计单位相关赊销政策进行比较,如果有异常,应查明原因。

(2) 计算应收账款周转率(赊销额与平均应收账款余额的比率)、应收账款周转天数等指标,并与被审计单位相关赊销政策、被审计单位以前年度指标、同行业同期相关指标进行比较,分析是否存在重大异常并查明原因。

3. 检查应收账款账龄分析是否正确

应收账款的账龄是指资产负债表中的应收账款从销售实现、产生应收账款之日至资产负债表日所经历的时间。审计人员通过获取或编制应收账款账龄分析表来分析应收账款的账龄,主要是为了了解和评估应收账款的可收回性,以此来确定应收账款的可实现价值。例如,账龄越长,发生坏账的可能性越大;反之,坏账可能性越小。

编制应收账款账龄分所表时,审计人员可以考虑将重要的客户及其余额单独列示,而将不重要的或余额较小的汇总列示。应收账款账龄分析表的合计数减去已计提的相应坏账准备后的净额,应该和资产负债表中的应收账款项目余额相等。在实践中,审计人员应从应收账款账龄分析表中抽取一定数量的项目,追查至相关销售原始凭证,测试账龄划分的准确性。

应收账款账龄分析表参考格式如表8-2所示。

表8-2 应收账款账龄分析表

年　月　日　　　　　　　　　　　　　　　　货币单位:

客户名称	期末余额	账龄			
		1年以内	1～2年	2～3年	3年以上
合计					

4. 对应收账款实施函证程序

对应收账款实施函证程序的目的在于证实应收账款的账户余额是否真实、准确。由审计人员直接向债务单位函证,获取第三方的回函,能够有效地证明被询证者是否真实存在及被审计单位记录是否可靠。

1) 函证决策

除非有充分证据表明应收账款对被审计单位而言是不重要的,或者函证很可能无效;否则,审计人员应当对应收账款进行函证。如果认为函证很可能是无效的,审计人员应当实施替代审计程序,获取相关、可靠的审计证据。如果审计人员不对应收账款进行函证,应当在审计工作底稿中说明理由。

2) 函证的范围和对象

函证范围的选择主要受三方面影响:一是被审计单位内部控制的有效性,二是应收账款在全部资产中的重要程度,三是以前期间的函证结果。如果相关内部控制有效,则函证范围可以相应缩小;反之,则函证范围需要扩大。此外,如果应收账款在资产中所占的比重比较大,那么函证的范围应该相应大一些。若以前期间函证中发现过重大差异,或者有较多的欠款纠纷,那么函证范围应相应扩大。

审计人员在选择函证项目时,除了考虑金额较大的项目,也需要考虑风险较高的项目,如账龄较长的项目、与债务人存在纠纷的项目、重大关联方项目、交易频繁但期末余额较小甚至余额为零的项目、主要客户项目、新增客户项目、可能产生重大错报或舞弊的非正常的项目。

3) 函证的方式

审计人员可以采用积极的或消极的方式实施函证,也可以将两种方式结合起来使用。

积极式函证又称肯定式函证,是指发函后,被询证者必须向审计人员回函,答复询证函上所列示的金额是否正确。消极式函证又称否定式函证,即发函后,被询证者仅在金额有误的情况下才回函给审计人员。由于应收账款存在较大的高估风险,且与之相关的收入确认存在舞弊风险假定,审计人员通常对应收账款采用积极的函证方式。在实务中,审计人员也可将两种方式结合使用。当应收账款的余额是由少量的大额应收账款和大量的小额应收账款构成时,审计人员可以对所有的或抽取的大额应收账款样本采用积极的函证方式,而对抽取的小额应收账款样采用消极的函证方式。

积极式询证函和消极式询证函的格式分别如图 8-1 和图 8-2 所示。

企业询证函

编号:

××公司:

本公司聘请的××会计师事务所正在对本公司××年度财务报表进行审计,按照中国注册会计师审计准则的要求,应当询证本公司与贵公司的往来账项等事项。下列数据出自本公司账簿记录,如与贵公司记录相符,请在本函下端"信息证明无误"处签章证明;如有不符,请在"信息不符"处列明不符金额。回函请直接寄至××会计师事务所。

回函地址：

邮编：　　　电话：　　　　传真：　　　　联系人：

1. 本公司与贵公司的往来账项列示如下：

单位：元

截止日期	贵公司欠	欠贵公司	备注

2. 其他事项。

本函仅为复核账目之用，并非催款结算。若款项在上述日期之后已经付清，仍请及时函复为盼。

（公司盖章）

年　月　日

结论：1. 信息证明无误。

（公司盖章）

年　月　日

经办人：

2. 信息不符（请列明不符的详细情况）。

（公司盖章）

年　月　日

经办人：

图 8-1　积极式询证函格式

企业询证函

编号：

××公司：

本公司聘请的××会计师事务所正在对本公司××年度财务报表进行审计，按照中国注册会计师审计准则的要求，应当询证本公司与贵公司的往来账项等事项。下列数据出自本公司账簿记录，如与贵公司记录相符，则无须回复；如有不符，请在"信息不符，差异如下："处列明不符金额。回函请直接寄至××会计师事务所。

回函地址：

邮编：　　　电话：　　　　传真：　　　　联系人：

1. 本公司与贵公司的往来账项列示如下：

单位：元

截止日期	贵公司欠	欠贵公司	备注

2. 其他事项。

本函仅为复核账目之用，并非催款结算。若款项在上述日期之后已经付清，仍请及时函复为盼。

（公司盖章）

年　月　日

××会计师事务所：
信息不符,差异如下：

(公司盖章)
年　月　日
经办人：

图8-2　消极式询证函格式

4) 函证时间的选择

审计人员通常以资产负债表日为截止日,在资产负债表日后的适当时间内实施函证。假如重大错报风险评估为低水平,审计人员可选择资产负债表日前适当日期为截止日实施函证,并对所函证项目自该截止日至资产负债表日发生的变动实施其他实质性程序。

5) 函证过程的控制

审计人员通常根据被审计单位提供的应收账款明细账户名称、客户地址等资料来编制询证函,审计人员应当对函证的全过程保持控制,并对确定需要确认或填列的信息、选择合适的被询证者、设计询证函以及发出和跟进(包括收回)询证函保持控制。审计人员可以通过编制询证结果汇总表的方式对询证函的收回情况进行汇总。应收账款询证结果汇总表格式如表8-3所示。

表8-3　应收账款函证结果汇总表

被审计单位名称：　　　　　　　　　　　　　　制表：　　　　日期：
结账日：　年　月　日　　　　　　　　　　　　复核：　　　　日期：

询证函编号	客户名称	地址及联系方式	账面金额	函证方式	函证日期		回函日期	替代程序	确认余额	差异金额及说明	备注
					第一次	第二次					
合计											

6) 对不符事项的处理

询证函回函认可的金额与函证金额有差异的,审计人员应对此进行分析,并查明产生差异的原因。

(1) 购销双方登记入账的时间不同。表现形式为：一是询证函发出时,被询证者已经付款,而被审计单位尚未收到货款;二是询证函发出时,被审计单位的货物已发出并已做销售记录,但货物仍在途中,被询证者尚未收到货物;三是被询证者由于某些原因将货物退回,而被审计单位尚未收到;四是被询证者对收到货物的数量、质量或价格等有异议而全部或部分拒付货款。针对不同情形,审计人员应审核期后的现金日记账、银行存款日记账或相关销售退回的明细账记录,以便查明相关款项或确认

148

退回的货物是否已经收到。

（2）一方或双方记账错误。审计人员应核实相关发运凭证、销售发票等单据，确认被审计单位的账面记录是否正确。

（3）存在弄虚作假或舞弊行为。被审计单位一般通过高估应收账款达到虚增营业收入和虚增利润的目的，或者通过低估应收账款达到低估营业收入、低估利润和少缴税金的目的。对此，审计人员应核查销售合同、销售发票和发运凭证等资料，并加以证实。

7）对未回函项目实施替代程序

如果未收到被询证者的回函，审计人员可考虑实施以下替代审计程序来验证这些应收账款的真实性与正确性。

（1）检查资产负债表日后收回的货款。值得注意的是，审计人员不能仅查看应收账款的贷方发生额，而是要查看相关的收款单据，以证实付款方确为该客户且确与资产负债表日的应收账款相关。

（2）检查相关的销售合同、销售单、发运凭证等文件。审计人员需要根据被审计单位的收入确认条件和时点，确定能够证明收入发生的凭证。

（3）检查被审计单位与客户之间的往来邮件，如有关发货、对账、催款等事宜邮件。

需要指出的是，审计人员应当将询证函回函作为审计证据，纳入审计工作底稿管理，询证函回函的所有权归属所在会计师事务所。

5. 检查坏账的冲销和转回

首先，审计人员应检查有无债务人破产或者死亡，以及破产或以遗产清偿后仍无法收回，或者债务人长期未履行清偿义务的应收账款。其次，审计人员应检查被审计单位坏账的处理是否经授权批准，有关会计处理是否正确。

6. 审查应收账款账务处理是否正确

审计人员应重点审查应收账款与其他应收款分类是否正确，有无将其他应收款混淆计入应收账款，并对其他应收款进行检查。

7. 确定应收账款在财务报表上的披露是否恰当

除了检查企业会计准则要求的披露情况，如果被审计单位为上市公司，审计人员还要评价其披露是否符合证券监管部门的特别规定。

例 8-3

注册会计师赵明在对阳光有限责任公司 2021 年应收账款进行审计时，对该公司截至 2021 年 11 月 30 日的应收账款实施了函证程序。在复函中，有 5 家被询证公司提出了以下意见。

（1）本公司资料处理系统无法复核贵公司的对账单。

（2）所欠余额 200 000 元已于 2021 年 11 月 20 日付讫。

（3）经查，贵公司 11 月 30 日的第 30452 号发票（金额为 23 400 元）系目的地交货，本公司收货日期为 12 月 5 日，因此询证函所称 11 月 30 日欠贵公司账款之事与事实不符。

（4）本公司曾于 10 月预付货款 1 000 000 元，足以抵付对账单中所列两张发票的金额 80 000 元。

（5）所购货物从未收到。

问题： 针对以上五种情况，注册会计师赵明应如何进行处理？

解析：

（1）此种情况下应采取替代程序，主要是审查顾客订货单、购销合同、发票副本、货运文件、收款凭证等文件、资料，验证构成应收账款的销货交易是否确实发生。

（2）这种情况可能是时间差异造成的，注册会计师赵明应审查被审计单位收款凭证，看货款是否收到及收到的日期。如果被审计单位在货款函证日之前已收到则可能是记账错误，注册会计师赵明应审查账户记录并对贷记的账户进行函证。

（3）此种情况很有可能是被审计单位在货物所有权尚未转移前就将其认定为销售实现。注册会计师赵明应审查销货发票的副本和有关的购销合同、协议。

（4）注册会计师赵明应查明预收货款是否确实收到并已入账，如查明确能抵付，应提请客户进行相应的账务处理。

（5）注册会计师赵明应审核货运文件等资料以查明货物是否已运出，如确已运出，应将货运文件送请顾客重新查证，如确未运出，应提请该公司做调账处理。

例 8-4

注册会计师赵明在对阳光有限责任公司销售与收款循环进行审计时，选取阳光有限责任公司 4 个应收账款明细账户，对截至 2021 年 12 月 31 日的余额实施函证，并根据回函结果编制了应收账款函证结果汇总表。有关内容摘录见表 8-4。

表 8-4　应收账款函证汇总表　　　　　　单位：万元

客户编号	客户名称	阳光公司账面金额	回函金额	差异金额	回函方式	审计说明
D1	甲公司	7 620	5 000	2 620	原件	（1）
D2	乙公司	9 050	6 050	3 000	原件	（2）
D3	丙公司	7 620	7 620	0	传真件	（3）
E1	丁公司	1 448	未回函	不适用	未回函	（4）

审计说明：

（1）回函直接寄回本所。经询问阳光有限责任财务经理得知，回函差异是由于甲公司的回函金额已扣除其在 2021 年 12 月 31 日以电汇的方式向阳光有限责任公司支付的一笔 2 620 万元的货款。阳光有限责任公司于 2022 年 1 月 4 日实际收到该笔款项,并记入 2022 年应收账款明细账中。该回函差异不构成错报,无须实施进一步的审计程序。

(2) 回函直接寄回本所。经询问阳光有限责任公司财务经理得知,回函差异是由于阳光有限责任公司在 2021 年 12 月 31 日向乙公司发出一批产品(合同价款 3 000 万元),同时确认了应收账款 3 000 万元及相应的销售收入。乙公司于 2022 年 1 月 5 日收到这批产品。其回函未将该 3 000 万元款项包括在回函金额中,经检查相关的销售合同、销售发票、出库单以及相关记账凭证,没有发现异常。该回函差异不构成错报,无须实施进一步的审计程序。

(3) 回函由丙公司直接传真至本所。回函没有差异,无须实施进一步的审计程序。

(4) 未收到回函。执行替代测试程序:从应收账款借方发生额中选取样本,检查相关的销售合同、销售发票、出库单以及相关记账凭证,并确认这些文件中的记录是一致的。没有发现异常,无须实施进一步的审计程序。

问题:请指出注册会计师赵明实施的审计程序及其结论是否恰当。

解析:

(1) 赵明未对阳光有限责任公司资产负债表日后是否真实收到 2 620 万元货款进行追查,因而存在不当之处。赵明应结合货币资金审计,确认阳光有限责任公司在资产负债表日后是否实际收到客户甲公司的 2 620 万元货款。

(2) 赵明未向乙公司进一步函证,因而存在不当之处。赵明应当向乙公司再次函证,询证乙公司于 2022 年 1 月 5 日是否收到这批产品,以验证购销业务的真实性。

(3) 赵明未向丙公司获取询证函回函原件,因而存在不当之处。在丙公司直接将回函传真至会计师事务所后,赵明还应当要求其将原件寄回到会计师事务所。

(4) 赵明未再次向丁公司实施函证,因而存在不当之处。赵明应再次向丁公司实施函证。

(三) 坏账准备的实质性程序

应收账款属于以摊余成本计量的资产,企业应当以预期信用损失为基础,对其进行减值会计处理并确认损失准备。

坏账准备审计常用的实质性程序如下。

(1) 取得坏账准备明细表,复核加计是否正确,并核对其与坏账准备明细账合计数、总账数是否一致。

(2) 核对应收账款坏账准备本期计提数与资产减值损失相应明细项目的发生额是否一致。

(3) 检查应收账款坏账准备计提和核销的批准程序。取得书面报告等证明文件,结合应收账款函证回函结果,对计提坏账准备所依据的资料、假设及方法进行评价。企业应合理预计信用损失并计提坏账准备,不得多提或少提。

(4)实际发生坏账损失的,检查并确认转销依据是否符合有关规定,会计处理是否正确。对于被审计单位在被审计期间内发生的坏账损失,审计人员应审查其原因是否清楚,是否符合有关规定,有无授权批准,有无已做坏账处理后又重新收回的应收账款,相应的会计处理是否正确。对有确凿证据表明确实无法收回的应收账款,如债务单位已撤销、破产、资不抵债、现金流量严重不足等,企业应根据管理权限,经股东(大)会、董事会或类似机构批准将其作为坏账损失,冲销提取的坏账准备。

(5)已经确认并转销的坏账重新收回的,确认其会计处理是否正确。

(6)确定应收账款坏账准备的披露是否恰当。企业应当在财务报表附注中清晰地说明坏账的确认标准、坏账准备的计提方法和计提比例。

例 8-5

信诚会计师事务所注册会计师赵明和李华在对阳光有限责任公司 2021 年度的财务报表进行审计时发现:该公司年末应收账款总账的余额为 6 000 万元,其所属明细账中的借方余额合计数为 6 200 万元,贷方余额合计数为 200 万元,其他应收款总账余额为 3 000 万元。该公司采用余额百分比法计提坏账准备,计提比例为 1%,计提金额为 36 万元。坏账准备账户记录如表 8-5 所示。

表 8-5 坏账准备明细账(简式)　　　　　　　　　　单位:万元

日期	凭证字号	摘要	借方	贷方	余额
1 月 1 日		上年结转			80(贷方)
5 月 10 日	转字 76	核销坏账	12		68(贷方)
10 月 12 日	转字 192	核销坏账	14		54(贷方)
12 月 31 日	转字 462	计提本年的坏账准备		36	90(贷方)

问题:根据上述资料,对该公司坏账准备的计提进行审查并提出审计意见。

解析:该公司坏账准备的计提金额有误,公司对应收账款明细账中的贷方余额不应计提坏账准备,因其性质相当于预收账款,应该对其进行重新分类,归入负债方。

年末计提坏账准备的基数 = 6 200 + 3 000 = 9 200(万元)

当年应提取坏账准备 = 9 200 × 1% − 54 = 38(万元)

该公司少提坏账准备 = 38 − 36 = 2(万元)

审计人员应建议该公司进行账务调整,调整分录如下:

借:资产减值损失　　　　　　　　　　　　　　　　　20 000

　　贷:坏账准备　　　　　　　　　　　　　　　　　　　20 000

五、其他相关账户审计

(一) 应收票据审计

1. 应收票据审计目标

企业会计核算中所设立的应收票据账户,主要用于核算企业因销售产品、提供劳务等收到的商业汇票。商业汇票是一种由出票人签发的,委托付款人在指定日期无条件支付确定金额给收款人或者持票人的票据。根据承兑人的不同,商业汇票分为银行承兑汇票与商业承兑汇票。应收票据是企业未来收取货款的权利,这种权利和将来应收取的货款金额以书面文件形式约定下来,因此它受到法律的保护,具有法律上的约束力,是一种债权凭证。审计人员针对应收票据的审计目标包括以下几项。

(1) 资产负债表中记录的应收票据是存在的。

(2) 所有应当记录的应收票据均已记录。

(3) 记录的应收票据由被审计单位拥有或控制。

(4) 应收票据以恰当的金额包括在财务报表中,与之相关的计价调整已恰当记录。

(5) 应收票据已按照企业会计准则的规定在财务报表中作出恰当列报。

2. 应收票据实质性程序

1) 取得应收票据明细表

(1) 复核加计是否正确,并核对其与明细账合计数和总账数是否一致,与报表数是否一致。在此基础上,审计人员应抽查部分票据,并追查相关文件,用以判断其内容是否正确、是否存在应转应收账款的逾期应收票据以及虽未逾期但有确凿证据表明不能够收回或收回可能性很小的应收票据。

(2) 检查非记账本位币应收账款的折算汇率及折算方法是否正确。

2) 监盘库存应收票据

监盘时,审计人员应核实应收票据内容填写事项是否齐全、签章有无疑问、是否存在已做抵押的票据和银行退回的票据。对于存放在其他处所的应收票据,如果存在已经抵押、提交银行贴现、交由律师代收的情形,审计人员也需核查证实。监盘后,审计人员应填写应收票据监盘表,并核对其与应收票据备查簿的记录是否相符。

3) 函证应收票据

应收票据是一种债权凭证,其真实价值须得到出票人或债务人的确认。必要时,审计人员应抽取部分票据向出票人函证,以证实应收票据的存在性和可收回性,并编制函证结果汇总表。

4) 对应收票据发生和收回的审查

企业应设立应收票据备查簿,由出纳员以外的专人负责登记。审计人员应将备查簿与应收票据账户核对,检查收到的票据是否及时入账。对于兑现的含息票据,审计人员应注意是否将收到的利息收入贷记"财务费用——利息收入"账户。

5) 审查应收票据的利息收入

审计人员在复核带息应收票据利息计算的正确性时,如果计算的应计利息金额与账面所列金额不符,则应加以分析,特别要对"财务费用——利息收入"账户中那些与应收票据账户中所列任何票据均不相关的贷方金额加以注意,因为这些贷方金额可能代表据以收取利息的票据未曾入账。

6) 对应收票据贴现的审查

企业在应收票据到期之前,将票据背书后上交银行贴现,银行将票据的到期价值扣除按照贴现利率计算的从贴现日至到期日的利息(贴现折价)后,把余款付与企业,称为应收票据贴现。应收票据贴现是企业向银行融通资金的一种借款行为。对此,审计人员在审查时应注意下列事项。

(1) 应收票据贴现的款项是否及时足额入账。应收票据的贴现应由负责登记和保管票据以外的主管负责人批准后方可办理。审计人员应核查应收票据备查簿,对已贴现的应收票据,尤其是金额较大的,要逐笔核对银行存款与应收票据账户,检查是否已经及时入账,是否存在利用票据贴现贪污款项的情形。

(2) 应收票据贴现的计算是否正确。无息应收票据的到期价值就是应收票据的面值,带息应收票据的到期价值是应收票据的面值加上利息。应收票据贴现利息与贴现收入的计算公式为:

$$贴现利息＝票据到期价值×贴现率×贴现日数÷360$$
$$贴现收入＝票据到期价值－贴现利息$$

其中,贴现日数是指贴现日至到期日的天数,到期日计入,贴现日不计入。审计人员应采用复算的方式,核实应收票据的贴现收入是否正确。

(3) 应收票据拒付是否及时转账。商业承兑汇票到期时,承兑付款人有可能无款支付。企业作为贴现申请人,负有向贴现银行偿还贴现票据的责任,形成或有负债。

7) 检查应收票据在财务报表中的披露是否恰当

审计人员应审查被审计单位财务报表中应收票据项目的金额与审定数是否一致,确认是否剔除了已贴现票据,以及已贴现票据是否按规定在财务报表附注中单独披露。

 例 8-6

注册会计师赵明在 2022 年 1 月审查阳光有限责任公司应收票据时,发现有一张时间为 2021 年 12 月 20 日,票面面额为 100 000 元,利率为 8％,90 天到期的带息应收票据。该公司已持有 60 天,按 10％的贴现率进行贴现。该公司账户资料记载所得贴现款为 99 150 元,但没有发现银行出具的有关凭证。该公司的账务处理如下:

借:银行存款   99 150
    财务费用   850
  贷:应收票据   100 000

问题:根据上述资料,审查该笔贴现业务的公允性,指出存在的问题,并做调整分录。

解析:根据上述资料,该公司这笔应收票据贴现应得的贴现额计算如下:

本金＝100 000(元)

利息＝(100 000×8%×90÷360)＝2 000(元)

到期值＝100 000＋2 000＝102 000(元)

贴现息＝(102 000×10%×30÷360)＝850(元)

贴现额＝102 000－850＝101 150(元)

因此,该公司的应收票据贴现款99 150元是不正确的,实际应为101 150元。该公司将贴现票据收入101 150元记为99 150元,并且没有银行的有关原始凭证,这少记的2 000元(101 150－99 150＝2 000)有可能是被经手人贪污了,应进一步收集审计证据,确定问题的性质,追究经手人的责任。

该公司上年度应做的正确分录如下:

借:银行存款 101 150

贷:应收票据 100 000

财务费用 1 150

该公司上年度财务费用多记的2 000元应在2022年1月进行调整。因上年度的财务费用作为期间费用已在上年利润总额中扣除,所以不能调整"财务费用"账户,只能调整"利润分配——未分配利润"账户,即增加本年度可分配利润2 000元,同时这2 000元应向经手人追回。调整会计分录如下:

借:其他应收款——××× 2 000

贷:利润分配——未分配利润 2 000

同时,阳光有限责任公司应补交增加利润所缴的所得税,假定所得税税率为25%,则应补交所得税500元(2 000×25%)。

调整会计分录如下:

借:利润分配——未分配利润 500

贷:应交税费——应交所得税 500

(二)销售费用审计

1. 销售费用审计目标

销售费用是指企业商品销售过程中所发生的运输费、装卸费、包装费、保险费、展览费、广告费,以及为销售本企业产品而发生的职工工资、福利费、业务费等经常性费用。针对销售费用,审计人员的审计目标包括以下几项。

(1)利润表中记录的销售费用已发生,且与被审计单位有关。

（2）所有应当记录的销售费用均已记录。

（3）与销售费用有关的金额及其他数据均已恰当记录。

（4）销售费用已记录于正确的会计期间。

（5）销售费用已按照企业会计准则的规定在财务报表中作出恰当的列报。

2. 销售费用实质性程序

（1）取得或编制销售费用明细表，复核加计是否正确，并与明细账合计数、总账数、报表数核对相符。

（2）执行分析程序。将本期销售费用与上期销售费用比较，将本期各月销售费用进行比较，审查有无重大波动和异常现象，如有异常应查明原因。

（3）审查销售费用的项目设置和开支标准是否符合规定，审查明细项目的设置是否符合规定的核算范围和内容，相关费用支出是否按规定标准列支。

（4）抽查重要的或异常的销售费用，审查原始凭证是否合法、会计处理是否正确。审计人员应注意被审计单位有无将支付的回扣、提成计入销售费用，是否以广告样品的名义变相向职工发放实物，以及是否将招待馈赠费用列入展览费用等。

（5）对销售费用实施截止测试，检查是否存在跨期入账的情形，对于重大跨期项目应建议进行必要调整。

（6）检查销售费用是否已按照企业会计准则的规定在财务报表中做出恰当的列报。

例 8-7

注册会计师赵明在审计阳光有限责任公司时，抽查发现其 2021 年 12 月 21 日的记账凭证内容如表 8-6 所示。

表 8-6 记 账 凭 证

2021 年 12 月 21 日 第 63 号

摘要	会计科目	明细科目	借方	贷方
支付专设 销售机构 房屋租赁费	销售费用 应交税费 银行存款	应交增值税(进项税额)	250 000 22 500	272 500
合 计			272 500	272 500
附单据 3 张				

会计主管:李晴 会计:王鑫 制证:张娜

所附原始凭证为一份房屋租赁协议，该协议表明需一次性支付以后两个年度的销售机构房屋租赁费，该房屋在本市于 2021 年 6 月建造完工并交付使用，另有增值税专用发票和转账支票存根（增值税率为 9%）。

问题：该公司的账务处理是否正确？如果不正确，请提出审计处理意见。

解析:不正确。根据权责发生制原则,一次性支付以后两个年度的销售机构的房屋租赁费不能作为当期费用处理,应作为长期待摊费用在受益期内进行摊销。该公司的处理导致当期费用虚增,利润和所得税费用虚减。审计人员应建议被审计单位进行调整。调整分录如下:

借:长期待摊费用　　　　　　　　　　　　　　　　　　　　250 000
　　贷:销售费用　　　　　　　　　　　　　　　　　　　　　　250 000

任务二　采购与付款循环审计

一、采购与付款循环概述

采购与付款业务循环是指商品和劳务的购置及付款过程。采购与付款循环是存在风险的,审计人员必须了解和考虑被审计单位的业务循环特征,评估采购与付款循环的相关交易和余额存在的风险,为其设计和实施进一步审计程序提供基础。

(一)采购与付款循环的业务流程

采购与付款交易通常要经过请购、订货、验收、付款等程序。由于该循环涉及的业务较广,相关账户较多,采购与付款循环审计需要花费较多的时间和人力。其涉及的资产和负债在企业的资产和负债中占有相当的比重,在管理上也存在一定的难度。因此,重视和加强对采购与付款业务及其账户余额、发生额的审计意义重大。本节以一般制造业为例,介绍采购与付款循环通常涉及的主要业务活动。

1. 制订采购计划

基于企业的生产经营计划,生产、仓库等部门定期编制采购计划,经部门负责人等适当的管理人员审批后提交采购部门,由其对商品及服务采购进行具体安排。

2. 供应商认证及信息维护

企业通常对合作的供应商事先进行资质等审核,将通过审核的供应商信息录入系统,形成完整的供应商清单,并根据具体情形及时对其信息变更进行更新。采购部门只能向通过审核的供应商进行采购。

3. 请购商品和劳务

生产部门根据采购计划,在请购单中填写需要购买的已列入存货清单的原材料等项目,其他部门也可以对所需要购买的商品或劳务编制请购单。请购单可由手工或计算机编制,请购单是证明有关采购交易"发生"认定的凭据之一,也是采购交易轨迹的起点。

4. 编制订购单

采购部门在收到请购单后,根据经过恰当批准的请购单发出订购单,并在订购单上注明所需要商品的具体名称、价格、数量、交货时间等。订购单应预先连续编号,并经过被授权的采购人员签名,其正联送交供应商,副联则送至企业内部的验收部门、财务部门和编制请购单的部门。

5. 验收商品和劳务

企业从供应商处收到商品和劳务是采购与付款业务的关键点。验收部门应检查收到的商品与订购单上的要求是否一致,如商品的名称、数量、到货时间等,并验证外购商品的数量和质量。验收合格后,验收部门应填制一式多联、预先按顺序编号的验收单,作为验收和检验商品的依据。如果验收不合格,则验收部门不得签发验收单,应要求采购部门与供应商交涉,并采取措施,以维护企业的正当利益。

验收人员将商品送交仓库或其他请购部门时,应取得经过签字的收据,或要求其在验收单的副联上签收,以确立他们对所采购的资产应负的保管责任。验收人员还需将其中的一联验收单送交财务部门,作为其记录债务的依据。

6. 储存已验收的商品

企业将已验收商品的保管与采购等其他职责相分离,可减少未经授权的采购和盗用商品的风险。存放商品的仓储区应相对独立,限制无关人员接近。

7. 确认和记录采购交易与负债

正确确认已验收商品和已接受服务的债务,对企业财务报表和实际现金支出具有重大影响。在记录采购交易前,财务部门需要检查订购单、验收单和供应商发票的一致性,确定供应商发票的内容是否与相关的验收单、订购单一致,以及供应商发票的计算是否正确。在检查无误后,会计人员编制转账凭证或付款凭证,经会计主管审核后据以登记相关账簿。如果月末尚未收到供应商发票,财务部门需根据验收单和订购单暂估相关的负债。

8. 办理付款

企业通常根据国家有关支付结算的相关规定和企业生产经营的实际情况选择付款结算方式。以支票结算方式为例,订购单、验收单、供应商发票为付款凭单的支持性凭证,其经审核无误,被授权的财务部门人员才能签署支票。支票一经签署,财务人员就要在付款凭证和支持性凭证上加盖印鉴或以其他方式将其注销,以免重复付款。

9. 记录现金、银行存款支出

财务人员应根据已签发的支票编制付款记账凭证,并据以登记银行存款日记账及其他相关账簿。

(二)涉及的主要单据与会计记录

内部控制比较健全的企业在处理采购与付款交易时,通常需要使用很多单据与会计记录。典型的采购与付款循环所涉及的主要单据与会计记录有以下几种(不同被审计单位的单据名称可能不同)。

(1)采购计划。企业以销售和生产计划为基础,考虑供求关系及市场计划变化等因素,制定采购计划,并经适当的管理层审批后执行。

(2)供应商清单。企业通过文件审核及实地考察等方式对合作的供应商进行认证,将通过认证的供应商信息录入系统,并及时进行更新。

（3）请购单。请购单是申请购买商品、劳务或其他资产的书面凭据,由仓库、生产等相关部门的有关人员填写后送交采购部门。

（4）订购单。订购单是向供应商购买订购单上所指定的商品和劳务的书面凭据,由采购部门填写,经适当的管理层审核后发送供应商。

（5）验收单及入库单。验收单是收到商品时所编制的凭据,其中列示通过质量检验的、从供应商处收到的商品的种类和数量等内容。入库单是由仓库管理人员填写的验收合格品入库的凭证。

（6）供应商发票。供应商发票是由供应商开具的,交给买方以载明发运的货物或提供的劳务、应付账款金额和付款条件等事项的凭证。

（7）付款凭单。付款凭单是由采购方企业的应付凭单部门编制的,载明已收到的商品或接受的劳务、应付款金额和付款日期的凭证。付款凭单是采购方企业内部记录和支付负债的授权证明文件。

（8）转账凭证。转账凭证是指记录转账交易的记账凭证,它是根据有关转账交易(即不涉及库存现金、银行存款收付的各项交易)的原始凭证编制的。

（9）付款凭证。付款凭证包括现金付款凭证和银行存款付款凭证,是指用来记录库存现金和银行存款支出交易的记账凭证。

（10）应付账款明细账。

（11）库存现金日记账和银行存款日记账。

（12）供应商对账单。供应商对账单是指由供应商编制的、用于核对与采购方企业往来款项的凭据,其中通常标明期初余额、本期支付给供应商的款项和期末余额等信息。供应商对账单是供应商对有关交易的陈述,如果不考虑买卖双方在收发货物上可能存在的时间差等因素,其期末余额通常应与采购方相应的应付账款期末余额一致。

二、采购与付款循环的内部控制和控制测试

（一）采购与付款循环的内部控制

1. 适当的职责分离

适当的职责分离有助于防止各种有意或无意的错误。采购与付款循环涉及采购、验收、保管、付款、记录等多个方面,为确保采购确为企业生产经营所需并符合企业利益、收到的商品安全完整、价款及时正确地支付给供应商,企业应当建立采购与付款交易的岗位责任制,明确相关部门和岗位的职责、权限,确保办理采购与付款交易的不相容岗位相互分离、制约和监督。其措施主要包括以下几项。

（1）提出采购申请与审批采购申请相互独立,以便加强对采购的控制。

（2）采购批准与合同签订、合同审核相互独立,以免虚列支出。

（3）验收部门与财务部门相互独立,确保按真实收到的商品数量登记入账。

（4）应付款项记账人员不得接触现金、有价证券和其他资产,确保应付款项记

的真实性和准确性。

（5）内部检查与相关的执行和记录工作相互独立，以确保内部检查的独立性和有效性。

2. 信息传递程序控制

1）恰当的授权审批

有效的内部控制要求采购与付款业务的各个环节要经过适当的授权批准，其程序主要有：只有经过授权的人员才能提出采购申请；采购申请经独立于采购和使用部门以外的被授权人的批准，以防止采购部门购入过量或不必要的商品，或者为取得回扣等个人私利而牺牲企业利益；签发支票要经过被授权人的签字批准，保证货款以真实金额向特定债权人及时支付；付款需要由经授权的人员审批，审批人员在审批前需检查相关支持文件。

2）凭证的预先编号及对例外报告的跟进处理

通过对入库单的预先编号及对例外情况的汇总处理，被审计单位可以应对存货和负债方面的完整性风险。如果该控制是人工执行的，被审计单位可以安排入库单编制人员以外的独立复核人员定期检查已经进行会计处理的入库单记录，确认是否存在遗漏或重复记录的入库单，并对例外情况予以跟进。在 IT 环境下，控制系统可以定期生成列明跳号或重号的入库单统计例外报告，由经授权的人员对例外报告进行复核和跟进，从而确认所有入库单都进行了处理，且没有重复处理。

3）充分的文件和记录

为了满足业务审批、财产保管、方便记录的要求，企业要合理设计并使用各种文件和记录。例如，订购单中要有足够的栏目和空间，详细反映订货要求；收到购货发票时，财务部门应将发票上所记的商品名称、规格、数量、价格、条件及运费与订购单、验收单上的有关资料核对，验证其是否相符。

4）独立检查

独立检查是指由独立于业务经办的人员对请购单、订购单、验收单、供应商发票进行独立检查，确保实际收到的商品符合订购要求，如检查付款凭单各项目填写是否与供应商发票一致，检查采购形成的负债业务的真实性、实有数额及到期日，检查付款凭单计算是否正确，检查付款是否及时和正确地进行了记录，定期检查应付款项明细账与总账、银行存款日记账与总账的金额是否相符。

3. 实物控制

采购与付款业务中的实物控制包括两个方面。一方面，企业要加强对已经验收入库的商品的实物控制，限制未经授权人员接近，验收部门人员与仓库保管人员应相互独立。同时，企业要加强对发生的退货的实物控制，货物的退回要有经审批的合法凭证。另一方面，企业要限制未经授权人员接近各种记录和文件，防止会计资料被伪造和篡改，尤其需要注意对支票的实物控制，不得让核准或处理付款的人接触支票。此外，未签发的支票应予以安全保管，作废的支票要予以注销或另加控制，防止重复开具支票。

（二）采购与付款循环的主要风险

审计人员基于在了解被审计单位及其环境的整个过程中所识别的相关风险，结合对采购与付款循环中拟测试控制的了解，考虑在采购与付款循环中发生错报的可能性及潜在错报的重大程度是否足以导致重大错报，从而评估采购与付款循环的相关交易和余额存在的重大错报风险。采购与付款循环可能存在以下几项主要风险。

1. 低估负债

在承受反映较高盈利水平和营运资本的压力下，被审计单位管理层可能低估应付账款等负债。其重大错报风险通常集中体现在以下几个方面。

（1）遗漏交易，如对已收取货物但尚未收到发票的相关负债或尚未付款的已经购买的服务支出等不予记录。

（2）采用不正确的费用支出截止期，如把本期的支出推迟到下期确认。

（3）将应当及时确认损益的费用性支出资本化，通过资产的逐步摊销予以消化等。

2. 管理层错报负债费用支出

被审计单位管理层可能为了完成预算，达到业绩考核要求，保证从银行取得资金，吸引潜在投资者，误导股东，影响公司股价等，通过操纵负债和费用的确认控制损益。

3. 费用支出过于复杂性

在实务中，被审计单位可能存在通过复杂的交易安排购买一定期间多种服务的情况，而管理层对于服务受益与付款安排所涉及的复杂性缺乏足够的了解，从而导致费用支出分配或计提的错误。

4. 不正确地记录外币交易

被审计单位在进口用于出售的商品时，可能采用不恰当的外币汇率而导致该项采购的记录出现差错。此外，被审计单位可能还存在未能将诸如运费、保险费和关税等与存货相关的进口费用进行正确分摊的风险。

5. 舞弊和盗窃的固有风险

如果被审计单位经营大型零售业务，由于所采购商品和固定资产的数量及支付的款项庞大，交易复杂，容易造成商品发运错误。在这种情况下，员工和客户发生舞弊和盗窃的风险较高。

6. 存在未记录的权利和义务

在实务中，未被记录的权利和义务可能导致资产负债表分类错误及财务报表附注不正确或披露不充分。

（三）采购与付款循环的控制测试

审计人员以识别的重大风险为起点，选取拟测试的内部控制并实施控制测试。通过了解采购与付款循环内部控制，并进行控制测试，审计人员对内部控制的健全性、有效性作出评价，基于控制测试的结果进一步确定实质性程序的性质、时间安排和范围。

1. 了解并描述采购与付款业务的内部控制

通过查阅关于物资采购、仓库保管、付款等方面的制度文件,以及走访并实地观察采购部门、仓库、验收部门和财务部门等,审计人员可以深入了解企业采购与付款管理的各方面制度是否健全,手续是否完备,验收是否独立于仓库保管和记账职责,采购部门是否与批准采购部门、验收货物部门相互独立,有无分级授权采购制度,主要控制环节是否有效。经过调查了解,审计人员应通过文字描述、编制内部控制调查表或流程图等方式,将内部控制情况记录在审计工作底稿中。

2. 抽查部分采购业务

审计人员必须详细了解被审计单位与其供货方之间的关系,并抽查重要合同中规定的发货数量、时间和质量标准,以防止企业通过虚构供应商为从未收到的商品付款,从而将资金转移到企业外部。审计人员应通过购货业务测试,检查采购与付款循环控制环节的设置与执行情况。抽查的范围根据重要性原则确定。抽查的方法是从采购部门的业务档案中抽取订货单样本,对采购物品较重要或金额较大的采购业务进行重点审查。例如,索取其采购业务的各种文件资料,沿着采购业务的正常程序加以追踪,进行相关的检查与验证。检查与验证的内容主要包括以下几项。

(1) 询问复核人复核采购计划的过程,检查采购计划是否经复核人恰当复核。

(2) 询问复核人复核供应商数据变更请求的过程,抽样检查变更需求是否有文件支持及有复核人的复核确认。

(3) 核对请购单与订购单是否一致,请购单是否经过适当的授权人批准,订购单是否连续编号。

(4) 询问收货人员的收货过程,抽样检查入库单是否有对应一致的采购订单及验收单。

(5) 核对采购合同上确定的价格、付款日期与财务部门核准的支付条件是否一致。

(6) 检查合同是否经过有关部门审查,核对卖方发票上所购物品的数量、规格、品种与合同是否一致。

(7) 抽验部分付款凭单,检查其是否附有请购单、订购单、验收单,以及付款凭单和验收单是否连续编号,验证验收环节的有效性和计算的正确性。

(8) 核对采购合同、卖方发票、验收单与入库单是否一致。

(9) 检查购入材料计价正确与否。

(10) 询问复核人对例外报告的检查过程,确认发现的问题是否及时得到了跟进处理。

3. 付款环节测试

审计人员应抽查被审计单位的应付款项偿付业务,查明其付款的依据是否正确无误,付款及记录、过账是否及时,对应账户是否正确,有关现金折扣的处理是否符合规定。

（1）了解应付款项记录与付款业务是否分开，了解在有关凭证的传递过程中应付款项记录人员与出纳员的职责是否分开。

（2）抽查应付款项明细账，检查应付款项各明细账向银行存款（或现金）日记账和向总分类账的过账情况，证实应付款项会计记录内部控制的有效性；检查抽取的明细账过账时所附的原始凭证，如订货单、供货方发票、验收单和已付支票，验证原始凭证的合法性、正确性，以及核对原始凭证记载的金额与相关明细账的一致性，证实各有关部门内部控制的有效性。

（3）审核货款结算手续，检查应付款项明细账上的金额与订购单、验收单、卖方发票是否完全一致。

（4）抽取部分支票，检查签发的支票上是否有被授权人的签字，支票中各个项目与卖方发票是否一致。

（5）追查材料采购明细账、原材料明细账与银行存款日记账或应付款项账户的过账是否正确。

（6）审查现金折扣的合理性。企业购货时的现金折扣如果单独记账，审计人员可以通过计算当期获得的现金折扣与进货总额的比率，并将该比率与以前各期相比较，确定现金折扣的合理性。现金折扣比率如果显著下降，其原因可能是进货条件变更、未曾取得折扣或有关人员舞弊等，审计人员应对此给予应有的关注。

（7）检查应付票据内部控制。审计人员应通过走访观察应付票据记录与业务经办是否独立，职责分工是否合理，以及签发票据、记录、付款有无一人负责的情况。如果票据仅由一人签发或名义上虽为两人而实际上其中一人已预先在票据上盖章，或将其印章交由有权签发票据的另一人代办，则审计人员应特别注意。此外，审计人员还应抽查部分作废的、退回的票据，查明其是否被注销，编号是否保存；了解应付票据总账与明细账是否定期核对，并且和债权人提供的有关记录一致。

4. 固定资产内部控制测试

（1）了解固定资产的内部控制。审计人员应在评价固定资产内部控制健全性、有效性的基础上，分别对固定资产的增加、减少、折旧及结存等方面进行实质性的审查。例如，审计人员可通过检查固定资产管理制度与有关文件、询问有关人员以及实地观察等方式了解固定资产的内部控制情况，并记录于工作底稿。

（2）验证固定资产的新增手续。在一个会计年度内，新增固定资产的业务不多，审计人员可验证新增固定资产的各种手续是否齐全，如有无购建计划、可行性研究报告、概算预算及审批文件，审批文件上授权签章是否符合规定的级别，并核对明细账记录与有关部门提供的清单是否一致。

（3）验证固定资产处置手续。审计人员应向被审计单位索取固定资产报废、出售、对外投资、调出等手续的文件，如报废通知单、出售调出计划、对外投资可行性研究，审查这些文件上的各种审批手续是否齐全，同时抽查固定资产使用记录（开班时数、检修时数等），确定报废、出售、调出及对外投资的适当性。

（4）抽验固定资产验收报告。审计人员应向被审计单位索取固定资产验收报告,验证验收部门工作的独立性,验收报告填写的内容是否全面,必要时还应抽查实物加以核对。

(5)检查固定资产账、卡的设置情况。审计人员应到固定资产管理部门、使用部门检查有无明细账和卡片,是否一物一卡,随时登记增减变动并定期与财会部门的账簿记录相核对。

5. 评价采购与付款业务内部控制

审计人员通过对被审计单位采购与付款业务的了解,包括行业特征、采购过程、功能组织、业务特点、相关会计科目的复杂性等,评价其固有风险;通过了解控制环境、控制程序、会计准则,并实施内部控制测试,确定内部控制是否符合各项要求,有无薄弱环节和失控点,评价控制风险,明确账户余额、发生额审查的范围和重点。如果被审计单位采购与付款业务内部控制存在缺陷,如验收货物时未用验收单,直到支付货款时才记录采购业务,或由于资金紧张,账款经常过期后才付清,固定资产增长速度高于行业平均水平,而且无战略性的计划等,则其应付款项少记、漏记的可能性就很大。在这些情况下,审计人员需要在大范围内进行账户测试,并就薄弱环节提出改进建议。

例 8-8

注册会计师赵明于 2021 年 12 月 10 日至 13 日对阳光有限责任公司采购与付款循环业务的内部控制进行了解和测试,并在相关审计工作底稿中记录了如下事项。

(1)阳光有限责任公司的材料采购须经授权批准后方可进行,采购部根据经批准的请购单发出订购单。货物运达后,验收部根据订购单的要求验收货物,并编制一式多联的未连续编号的验收单。仓库根据验收单接收货物,在验收单上签字后,将货物移入仓库加以保管。验收单上有数量、品名、单价等要素。验收单一联交采购部登记采购明细账和编制付款凭单,付款凭单经批准后,月末交财务部。付款凭证一联交财务部登记材料明细账,一联由仓库保留并登记材料明细账,财务部根据附有验收单的付款凭单登记有关账簿。

(2)财务部审核付款凭单后,支付采购款项,阳光有限责任公司授权财务部的经理签署支票,经理又将其授权给会计人员李莉负责,但保留了支票印章。李莉根据已批准的凭单,在确定支票收款人名称与凭单内容一致后签署支票,并在凭单上加盖"已支付"的印章。对付款控制程序实行测试,未发现与公司规定有不一致之处。

问题:根据上述摘录,请指出阳光有限责任公司采购与付款循环内部控制方面的缺陷,并提出改进建议。

解析:阳光有限责任公司在采购与付款循环内部控制方面存在以下缺陷。

(1)验收单未连续编号,不能保证所有的采购都已记录或不被重复记录。建议阳光有限责任公司对验收单进行连续编号。

（2）付款凭单未附订购单及供应商的发票等，财务部无法核对采购事项是否真实，登记有关账簿时金额或数量可能就会出现差错。建议相关部门将订购单和发票等与付款凭单一起交财务部。

（3）财务部审核付款凭单后才付款，未能及时将材料采购和债务登账并按约定时间付款。建议阳光有限责任公司采购部及时将付款凭单交财务部，按约定时间付款。

三、应付账款审计

微课 8-2

（一）应付账款审计目标

应付账款是指企业在正常经营过程中，因购买材料、商品和接受劳务供应等经营活动而应付给供应商的款项。审计人员应结合赊购交易进行应付账款的审计。针对应付账款，审计人员的审计目标包括以下几项。

（1）资产负债表中记录的应付账款是存在的。

（2）所有应当记录的应付账款均已记录。

（3）资产负债表中记录的应付账款是被审计单位应当履行的现时义务。

（4）应付账款以恰当的金额包括在财务报表中，与之相关的计价调整已恰当记录。

（5）应付账款已按照企业会计准则的规定在财务报表中作出恰当列报。

（二）应付账款实质性程序

1. 获取或编制应付账款明细表，并执行以下工作

（1）复核加计是否正确，并与明细账合计数、总账数和报表数核对是否相符。

（2）检查非记账本位币应付账款的折算汇率及折算方法是否正确。

（3）分析出现借方余额的项目，查明原因，必要时，建议被审计单位重新分类调整。

（4）结合预付账款、其他应付款等往来项目的明细余额，检查是否存在针对同一交易将应付账款和预付款项同时记账的情况，以及是否有异常余额或与购货无关的其他款项（如关联方账户或雇员账户）。应付账款明细表格式见表 8-7。

表 8-7 应付账款明细表

被审计单位：	索引号：
项目：应付账款明细表	财务报表截止日/期间：
编制：	复核：
日期：	日期：

（续表）

项目	期初余额		本期发生额		期末余额		备注	
	借方	贷方	借方	贷方	借方	贷方		
一、关联方								
小计								
二、非关联方								
小计								
合计								

审计说明：

2. 执行分析程序

（1）将期末应付账款余额与期初余额比较，分析其波动原因。

（2）根据存货、营业成本的增减变动情况，判断应付账款增减变动的合理性。

（3）计算应付账款占存货的比率及应付账款占流动负债的比率，并与以前年度进行对比分析，评价应付账款的整体合理性。

（4）分析长期挂账的应付账款，要求被审计单位作出解释，判断被审计单位是否缺乏偿债能力或利用应付款项隐瞒利润。

3. 函证应付账款

一般情况下，审计人员并非必须对应付账款实施函证，因为函证不能保证查出未记录的应付账款。但如果控制风险较高，某应付账款明细账户金额较大，审计人员则应考虑对应付账款实施函证。进行函证时，审计人员应选择较大金额的债权人，以及那些在资产负债表日金额不大，甚至为零，但为被审计单位重要供应商的债权人，作为函证对象。此外，审计人员最好采用积极函证方式，并具体说明应付金额。

针对应付账款，审计人员应预先获取适当的供应商相关清单，询问该清单是否完整，然后选取样本进行测试并执行如下程序。

（1）向债权人发送询证函。审计人员应根据审计准则的规定对询证函保持控制,包括确定需要确认或填列的信息、选择适当的被询证者、设计询证函,正确填列被询证者的姓名和地址以及被询证者直接向审计人员回函的地址等信息,必要时再次向被询证者寄发询证函等。

(2) 将询证函回函确认的余额与已记录金额相比较,若存在差异,应检查支持性文件,并评价已记录金额是否适当。

(3) 对于未作回复的函证实施替代程序,如检查付款文件(如现金支出、电汇凭证和支票复印件)、相关的采购文件(如采购订单、验收单、发票和合同)或其他适当文件。

(4) 如果认为回函不可靠,审计人员应评价对评估的重大错报风险以及其他审计程序的性质、时间安排和范围的影响。

4. 检查应付账款是否计入了正确的会计期间,是否存在未入账的应付账款

(1) 对本期发生的应付账款增减变动,审计人员应检查相关支持性文件,确认其会计处理是否正确。

(2) 检查资产负债表日后应付账款明细账贷方发生额的相应凭证,关注其验收单、购货发票的日期,确认其入账时间是否合理。

(3) 获取并检查被审计单位与其供应商之间的对账单以及被审计单位编制的差异调节表,确认应付账款金额是否准确。

(4) 针对资产负债表日后付款项目,审计人员应检查银行对账单及有关付款凭证(如银行汇款通知、供应商收据等),询问被审计单位内部或外部的知情人员,查找是否存在未及时入账的应付账款。

(5) 结合存货监盘程序,审计人员应检查被审计单位在资产负债表日前后的存货入库资料(验收报告或入库单),以及相关负债是否计入了正确的会计期间。

实务提醒

"检查找未入账的应付账款"表面看似简单,其实不然。在财务报表审计中,审计人员对应付账款完整性认定的审计比对应付账款存在认定审计的难度大,特别是审计人员应当从哪些角度设计程序才能获取审计证据证明完整性认定。

5. 关注长期挂账的应付账款

针对长期挂账的应付账款,审计人员应检查应付账款长期挂账的原因并作出记录;针对确实无须支付的应付款,审计人员应检查其会计处理是否正确。

6. 检查应付账款是否已按照企业会计准则的规定在财务报表中作出恰当列报和披露

一般来说,"应付账款"项目应根据"应付账款"和"预付账款"科目所属明细科目的期末贷方余额的合计数填列,并与其他流动负债分别列示。

例 8-9

注册会计师赵明在对阳光有限责任公司应付账款项目进行审计时,根据需要决定从下列四家公司中选择两家进行函证,情况如表8-8所示。

表8-8　阳光有限责任公司应付账款　　　　　单位:元

公司	应付账款年末余额	本年度进货总额
甲公司	40 000.00	70 000.00
乙公司	0	3 000 000.00
丙公司	100 000.00	100 000.00
丁公司	330 000.00	360 000.00

问题:赵明应选择哪两家公司进行函证,并说明理由。

解析:应选择乙公司和丁公司进行函证。

在对应付账款进行函证时,函证对象为:①较大金额的债权人,可以验证应付账款的真实性;②那些在资产负债表日金额不大,但为企业重要供货人的债权人。本年度阳光有限责任公司从乙公司和丁公司采购了大量商品,漏记负债错报的风险比较高。因此,赵明应选择乙公司和丁公司进行函证。

四、固定资产审计

固定资产审计涉及固定资产的形成过程、固定资产的折旧与清理、固定资产的减值准备审查等。该领域存在的审计风险包括:管理层利用固定资产账户采取多种方法操纵利润,如通过改变预计使用年限和净残值调整折旧额,将费用支出资本化,资产处置的记录不完整,资产过时或减损,通过隐藏资产或负债形成表外资产或负债,折旧方法不能反映资产的实物损耗或经济损耗等。

（一）固定资产审计目标

固定资产是指同时具有下列两个特征的有形资产:一是企业为生产商品、提供劳务、出租或经营管理而持有的;二是使用寿命超过一个会计年度的。这里的使用寿命是指企业使用固定资产的预计期间,或者该固定资产所能生产产品或提供劳务的数量。

固定资产只有同时满足下列两个条件才能予以确认:一是与该固定资产有关的经济利益很可能流入企业;二是该固定资产的成本能够可靠地计量。

针对固定资产审计人员的审计目标包括以下几项。

（1）资产负债表中记录的固定资产是存在的。

（2）所有应当记录的固定资产均已记录。

（3）资产负债表中记录的固定资产由被审计单位拥有或控制。

（4）固定资产以恰当的金额包括在财务报表中,与之相关的计价调整已恰当记录。

（5）固定资产已按照企业会计准则的规定在财务报表中作出恰当列报。

（二）固定资产实质性程序

1. 索取或编制固定资产及累计折旧分类汇总表

固定资产及累计折旧分类汇总表是分析固定资产账户余额变动情况的重要依据。审计人员应注意验证固定资产明细账与总账的金额是否相符,如果不符,则应将明细分类账与有关的原始凭证进行核对,查明差异原因并予以更正。对于各项固定资产的累计折旧,审计人员也要加计汇总并与总账核对,查明差异原因,予以更正;核对无误后,索取或编制固定资产及累计折旧分类汇总表。该汇总表是审计固定资产和累计折旧的重要工作底稿,其参考格式如表8-9所示。它反映了固定资产期初余额、本期增加、本期减少和期末余额及折旧方法、折旧率、期初折旧余额、本期增加折旧、本期减少折旧、期末折旧余额等。

表8-9 固定资产及累计折旧分类汇总表

被审计单位:					索引号:				
项目:固定资产及累计折旧分类汇总表					财务报表截止日/期间:				
编制:					复核:				
日期:					日期:				

固定资产类别	固定资产				累计折旧					
	期初余额	本期增加	本期减少	期末余额	折旧方法	折旧率	期初余额	本期增加	本期减少	期末余额
合计										

2. 执行分析程序

（1）计算固定资产原值与本期产品产量的比率,并与以前年度比较,以确定是否存在已减少的固定资产未在账面上注销或固定资产闲置等情况。

（2）比较本期与以前各期固定资产的增加额或减少额。因被审计单位的生产经营情况不断变化,各个会计年度固定资产增加或减少数额可能会有很大差异。审计人员通过深入分析差异原因,同时结合企业过去和未来的生产经营趋势,确定产生差异的原因是否合理。

（3）比较本期各个月份的修理费用以及本期与以前各期的修理费用,以确定资本性支出和收益性支出的区分是否正确。

（4）计算本期计提折旧额与固定资产总值的比率,并与以前各期比较,以确定本期折旧额的计算结果是否正确。

（5）分析比较各期固定资产保险费，查明变动是否正常。

（6）分析固定资产的构成及增减变动情况，与在建工程、现金流量表、生产能力等信息交叉复核，检查固定资产相关金额的合理性和准确性。

3. 实地检查重要固定资产，确定其是否存在，关注是否存在已报废但仍未核销的固定资产

实施实地检查审计程序时，审计人员通常以固定资产明细分类账为起点，进行实地追查，以证明会计记录中所列固定资产确实存在，并了解其目前的使用状况；也应考虑以实物为起点，追查至固定资产明细分类账，以获取实际存在的固定资产均已入账的证据。

审计人员实地检查的重点是本期新增加的重要固定资产，但其观察范围有时也会扩展到以前期间增加的重要固定资产。观察范围的确定需要依据被审计单位内部控制的强弱、固定资产的重要性和审计人员的经验来判断。

4. 检查固定资产的所有权或控制权

对于各类固定资产，审计人员应获取、收集不同的证据以确定其是否确归被审计单位所有。例如：对于外购的机器设备等固定资产，通常经审核采购发票、采购合同等予以确定；对于房地产类固定资产，需查阅有关的合同、产权证明、财产税单、抵押借款的还款凭据、保险单等书面文件；对于融资租入的固定资产，应验证有关融资租赁合同，证实其并非经营租赁；对于汽车等运输设备，应验证有关运营证件等；对于受留置权限制的固定资产，通常还应审核被审计单位的有关负债项目等予以证实。

5. 检查本期固定资产的增加

被审计单位如果不正确核算固定资产的增加，将对资产负债表和利润表产生长期的影响。因此，审计固定资产的增加是固定资产实质性程序中的重要内容。固定资产的增加有多种途径，审计人员应注意下列内容。

（1）询问管理层当年固定资产的增加情况，并与固定资产明细表进行核对。

（2）检查本年度增加固定资产的计价是否正确，手续是否齐备，会计处理是否正确。

对于外购固定资产，审计人员应通过核对采购合同、发票、保险单、发运凭证等资料，抽查测试其入账价值是否正确，授权批准手续是否齐备，会计处理是否正确；检查分期付款购买固定资产的入账价值及会计处理是否正确。

对于在建工程转入的固定资产，审计人员应检查在建工程转入固定资产的时点是否符合会计准则的规定，入账价值与在建工程的相关记录是否核对相符，是否与竣工决算、验收和移交报告等一致；对于已经达到预定可使用状态，但尚未办理竣工决算手续的固定资产，审计人员应检查其是否已按估计价值入账，相关估价是否合理，并按规定提折旧。

对于投资者投入的固定资产，审计人员应检查投资者投入的固定资产是否按投资各方确认的价值入账，并检查确认价值是否公允，交接手续是否齐全。

对于通过更新改造增加的固定资产，审计人员应检查增加的固定资产原值是否符合

资本化条件,是否真实,会计处理是否正确,以及重新确定的剩余折旧年限是否恰当。

对于融资租赁增加的固定资产,审计人员应获取融资租入固定资产的相关证明文件,检查融资租赁合同的主要内容,并结合长期应付款、未确认融资费用科目检查相关的会计处理是否正确。

对于通过其他途径增加的固定资产,审计人员应检查增加固定资产的原始凭证,核对其计价及会计处理是否正确,法律手续是否齐全。

(3) 检查固定资产是否存在弃置费用,如果存在弃置费用,检查弃置费用的估计方法和弃置费用现值的计算是否合理,会计处理是否正确。

6. 检查本期固定资产的减少

固定资产减少的原因主要包括出售、向其他单位投资转出、向债权人抵债转出、报废、毁损、盘亏等。审计固定资产减少的主要目的就在于查明被审计单位对已减少的固定资产是否已做适当的会计处理。其审计要点如下。

(1) 结合固定资产清理科目,抽查固定资产账面转销额是否正确。

(2) 检查报废固定资产是否达到规定的使用年限,报废后的固定资产残值是否及时收回入库;报废固定资产净损失的计算是否正确,是否按规定计入了营业外支出;如属于提前报废的固定资产,还应查明原因。

(3) 检查出售固定资产的价值是否合理,有无借职务之便以出售固定资产为名牟取私利的行为;固定资产出售后是否正确进行了账务处理。

(4) 检查盘亏、转让、毁损的固定资产是否经授权批准,会计处理是否正确。

(5) 检查因修理、更新改造而停止使用的固定资产的会计处理是否正确。

(6) 检查转出的投资性房地产账面价值及会计处理是否正确。

(7) 检查其他减少固定资产的会计处理是否正确。

7. 检查固定资产的租赁

租赁一般分为经营租赁和融资租赁两种。在经营租赁中,租入固定资产的企业按合同规定的时间交付一定的租金,享有固定资产的使用权,而固定资产的所有权仍属出租单位。因此,租入固定资产企业的固定资产价值并未因此而增加,企业对以经营性租赁方式租入的固定资产,不在"固定资产"账户内核算,只是另设备查簿进行登记。而租出固定资产的企业,仍继续提取折旧,同时取得租金收入。

在融资租赁中,租入企业在租赁期间,对融资租入的固定资产应按企业自有固定资产管理,并计提折旧、进行维修。

固定资产租赁的检查要点主要有:租赁合同是否合法、合规,手续是否完备;融资租入的固定资产计价是否正确,买价、运杂费、途中保险费、安装费、竣工验收前利息费等是否按规定计入固定资产价值;是否按合同规定,按期支付租金,支付租金时的账务处理是否正确;是否按期计提折旧,折旧计算是否正确等。

8. 检查固定资产的后续支出

在实务中,审计人员应检查固定资产的后续支出,确定与固定资产有关的后续支出是否满足资产确认条件;如不满足,该支出是否在后续支出发生时计入当期损益。

9. 检查固定资产的抵押、担保情况

结合对银行借款等的检查,审计人员应了解固定资产是否存在重大的抵押、担保情况;如存在,应取证,并做相应的记录,同时提请被审计单位进行恰当披露。

10. 检查暂时闲置的固定资产

审计人员应获取暂时闲置固定资产的相关证明文件,并观察其实际状况,检查是否已按规定计提折旧,相关的会计处理是否正确。

11. 检查已提足折旧仍继续使用的固定资产

审计人员应获取已提足折旧仍继续使用固定资产的相关证明文件,并做相应记录。

12. 检查应计入固定资产的借款费用

对于应计入固定资产的借款费用,审计人员应根据企业会计准则的规定,结合长短期借款、应付债券或长期应付款的审计,检查借款费用(借款利息、折溢价摊销、汇兑差额、辅助费用)资本化的计算方法、资本化金额以及会计处理是否正确。

13. 确定固定资产是否已按照企业会计准则的规定在财务报表中做出恰当列报

审计人员应审查被审计单位是否在财务报表附注中披露与固定资产有关的下列信息:固定资产的确认条件、分类、计量基础和折旧方法;各类固定资产的使用寿命、预计净残值和折旧率;各类固定资产的期初和期末原价、累计折旧额及固定资产减值准备累计金额;当期确认的折旧费用;对固定资产所有权的限制及其金额和用于担保的固定资产账面价值;准备处置的固定资产名称、账面价值、公允价值、预计处置费用和预计处置时间等。

例 8-10

注册会计师赵明在审计阳光有限责任公司的"固定资产"项目时,发现如表 8-10 所示的异常情况。

表 8-10　固定资产异常情况

固定资产名称	固定资产账面数量	固定资产卡数量	实存数量
甲	10 台	10 张	9 台
乙	8 台	8 张	9 台
丙	10 台	9 张	10 台
丁	4 台	2 张	2 台

问题:请分析产生各种情况可能的原因及审计人员应提出的调整建议。

解析:

1. 甲设备账卡相符,但实物短缺 1 台,原因可能是:

(1) 该设备已报废处理,但明细账和卡片未注销,若为事实,应建议被审计单位注销明细账和卡片。

(2) 因保管不善,设备被盗,若为事实,应建议被审计单位追究保管者的责任。

（3）设备出租，但没有记入"出租固定资产"账户，若为事实，应建议被审计单位补记。

2. 乙设备账卡相符，实物多出 1 台，原因可能是：

（1）该设备已报废处理，卡片已注销，但实物仍在使用。

（2）购进时未按固定资产入账，而按低值易耗品入账，但盘点时作为固定资产，审计人员应对照其价值和使用年限确认其是否符合固定资产标准。若符合标准，应建议被审计单位补记固定资产明细账和卡片；若不符合标准，则不记入固定资产账簿。

（3）将租入固定资产误记作盘盈，查明后应建议被审计单位将设备在备查簿上登记。

3. 丙设备明细账与实物相符，但卡片少了 1 张，原因可能是购进有 1 台没有在卡片上登记，若为事实，应建议被审计单位补记卡片。

4. 丁设备卡片与实物相符，但其账面数量多出 2 台，有可能是该 2 台设备已出售，但明细账没有注销，若为事实，应建议被审计单位及时予以注销。

一般地，审计人员在抽查固定资产时，应关注固定资产的账、卡、物是否相符，如果不相符，应查明原因，提请被审计单位纠正；同时，对于造成被审计单位的账、卡、物不相符的内部控制制度，应提出改善意见。

（三）固定资产累计折旧的实质性程序

1. 获取或编制固定资产累计折旧分类汇总表

审计人员应获取或编制固定资产累计折旧分类汇总表，概括了解被审计单位固定资产折旧的总体情况，在此基础上，对表内有关数据进行复核加计，并与报表数、总账数和明细账合计数核对是否一致。

在根据固定资产总分类账户编制会计年度内各类固定资产累计折旧分类汇总表时，审计人员应做好以下工作。

（1）核对上年度审计工作底稿，确定期初余额，如果是初次审计，则要追查至开账日进行详细分析。

（2）比较固定资产明细账或分类账的累计折旧合计是否等于总分类账户累计折旧的期末余额。

2. 执行分析程序

（1）将应计提折旧的固定资产乘以本期的折旧率，分析本期折旧计提额的总体合理性和准确性。

（2）计算本期计提折旧额占固定资产原值的比例，并与上期比较，分析本期计提折旧额的合理性。

（3）计算累计折旧占固定资产原值的比例，评估固定资产的新旧程度，并估计因闲置、报废等原因可能发生的固定资产损失。

（4）将"累计折旧"账户贷方的本期折旧计提额与相应成本费用中折旧费用明细账

户的借方发生额进行比较,查明所计提折旧金额是否全部计入本期产品成本或费用。如果存在差异,应及时查明原因,并考虑是否建议被审计单位进行适当调整。

实务提醒

被审计单位当年已计提的折旧费用与其对应的固定资产原值之间存在明确的预期关系,如果审计人员通过分析发现偏离预期关系,则表明被审计单位固定资产"计价和分摊"认定存在错报。例如,某公司 2021 年度 A 类固定资产使用年限为 20 年,净残值为零,其折旧率为 5%。如果审计人员计算出当年 A 类固定资产与固定资产原值的比率是 3%,则表明 A 类固定资产折旧计提不足,该公司财务报表固定资产"计价和分摊"认定存在错报风险。

3. 检查被审计单位采用折旧方法是否符合企业会计准则的规定

按照企业会计准则的规定,企业应当根据与固定资产有关的经济利益的预期实现方式,合理选择固定资产折旧方法,可选用的折旧方法包括年限平均法、工作量法、年数总和法、双倍余额递减法等。折旧方法一经确定,不得随意调整,如果确实需要变更,应当在财务报表附注中予以说明。

4. 检查被审计单位计提折旧的范围是否符合企业会计准则的规定

按照《企业会计准则 4 号——固定资产》的规定:企业应对所有的固定资产计提折旧,但是已提足折旧仍继续使用的固定资产和单独计价入账的土地除外;提前报废的固定资产不再补提折旧;已达到预定可使用状态但尚未办理竣工决算的固定资产,应当按照估计价值确定其成本,并计提折旧,待办理竣工决算后再按实际成本调整原来的暂估价值,但不需要调整原已计提的折旧额,处于更新改造过程停止使用的固定资产,应将其账面价值转入在建工程,不再计提折旧,更新改造项目达到预定可使用状态转为固定资产后,再按照重新确定的使用寿命、预计净残值和折旧方法计提折旧。对此,审计人员在检查时应注意,应计提折旧的固定资产是否均已计提,不应计提折旧的固定资产是否存在计提折旧的情况。

5. 审查固定资产折旧额计算的准确性

按照《企业会计准则第 4 号——固定资产》的规定,已计提减值准备的固定资产的应计折旧额应当扣除已计提的固定资产减值准备累计金额,按照该固定资产的账面价值以及尚可使用寿命重新计算确定折旧率和折旧额。对此,审计人员在审查时应注意:已全额计提减值准备的固定资产,是否已停止计提折旧;因更新改造而停止使用的固定资产是否已停止计提折旧,因大修理而停止使用的固定资产是否照提折旧;未使用、不需用和暂时闲置的固定资产是否按规定计提折旧。

6. 检查累计折旧的减少

对于固定资产累计折旧的减少,审计人员应检查累计折旧的减少是否合理、会计处理是否正确。

7. 确定累计折旧的披露是否恰当

如果被审计单位是上市公司,应在其财务报表附注中按固定资产类别分别列示累计折旧期初余额、本期计提额、本期减少额及期末余额。对此,审计人员应检查确定其相关披露是否恰当。

例 8-11

注册会计师赵明审计阳光有限责任公司 2021 年度"固定资产"和"累计折旧"项目时,发现下列情况。

(1)"未使用固定资产"项目中有固定资产——甲设备已于本年度 5 月份投入使用,该公司未按规定转入"使用固定资产"项目和计提折旧。

(2)对所有的空调设备,按其实际使用的时间(5 月至 9 月)计提折旧。

(3)公司有融资租入的设备 4 台,租赁期为 5 年,尚可使用时间为 6 年,公司确定的折旧期为 6 年。

(4)对已提足折旧继续使用的某设备,仍计提折旧。

(5)9 月初购入吊车 2 辆,价值 700 万元,当月已投入使用并同时开始计提折旧。

(6)该公司以前采用平均年限法计提折旧,但于本年 9 月改为工作量法,这一改变已经股东大会批准,但未报财政部及有关部门备案,也未在财务报表附注中予以说明。

问题:请代注册会计师赵明指出上述各项中存在的问题,并提出改进建议。

解析:注册会计师赵明对此应指出以下问题和建议如下:

(1)根据企业会计准则,房屋、建筑物以外的未使用、不需用的固定资产,不计提折旧,但如根据生产经营的需要重新投入使用的固定资产,则应自投入的次月开始计提折旧。该公司应把甲设备及时转入"使用固定资产"项目,并自 6 月开始计提折旧。

(2)固定资产使用年限是指固定资产的实际使用寿命,作为一种具有特殊性质的空调设备,其性质属于"季节性使用的固定资产",按照准则规定停用期间应照常计提折旧;如果停用期间不提折旧,则使用期间所计提的折旧应当是折旧年限应提折旧金额。因此,该公司计提折旧的方法应按月份平均计提年折旧额的 1/12,或者是按实际使用月份平均分摊计提年折旧额。

(3)融资租入固定资产的折旧年限应根据不同情况确定。若能合理确定租赁期届满时将取得租赁资产的所有权,则企业应在租赁资产尚可使用年限内计提折旧;若无法合理确定租赁期满时能否取得租赁资产的所有权,则企业应按租赁期与租赁资产尚可使用年限两个中较短的期间计提折旧。该公司应区别不同情况,确定融资租赁固定资产的折旧期,而不应不分情况一律按租赁资产尚可使用年限计提折旧。

(4)根据企业会计准则,已提足折旧继续使用的固定资产,不再计提折旧。该公司对其继续计提,造成多提折旧,应对多提的折旧进行冲回。

(5)根据企业会计准则,当月增加的固定资产从下月开始计提折旧。该公司 700 万元的吊车款应从 10 月份开始计提折旧,而不是 9 月份。

（6）企业会计准则规定，固定资产折旧方法一经确定，不得随意变更；如需要变更，应经股东大会批准，并应在会计报表附注中予以披露。该公司变更折旧方法后，未按规定程序披露，应加以纠正。

（四）固定资产减值准备的实质性程序

企业会计准则规定，企业应当在期末对固定资产逐项进行检查，如果由于固定资产市价持续下跌，或技术陈旧、损坏、长期闲置等原因导致其可收回金额低于账面价值的，应当将可收回金额低于其账面价值的差额作为固定资产减值准备。可收回金额是指固定资产的公允价值减去处置费用后的净值与资产预计未来现金流量的现值两者之间的较高者。

固定资产减值准备的实质性程序一般包括以下内容。

（1）获取或编制固定资产减值准备明细表，复核加计是否正确，并与明细账合计数和总账数核对是否相符。

（2）获取闲置固定资产的清单，并观察其实际状况，识别是否存在减值迹象。

（3）实施分析程序，计算本期末固定资产减值准备占期末固定资产原值的比率，并与期初该比率比较，分析固定资产的质量状况。

（4）检查被审计单位计提固定资产减值准备的依据是否充分，会计处理是否正确。

（5）检查被审计单位处置固定资产时原计提的减值准备是否同时结转，会计处理是否正确。

（6）检查是否存在转回固定资产减值准备的情况（固定资产减值损失一经确认，在以后会计期间不得转回）。

（7）确定固定资产减值准备是否按照企业会计准则进行正确披露。

例 8-12

注册会计师赵明在检查阳光有限责任公司 2021 年度固定资产折旧时，发现有一台设备，其账面原值为 25 万元，累计折旧为零，减值准备为零，该设备因长期未使用，在可预见的未来不会再使用，经认定其转让价值为 20 000 元，该公司全额计提了减值准备。

问题： 该公司对上述事项的处理是否恰当？如果不恰当，请提出改进建议。

解析： 根据企业会计准则，只有当企业的固定资产由于长期闲置不用，在可预见的未来不会再使用，且无转让价值的情况下，方可计提全额减值准备。阳光有限责任公司的这台设备虽然由于闲置已无使用价值，但仍有转让价值 20 000 元，不符合全额计提减值准备的条件。全额计提减值准备的做法将会使公司的费用多计、利润少计、固定资产的价值虚减，该公司应冲回所计提的减值准备，同时考虑该项调整对当期利润及所得税的影响。调整分录如下：

借：固定资产减值准备   20 000
　　贷：营业外支出   20 000

延伸阅读

美国巨人公司财务舞弊案例

巨人公司是一家美国大型零售批发公司,创建于1959年,总部设在马萨诸塞州的詹姆斯福特,在20世纪60年代中期公司销售增长速度令人震惊。到1971年,该公司已经拥有了112家零售批发商店。但就在那一年,公司的管理部门面临历史上第一次重大经营损失。为了掩盖这一真相,他们决定篡改公司的会计记录,把1971年发生的250万美元的经营损失篡改为150万美元收益,并且提高与之相关的流动比率和周转率。

案情暴露后,巨人公司的四位管理者被陪审团以舞弊罪名起诉,经联邦法院审判定为有罪。

根据美国证券交易委员会的调查结果,巨人公司曾经在1972年1月29日结束的会计年度中伪造了28个假的贷项通知单(红字发票),以此来抵减外发的应付给米尔布鲁克公司的账款。当注册会计师注意到这些贷项通知单,并询问公司的管理层时,巨人公司的管理层说,这笔金额是米尔布鲁克公司给巨人公司的折让优惠,以此使巨人公司成为它的长期客户。罗斯会计师事务所的会计师为了查明米尔布鲁克公司给巨人公司的25.7万美元折让优惠是否属实,要求巨人公司向米尔布鲁克公司的一位高级行政人员求证。为了满足这个要求,巨人公司的财务副总裁当着注册会计师的面,打电话给一个听起来像是米尔布鲁克公司总裁的人,短暂交谈后,巨人公司的财务副总裁把电话递给了注册会计师,电话另一头的那个人口头上证实了这一事项,并同意向罗斯会计师事务所递交一份书面证明。但几天后,巨人公司的财务副总裁告诉注册会计师,米尔布鲁克公司总裁改变了签发书面证明的主意,注册会计师对此很生气。为此,注册会计师写了一份备忘录,附在工作底稿中,对贷项通知单的真实性质疑。但负责巨人公司审计工作的事务所合伙人却认为已经搜集到充分的证据,可以证实贷项通知单的真实性,就不再深入追查此事。

1972年4月28日,巨人公司把经过审计的财务报表提交给美国证券交易委员会,申请并获准发行了300万美元的股票,并贷到了1 200万美元的流动资金。1973年初,罗斯会计师事务所撤回了其签发的无保留意见的审计报告。1973年8月,巨人公司向波士顿法院提交破产申请。两年后,法院宣告公司破产。

在上述案例中,巨人公司通过明目张胆地操控应付账款,实现了隐瞒债务和利润的目的。

任务三　生产与存货循环审计

生产与存货循环是企业处理有关生产成本计算和存货管理等业务的工作程序的总称。生产与存货业务是企业生产经营活动中的主要业务之一,也是生产经营的主要环节,该业务循环同销售与收款循环、采购与付款循环有着紧密的联系。由于生产与存货循环涉及的业务较为复杂,存货品种、数量较多,计价方法各异,且生产成本、存货计价对当期损益会产生直接影响,其审计风险较高,审计人员应给予高度重视。

一、生产与存货循环概述

制造型企业生产与存货业务循环从原材料采购开始,涉及发出原材料、生产产品、核算产品成本、产成品入库及储存、对外发出产成品等。其中,原材料的采购入库在采购与付款循环中涉及,产成品的出库销售在销售与收款循环中涉及。因此,生产与存货循环侧重于原材料入库后至产成品发出之间的业务活动。

(一) 生产与存货循环的业务流程

生产与存货循环涉及的主要业务活动包括:计划和安排生产;申请和发出原材料;生产产品;核算产品成本;产成品入库及储存;发出产成品;存货盘点;计提存货跌价准备;存货的报废核销等。上述业务活动通常涉及生产计划部门、仓库、生产部门、人事部门、销售部门、财务部门等。

1. 计划和安排生产

生产计划部门的职责是根据客户订购单或者销售部门对销售预测和产品需求的分析来决定生产授权。如果决定授权生产,计划生产部门签发预先按照顺序编号的生产通知单,安排生产部门生产或执行。此外,计划生产部门通常还需要编制一份材料需求报告,列示所需要的材料和零件及其库存情况。

2. 申请和发出材料

生产部门根据生产通知单,填写领料单,经批准后交给仓库。仓库根据从生产部门收到的领料单发出原材料。领料单上必须列示所需材料的名称、规格、品种、数量,以及领料部门的名称。领料单可以一料一单,也可以多料一单,通常一式三联。仓库保管人员发料并签署后,将仓库联留在仓库登记材料明细账,将生产部门存根联连同材料交给领料部门,将财务联交给财务部门进行材料收发核算和成本核算。

3. 生产产品

生产部门在收到生产通知单及领取原材料后,将生产任务安排给生产工人,并将所领取的原材料交给生产工人,据以执行生产任务。在生产任务完成之后,生产工人将完成的产品交生产部门统计人员清点,然后转交检验员验收,验收合格后及时办理入库手续;或是将所完成的半成品移交下一工序,以便进一步加工。

4. 核算产品成本

产品的生产过程同时也是物化劳动和活劳动的耗费过程,企业应建立健全成本会计制度,以便正确核算并有效控制产品成本。因此,企业应将生产控制和成本核算有机结合起来。一方面,财务部门要设置会计账户,会同有关部门对生产过程中的成本进行核算和控制;另一方面,随着生产的进行,生产过程中的各种记录,如生产通知单、领料单、计工单、产量统计记录表、生产统计报告、入库单等文件资料都要汇集到财务部门,由财务部门对其进行检查和核对,了解和控制生产过程中存货的实物流转。

由于核算精细程度的不同,企业的成本会计制度可以非常简单,只在期末记录存货余额;也可以制定完善的标准成本制度,持续地记录所有材料处理、在产品和产成品,并对成本差异形成分析报告。

5. 产成品入库及储存

产成品入库,应由仓库先行点验和检查,然后签收。签收后,将实际入库数量通知财务部门,财务部门进行相应记录。这样,仓库确立了自身应承担的保管责任,并对验收部门的工作进行验证。除此之外,仓库还应根据产成品的品质特征分类存放,并填制标签。

6. 发出产成品

产成品的发出,应由独立的发运部门进行,且相关人员在装运产成品时必须持有经有关部门核准的发运通知单,并据此编制出库单。出库单一般为一式四联,其中一联交仓库、一联由发运部门留存、一联作为开具发票的依据、一联送交客户。

7. 存货盘点

对于存货盘点,管理人员应编制盘点指令,安排适当人员对存货实物(包括原材料、在产品和产成品等所有存货类别)进行定期盘点,将盘点结果与存货账面数量进行核对,调查差异并进行适当调整。

8. 计提存货跌价准备

财务部门根据存货货龄分析表信息及相关部门提供的有关存货状况的信息,结合存货盘点过程中对存货状况的检查结果,对出现毁损、滞销、跌价等降低存货价值的情况进行分析计算,计提存货跌价准备。

9. 存货的报废核销

存货报废在采购、运输、生产、存储、销售各环节均有可能发生,发生时应由经办人员填写报废审批单,说明报废存货的品种、规格、金额、报废地点和原因等,经部门主管审批后交由财务部门、仓库、技术部门等组成的资产报废审核小组审核,出具鉴定意见后,送被授权人批准。

(二) 生产与存货循环涉及的主要单据与会计记录

内部控制较为健全的企业在处理生产和存货业务时,通常需要使用很多单据与会计记录。典型的生产与存货循环所涉及的主要单据与会计记录主要有以下几种。

1. 生产指令

生产指令又称“生产任务通知单”或“生产通知单”,是企业下达制造产品等生产任务的书面文件,用以通知供应部门组织材料发放,生产部门组织产品制造,财务部门组织成本计算。广义的生产指令也包括用于指导产品加工的工艺规程,如机械加工企业的“路线图”等。

2. 领发料凭证

领发料凭证是企业为控制材料发出所采用的各种凭证,如材料发出汇总表、领料单、领料登记簿、限额领料单、退料单等。

3. 产量和工时记录

产量和工时记录是登记工人或生产班组在出勤时间内完成产品数量、质量和生产这些产品所耗费工时数量的原始记录。产量和工时记录的内容与格式是多种多样的,在不同的生产企业中,甚至在同一企业的不同生产部门中,由于生产类型的不同,其很有可能采用不同格式的产量和工时记录。常见的产量和工时记录主要有工作通知单、工作班产量报告、产量通知单、产量明细表、废品通知单等。

4. 材料费用分配表

材料费用分配表是用来汇总反映各个生产部门各个产品所耗费的材料费用的原始记录。

5. 工薪汇总表及工薪费用分配表

工薪汇总表是为了反映企业全部工薪的结算情况,并据以进行工薪总分类核算和汇总整个企业工薪费用而编制的,它是企业进行工薪费用分配的依据。工薪费用分配表反映了各个生产部门和各个产品应负担的生产工人工薪及福利费。

6. 制造费用分配汇总表

制造费用分配汇总表是用来汇总反映各个生产部门各个产品所应负担的制造费用的原始记录。

7. 成本计算单

成本计算单是用来归集某一成本计算对象所应承担的生产费用,计算该成本计算对象总成本和单位成本的原始记录。

8. 产成品入库单和出库单

产成品入库单是产品生产完成并经检验合格后从生产部门转入仓库的凭证。产成品出库单是根据经批准的销售单发出产成品的凭证。

9. 存货明细账

存货明细账是用来反映各种存货增减变动情况和期末库存数量及相关成本信息的会计记录。

10. 存货盘点指令、盘点表及盘点标签

一般制造型企业通常会定期对存货实物进行盘点,将实物盘点数量与账面数量进行核对,对差异进行分析调查,必要时进行账务调整,以确保账实相符。在实施存货盘点之前,管理人员通常编制存货盘点指令,对存货盘点的时间、人员、流程及后续处理等方面做出安排。在盘点过程中,通常会使用盘点表记录盘点结果,使用盘点标签对已盘点存货及数量进行标识。

11. 存货货龄分析表

很多制造型企业通过编制存货货龄分析表,以识别流动较慢或滞销的存货,并根据市场情况和经营预测,确定是否需要计提存货跌价准备。这对于管理具有保质期的存货(如食物、化妆品、药品等)尤为重要。

二、生产与存货循环的内部控制和控制测试

(一) 生产与存货循环的内部控制

为了检查、纠正、预防生产与存货循环中的错误和舞弊,健全的内部控制主要由以下控制环节组成。

1. 适当的职责分离

生产与存货循环的主要职责有：制订审批生产计划，采购及验收材料，领用材料生产产品，分配归集产品的成本费用，检验和存储产成品，保管存货，盘点存货，会计记录等。这些职责应当按照以下原则进行明确的分工。

（1）生产计划的制订与审批部门相互独立，防止生产计划不合理。

（2）采购部门与验收、保管部门相互独立，防止购入的材料质量不合格。

（3）存储部门与生产、使用部门相互独立，防止材料领用数量不当或被盗。

（4）产成品生产与检验部门相互独立，防止入库和出售的产品不合格。

（5）存货的保管与会计记录部门相互独立，防止会计记录被篡改、财产流失。

（6）存货盘点由独立于保管人员之外的其他部门人员定期进行，保证盘点的真实性。

2. 信息传递程序控制

管理层通过授权程序、成本控制等信息传递程序实施严格控制。

（1）恰当的授权审批。企业生产与存货管理业务必须经过授权，各项业务要经过严格的批准手续方可办理。这些授权批准包括：由被授权的人员审批生产计划，经批准后下达生产通知单，经批准领料，产品完工经检验入库，产品发出经核准的发出通知单方可办理，存货报废经专门小组审批，存货盘盈或盘亏的账务处理由被授权人批准，会计方法变更由企业财务主管批准等。

（2）成本控制。生产与存货价值流转控制主要由财务部门来执行，企业必须建立健全生产与存货成本管理制度，以便正确核算和有效控制生产与存货成本。因此，企业应将生产控制与成本控制有机结合起来。具体内容包括：明确成本控制目标；编制成本、费用预算；制定各项消耗定额，包括直接材料、直接人工和制造费用定额；制定成本费用控制制度，明确成本开支范围、开支标准；建立各项支出的手续批准、审核制度；设置相应的会计账户，选择适当的成本计算方法；对各项成本费用指标进行分解，建立成本费用归口、分级管理责任制度；合理归集与分配各项费用，确定产品生产成本；定期进行成本费用考核与评价等。

3. 实物控制

生产与存货循环过程中存货种类繁多、收发频繁，存货实物控制贯穿采购、生产、验收、存储、发货和报废等多个环节，所以加强实物控制尤为重要。为此，被审计单位应采取以下主要措施。

（1）领料单应经生产主管审核批准，仓库保管员依据审批后的领料单发出原材料。

（2）每月月末，由生产部门与仓库核对原材料和产成品的转出和转入记录，如果存在差异，仓库保管员应编制差异分析报告。

（3）产成品入库时，质量检验员应检查并签发预先按顺序编号的产成品验收单，产成品被送交仓库后，仓库保管员应检查产成品验收单，并清点产成品数量，填写预先顺序编号的产成品入库单，经质检经理、生产经理和仓储经理签字确认后，由仓库管理员将产成品入库单信息输入计算机系统，计算机系统自动更新产成品明细账。

（4）存货存放在安全的环境中，只有经过授权的人员可以接触和处理存货，并定期进行盘点。

（5）产成品装运发出前，由运输经理独立检查出库单、销售单和发运通知单，确定从仓库提取的商品附有经批准的销售订购单，并且所提取的商品与销售订购单一致。

（二）生产与存货循环的主要风险

以一般制造类企业为例，影响生产与存货循环交易和余额的风险因素主要包括以下几项。

1. 交易的数量和复杂性

制造类企业交易的数量庞大，业务比较复杂，这增加了会计差错和舞弊的风险。

2. 产品的多元化

根据实际情况判断是否需要聘请专家来验证存货的质量、状况或价值。另外，库存存货数量的计算方法也可能有所不同。比如，煤堆、仓库里的谷物或糖、黄金或贵重宝石、化工品和药剂产品的存储量的计算方法可能不一样。这并不是要求审计人员每次清点存货都需要聘请专家配合工作，如果存货容易辨认、存货数量容易清点，就不用借助专家的工作。

3. 成本核算的复杂性

虽然原材料和直接人工等直接成本的归集和分配比较简单，但间接费用的分配可能比较复杂，同一行业中的不同企业也可能采用不同的认定和计量基础，这些都使得制造类企业的成本核算比较复杂。

4. 某些存货项目的可变现净值难以确定

价格受全球经济供求关系影响的存货，由于其可变现净值难以确定，会影响存货采购价格和销售价格的确定，并将影响审计人员对与存货计价和分摊认定有关的风险进行的评估。

5. 将存货存放在很多地点

大型企业可能把存货存放在很多地点，并且可以在不同的地点之间配送存货，这就增加了商品在途中毁损或丢失的风险，也可能导致存货在两个地点被重复列示，还可能产生转移定价的错误或舞弊。

6. 寄存的存货

存货虽然存放在企业仓库中，但可能所有权已经不归该企业所有。反之，企业的存货也可能被寄存在其他企业。

由于存货与企业各项经营活动的紧密联系，存货的重大错报风险往往与财务报表其他项目的重大错报风险紧密相关。例如，收入确认的错报风险往往与存货的错报风险共存；采购交易的错报风险与存货的错报风险共存，存货成本核算的错报风险与营业成本的错报风险共存等。

综上所述，一般制造型企业的存货的重大错报风险通常包括：存货实物可能不存在（存在认定）；属于被审计单位的存货可能未能在账面反映（完整性认定）；存货的所有权可能不属于被审计单位（权利和义务认定）；存货的单位成本可能存在计算错误（计价和分摊认定/准确性认定）；存货的账面价值可能无法实现，即跌价损失准备的计提可能不充分(计价和分摊认定)。

(三) 生产与存货循环的控制测试

通过对内部控制的了解和测试,审计人员应对生产与存货循环的固有风险和控制风险作出客观的评价,指出其存在的薄弱环节和失控之处,确定对内部控制的依赖程度,进而确定实质性程序的性质、时间安排和范围。

1. 调查了解生产与存货内部控制

审计人员通过查阅企业关于存货领用、存货保管、成本会计等方面的制度文件,了解控制环境;通过走访生产部门、仓库、验收部门及财务部门并实地观察其工作等方式,深入了解企业生产与存货管理各方面的制度是否健全,手续是否完备。经过调查了解,审计人员运用文字说明、流程图、内部控制调查表等方式,将内部控制情况描述记录于审计工作底稿。

设计良好的控制系统应当包括以下几个方面:以永续盘存制为财务报告的基础,确保会计系统能够及时、正确和完整地记录存货交易;对收到的存货进行恰当地核算,通过独立的测试以证实存货达到规定标准;成本会计系统及时更新;合理地确认和分配成本;对出现的差异进行分析、调查,并将其恰当地分配到存货和销货成本上;对所有的产品是否过时进行系统地检查,并做出恰当的会计处理;管理层定期检查存货,对多余的存货适时进行处理,将技术过时造成的存货损失降低到最小限度。

2. 检查不相容职责的分离

在生产与存货管理的各个环节上,审计人员应审查计划与生产、采购与存货保管、存货保管与记录、存货保管与盘点、生产与验收、存货保管与销售等各部门的职责是否独立,对企业控制环境、会计准则的应用进行评价。如果各部门和岗位严格分工,职责明确分离,相互牵制,每个环节都按规定的程序、标准和方法运作,那么内部控制风险相对较低。

3. 抽查部分存货入库、出库业务,追踪其业务处理

存货入库主要是购入材料验收入库、完工产成品入库;存货出库主要是材料的生产领用和产成品的对外出售。审计人员应根据重要性原则,抽取部分业务文件,测试各控制环节的执行情况,检查授权、审核、记录等控制环节是否真正发挥了应有的作用;检查存货入库是否有严格的验收手续,是否将名称、规格、型号、数量和价格与合同、原始单证进行核对;检查存货的发出是否按规定办理,是否存在不按规定发出存货的情况;检查存货的出库是否有授权审批手续,是否严格按照授权批准手续发货。

4. 抽查盘点记录

审计人员应通过存货项目的循环盘点、抽查盘点及独立盘点对永续盘存制进行定期检查。例如,抽查若干月份的盘点记录,审查盘点的范围、组织方式、盘点结果与账面金额是否一致,盘点是否由企业内部审计人员或仓库保管员以外的人员监督执行。

5. 产品生产、成本管理制度执行情况的审查

审计人员应采用询问、实地观察等方法检查企业是否编制生产计划或进行预算控制,检查生产通知单是否连续编号,成本的归口分级管理制度执行情况如何,对有

关原始凭证进行检查,判断其完备性、及时性、正确性。

6. 对成本核算和会计入账环节的审查

审计人员应检查生产与存货业务会计科目是否健全,成本会计核算是否合理,抽查材料费用、工资费用、制造费用分配是否合理,抽查成本计算单,检查其记录是否正确;询问并检查成本会计复核制造费用明细表的过程和记录,检查财务经理对调整制造费用的分录的批准记录;询问和检查成本会计将产成品收发存报表与成本计算表进行核对的过程和记录;询问和检查进行毛利率分析的过程和记录,并对异常波动的调查和处理结果进行核实;选择若干标准成本与实际成本差异较大的账户,检查其差异调整,明确差异分析记录情况和被授权人审批情况;观察是否由独立人员进行账簿记录的检查,确定记录是否正确,对企业会计准则的应用进行评价。

7. 评价生产与存货循环内部控制

对生产与存货循环内部控制进行评价,是为了确定对该循环内部控制的依赖程度,进而确定实质性程序的性质、时间安排和范围。审计人员在评价时应注意分析循环中可能发生哪些潜在的错报,哪些控制可以防止或者发现并更正这些错报;通过比较必要的控制和现有控制,评价审计计划依赖的内部控制是否健全和有效。如果被审计单位没有建立审计人员认为必要的内部控制,或者现有控制不足以防止或者发现并更正错报,那么审计人员应该考虑内部控制缺陷对审计产生的影响,确定是否需要对实质性程序的性质、时间安排和范围做出适当调整。

例 8-13

注册会计师赵明于 2021 年 10 月 26 日对阳光有限责任公司的内部控制进行了解,并在审计工作底稿中记录了如下内容。

(1) 财务部门职员根据收到的生产通知单、领料单、工时记录和产成品入库单等资料,编制材料费用、人工费用和制造费用分配表以及产品与在产品成本分配表,经本部门的复核人员复核后,据以登记成本明细账和存货明细账。

(2) 仓库职员根据收到的领料单发出原材料,将领料单的一联连同材料交给生产部门,并在登记材料明细账后将另外两联传递给财务部门进行实物流转记录和成本会计核算。

(3) 阳光有限责任公司要求每半年进行一次全面的存货盘点,并编制盘点表。财务部门与仓库核对结存数量后,向管理层报告差异情况及其形成原因,并经批准后进行处理。

(4) 仓库部门职员在发现存货毁损、变质或过期的情况后,直接向部门主管报告,由仓储经理负责处置,并报财务部门进行账务处理。

(5) 仓库引进先进的红外线监控系统,实行 24 小时不间断的全自动无人监控,以避免监守自盗。保安人员每天上班后查看前一天的监控录像,以确定是否发生异常。

问题:针对以上各项,假定不考虑其他条件,请逐项判断阳光有限责任公司的内部控制在设计上是否存在缺陷,并简要说明理由,提出改进建议。

解析:

事项(1)所述的内部控制程序不存在缺陷。

事项(2)所述的内部控制存在缺陷,因为仓库部门没有保留领料单,无法定期进行账、证核对,难以发现材料明细账中存在的错误。建议仓库部门除了将领料单的两联分别交给生产部门和财务部门,保留领料单的一联作为登记材料明细账的原始凭证。

事项(3)所述的内部控制程序不存在缺陷。

事项(4)所述的内部控制存在缺陷,因为存货毁损、变质、或过期情况的报告和处置均由仓储部门负责,不利于存货的安全和完整。建议存货的处置由仓储与验收部门、财务部门共同负责。

事项(5)所述的内部控制程序存在缺陷,因为全自动无人监控无法防止监控系统发生异常时存货的丢失或毁损,且保安人员事后查看录像也无助于防范相关事项的发生。建议仓库实行全自动监控与人工监控相结合的监控措施。

三、存货审计

(一) 存货审计概述

存货是指企业在日常活动中持有以备出售的产成品或商品、处在生产过程中的在产品、在生产过程或提供劳务过程中耗用的材料和物料等。存货区别于固定资产等非流动资产的最基本的特征是企业持有存货的最终目的是出售,包括可供直接销售的产成品、商品,以及需经过进一步加工后出售的原材料等。

存货是企业的重要资产,存货的采购、使用和销售与企业的经营活动紧密相关,对企业的财务状况和经营成果具有重大且广泛的影响。对存货的审计,尤其是对年末存货余额的测试,通常是审计中最复杂也是最费时的部分。审计人员对存货存在和存货价值的评估往往十分困难。

导致存货审计复杂的主要原因有以下几个方面。

(1) 存货通常是资产负债表中的一个主要项目,而且通常是构成营运资本的最大项目。

(2) 存货存放于不同的地点,这使得对它的实物控制和盘点都很困难。企业必须将存货置放于便于产品生产和销售的地方,但是这种分散也给审计带来了困难。

(3) 存货项目的多样性也给审计带来了困难。

(4) 存货本身的状况以及存货成本的分配也使审计人员对存货的估价存在困难。

(5) 不同企业采用的存货计价方法是多种多样的。

由于存货对于企业的重要性、存货问题的复杂性以及存货与其他项目密切的关联度,审计人员对存货项目的审计应当予以特别的关注。相应地,实施存货项目审计的审计人员应该具备较高的专业素质和相关业务知识,运用多种有针对性的审计程序。

（二）存货审计目标

（1）资产负债表中记录的存货是存在的。

（2）所有应当记录的存货均已记录。

（3）资产负债表中记录的存货由被审计单位拥有或控制。

（4）存货以恰当的金额包括在财务报表中，与之相关的计价调整已恰当记录。

（5）存货已按照企业会计准则的规定在财务报表中作出恰当列报。

（三）存货审计的实质性程序

1. 获取年末存货余额明细表，并执行以下工作

（1）复核单项存货金额的计算和明细表的加总计算结果是否准确。

（2）将本年末存货余额与上年末存货余额进行比较，对变动原因进行总体分析。

2. 实施分析程序

（1）比较前后各期及本年度各个月份的存货余额及其构成、存货成本差异率等，以评价总体合理性。

（2）将存货余额与现有的订单、资产负债表日后各期的销售额和下一年度的预测销售额进行比较，以评估存货滞销和跌价的可能。

（3）将存货跌价准备与本年度存货处理损失的金额进行比较，判断被审计单位是否已计提足额的跌价准备。

（4）将与关联企业发生存货交易的频率、规模、价格和账款结算条件与非关联企业对比，判断被审计单位是否利用关联企业的存货交易虚构业务、调节利润。

（5）分析前后各期的存货周转率，存货周转率的异常波动可能意味着被审计单位存在以下问题：有意或无意地减少存货储备；存货管理或控制程序发生变动；存货成本项目或核算方法发生变动以及存货跌价准备计提基础或冲销政策发生变动等情况。

（6）分析前后各期的毛利率，毛利率的变动可能意味着被审计单位的销售产品总体结构、单位产品成本发生了变动。

例 8-14

信诚会计师事务所的注册会计师赵明和李华接受委派，对阳光有限责任公司2021年度财务报表进行审计。该公司2021年度未发生合并、分立和债务重组行为，供产销形势与上年大体相当。该公司提供的未经审计的2021年度合并财务报表附注的部分内容如表8-11所示。

表8-11 主营业务收入和主营业务成本资料　　　单位：万元

品名	主营业务收入		主营业务成本	
	2020年发生额	2021年发生额	2020年发生额	2021年发生额
甲产品	40 000	41 000	38 000	33 800
乙产品	20 000	20 020	19 000	19 019
合计	60 000	61 020	57 000	52 819

问题：假定上述附注内容中的上年发生额均已审定无误，请运用分析程序方法分别指出上述附注内容中存在或可能存在的不合理之处，并简要说明理由。

解析：经审查，表中内容可能存在如下不合理之处：甲产品2021年的销售毛利率为17.56%[(41 000－33 800)÷41 000]，大大高于2020年的5%[(40 000－38 000)÷40 000]。既然公司2021年的供产销形势与上年大体相当，通常应维持大致相当的销售毛利率水平。

3. 存货监盘

1）存货审计

如果存货对财务报表是重要的，审计人员应当实施下列审计程序，对存货的存在和状况获取充分、适当的审计证据。

(1) 在存货盘点现场实施监盘（除非不可行）。

(2) 对期末存货记录实施审计程序，以确定其是否准确反映实际的存货盘点结果。

2）监盘审计程序

在存货盘点现场实施监盘时，审计人员应当实施下列审计程序。

(1) 评价管理层用以记录和控制存货盘点结果的指令和程序。

(2) 观察管理层制定的盘点程序的执行情况。

(3) 检查存货。

(4) 执行抽盘。

存货监盘的相关程序可以用作控制测试或者实质性程序。需要说明的是，尽管实施存货监盘，获取有关期末存货数量和状况的充分、适当的审计证据，是审计人员的责任，但这并不能取代被审计单位管理层定期盘点存货、合理确定存货的数量和状况的责任。

审计人员监盘存货的目的在于获取有关存货数量和状况的审计证据。因此，存货监盘针对的主要是存货的存在认定，但它对存货的完整性认定及计价和分摊认定也能提供部分审计证据。此外，审计人员还可能在存货监盘中取得有关存货所有权的部分审计证据。

3）存货监盘计划

(1) 制定存货监盘计划的基本要求。

审计人员应当根据被审计单位存货的特点、盘存制度和存货内部控制的有效性等情况，在评价被审计单位管理层制定的存货盘点程序的基础上，编制存货监盘计划，对存货监盘作出合理安排。

为了避免误解并有助于有效地实施存货监盘，审计人员通常需要与被审计单位就存货监盘等问题达成一致意见。因此，审计人员首先应当充分了解被审计单位存货的特点、盘存制度和存货内部控制的有效性等情况，并考虑获取、审阅和评价被审计单位预定的盘点程序。

（2）制定存货监盘计划应考虑的相关事项。

第一，与存货相关的重大错报风险。存货通常具有较高水平的重大错报风险，影响重大错报风险的因素具体包括：存货的数量和种类、成本归集的难易程度、陈旧过时的速度或易损坏程度、遭受失窃的难易程度。由于制造过程和成本归集制度的差异，制造企业的存货与其他企业（如批发企业）的存货相比往往具有更高的重大错报风险，对于审计工作而言则更具复杂性。外部因素也会对重大错报风险产生影响。例如，技术进步可能导致某些产品过时，从而导致存货价值更容易发生高估。

第二，与存货相关的内部控制的性质。在制定存货监盘计划时，审计人员应当了解被审计单位与存货相关的内部控制，并根据内部控制的完善程度确定进一步审计程序的性质、时间安排和范围。与存货相关的内部控制涉及被审计单位供、产、销各个环节，包括采购、验收、仓储、领用、加工、装运出库等方面。需要说明的是，与存货内部控制相关的措施有很多，其有效程度也存在差异。

第三，对存货盘点是否制定了适当的程序，并下达了正确的指令。审计人员一般需要复核或与管理层讨论其存货盘点程序。在复核或与管理层讨论其存货盘点程序时，审计人员应当考虑下列主要因素，以评价其能否合理地确定存货的数量和状况：盘点的时间安排；存货盘点范围和场所的确定；盘点人员的分工及胜任能力；盘点前的会议及任务布置；存货的整理和排列，对毁损、陈旧、过时、残次及所有权不属于被审计单位的存货的区分；存货的计量工具和计量方法；在产品完工程度的确定方法；存放在外单位的存货的盘点安排；存货收发截止的控制；盘点期间存货移动的控制；盘点表单的设计、使用与控制；盘点结果的汇总以及盘盈或盘亏的分析、调查与处理。如果认为被审计单位的存货盘点程序存在缺陷，审计人员应当提请被审计单位调整。

第四，存货盘点的时间安排。如果存货盘点在财务报表日以外的其他日期进行，审计人员除实施存货监盘相关审计程序外，还应当实施其他审计程序，以获取审计证据，确定存货盘点日与财务报表日之间的存货变动是否已得到恰当的记录。

第五，被审计单位是否一贯采用永续盘存制。存货数的盘存制度一般分为实地盘存制和永续盘存制。存货盘存制度不同，审计人员需要作出的存货监盘安排也不同。如果被审计单位通过实地盘存制确定存货数量，则审计人员要参加此种盘点。如果被审计单位采用永续盘存制，审计人员应在年度中一次或多次参加盘点。

第六，存货的存放地点，以确定适当的监盘地点。如果被审计单位的存货存放在多个地点，审计人员可以要求被审计单位提供一份完整的存货存放地点清单（包括期末库存量为零的仓库、租赁的仓库，以及第三方代被审计单位保管存货的仓库等），并考虑其完整性。

第七，是否需要专家协助。审计人员可能不具备其他专业领域专长与技能。在确定资产数量或资产实物状况（如矿石堆），或在收集特殊类别存货（如艺术品、稀有玉石、房地产、电子器件、工程设计等）的审计证据时，审计人员可以考虑利用专家的工作。

（3）存货监盘计划的主要内容。

第一，存货监盘的目标、范围及时间安排。存货监盘的主要目标包括获取被审计单位资产负债表日有关存货数量和状况以及有关管理层存货盘点程序可靠性的审计证据，检查存货的数量是否真实完整，是否归属被审计单位，存货有无毁损、陈旧、过时、残次和短缺等状况。存货监盘范围的大小取决于存货的内容、性质以及与存货相关的内部控制的完善程度和重大错报风险的评估结果。存货监盘的时间包括实地察看盘点现场的时间、观察存货盘点的时间和对已盘点存货实施检查的时间等。审计人员应当与被审计单位协调实施存货盘点的时间。

第二，存货监盘的要点及关注事项。存货监盘的要点主要包括审计人员实施存货监盘程序的方法、步骤，各个环节应注意的问题以及所要解决的问题。审计人员需要重点关注的事项包括盘点期间的存货移动、存货的状况、存货的截止确认、存货的各个存放地点及金额等。

第三，参加存货监盘人员的分工。审计人员应当根据被审计单位参加存货盘点人员分工、分组情况、存货监盘工作量的大小和人员素质情况，确定参加存货监盘的人员组成以及各组成人员的职责和具体的分工情况，并加强督导。

第四，抽盘存货的范围。审计人员应当根据对被审计单位存货盘点和对被审计单位内部控制的评价结果确定抽盘存货的范围。在实施观察程序后，如果认为被审计单位内部控制设计良好且得到有效实施，存货盘点组织良好，审计人员可以相应缩小实施抽盘的范围。

4）存货监盘程序

在存货盘点现场实施监盘时，审计人员应当实施下列审计程序。

（1）评价管理层用以记录和控制存货盘点结果的指令和程序。审计人员需要考虑这些指令和程序是否包括下列方面：适当控制活动的运用，如收集已使用的存货盘点记录，清点未使用的存货盘点表单，实施盘点和复盘程序；准确认定在产品的完工程度，流动缓慢（呆滞）、过时或毁损的存货项目，以及第三方拥有的存货（如寄存物）；在适用的情况下用于估计存货数量的方法，如可能需要估计煤堆的重量；对存货在不同存放地点之间的移动以及截止日前后出入库的控制。

一般而言，被审计单位在盘点过程中停止生产并关闭存货存放地点以确保存货停止移动，有利于保证盘点的准确性。但特定情况下，被审计单位可能由于实际原因无法停止生产或收发货物。这种情况下，审计人员可以根据被审计单位的具体情况考虑其原因及其合理性。

同时，审计人员可以通过询问管理层以及阅读被审计单位的盘点计划等方式，了解被审计单位对存货移动所采取的控制程序和对存货收发截止影响的考虑。例如，如果被审计单位在盘点过程中无法停止生产，可以考虑在仓库内划分出独立的过渡区域，将预计在盘点期间需要领用的存货和办理入库手续的存货暂时存放在过渡区域，以此确保相关存货只被盘点一次。

（2）观察管理层制定的盘点程序（如对盘点时及其前后的存货移动的控制程

序)的执行情况。这有助于审计人员获取有关管理层指令和程序是否得到适当设计和执行的审计证据。尽管盘点存货时最好能保持存货不发生移动,但在某些情况下存货的移动是难以避免的。如果在盘点过程中被审单位的生产经营仍将持续进行,审计人员应通过实施必要的检查程序,确定被审计单位是否已经对此设置了相应的控制程序,确保在适当的期间内对存货进行准确记录。

审计人员需要关注,所有在盘点日以前入库的存货项目是否均已包括在盘点范围内,所有已确认为销售但尚未装运出库的商品是否均未包括在盘点范围内,在途存货和被审计单位直接向顾客发运的存货是否均已得到了适当的会计处理。

(3)检查存货。在存货监盘过程中检查存货,虽然不一定能确定存货的所有权,但有助于确定存货的存在,以及识别过时、毁损或陈旧的存货。审计人员应当把所有过时、毁损或陈旧存货的详细情况记录下来,以便于进一步追查这些存货的处置情况,并为测试被审计单位存货跌价准备计提的准确性提供证据。

(4)执行抽盘。在对存货盘点结果进行测试时,审计人员可以从存货盘点记录中选取项目追查至存货实物,以及从存货实物中选取项目追查至盘点记录,以获取有关盘点记录准确性和完整性的审计证据。需要说明的是,审计人员应尽可能避免让被审计单位事先了解将抽盘的存货项目。除记录审计人员对存货盘点结果进行的测试情况外,获取管理层完成的存货盘点记录的复印件也有助于审计人员日后实施审计程序,以确定被审计单位的期末存货记录是否准确地反映了存货的实际盘点结果。

审计人员在实施抽盘程序时发现的差异,很可能表明被审计单位的存货盘点在准确性或完整性方面存在错误。由于检查的内容通常仅仅是已盘点存货中的一部分,审计人员在检查中发现的错误很可能意味着被审计单位的存货盘点还存在着其他错误。一方面,审计人员应当查明原因,并及时提请被审计单位更正;另一方面,审计人员应当考虑错误的潜在范围和重大程度,在可能的情况下,扩大检查范围以减少错误的发生。此外,审计人员还可要求被审计单位重新盘点。重新盘点的范围可限于某一特殊领域的存货或特定盘点小组。

(5)需要特别关注的情况。在被审计单位盘点存货前,审计人员应当观察盘点现场,确定应纳入盘点范围的存货是否已经适当整理和排列,并附有盘点标识,防止遗漏或重复盘点。对未纳入盘点范围的存货,审计人员应当查明未纳入的原因,对所有权不属于被审计单位的存货,审计人员应当取得其规格、数量等有关资料,确定是否已单独存放、标明,且未纳入盘点范围。在存货监盘过程中,审计人员应当根据取得的所有权不属于被审计单位存货的有关资料,观察这些存货的实际存放情况,确保其未被纳入盘点范围。即使在被审计单位声明不存在受托代存存货的情形下,审计人员在存货监盘时也应当关注是否存在某些存货不属于被审计单位的迹象,以避免盘点范围不当。

对某些特殊类型的存货而言,被审计单位通常使用的盘点方法和控制程序并不完全适用。这些存货通常没有标签、数量难以估计、质量难以确定,或者盘点人员无法对其移动实施控制。在这些情况下,审计人员需要运用职业判断,根据存货的实际情况设计恰当的审计程序,对存货的数量和状况获取审计证据。

(6)存货监盘结束时的工作。在被审计单位存货盘点结束前,审计人员应当注意以下事项:再次观察盘点现场,以确定所有应纳入盘点范围的存货是否均已盘点;取得并检查已填用、作废及未使用盘点表单的号码记录,确定其是否连续编号;查明已发放的表单是否均已收回,并与存货盘点的汇总记录进行核对。此外,审计人员应当根据自己在存货监盘过程中获取的信息对被审计单位最终的存货盘点结果汇总记录进行复核,并评估其是否正确地反映了实际盘点结果。

如果存货盘点日不是资产负债表日,审计人员应当实施适当的审计程序,确定盘点日与资产负债表日之间存货的变动是否已得到恰当的记录。

5)特殊情况的处理

(1)在存货盘点现场实施存货监盘不可行。在某些情况下,实施存货监盘可能是不可行的。这可能是由存货性质和存放地点等因素造成的,如存货存放在对审计人员的安全有威胁的地点。然而,对审计人员带来不便的一般因素不足以支持审计人员作出实施存货监盘不可行的决定。审计中的困难、时间或成本等事项本身,不能作为审计人员省略不可替代的审计程序或满足于说服力不足的审计证据的正当理由。

如果在存货盘点现场实施存货监盘不可行,审计人员应当实施替代审计程序,如检查盘点日后出售盘点日之前取得或购买的特定存货的文件记录,以获取有关存货的存在和状况的充分、适当的审计证据。

(2)不可预见的情况导致无法在存货盘点现场实施监盘。有时,不可预见情况可能导致无法在预定日期实施存货监盘。两种比较典型的情况包括:一是审计人员无法亲临现场,如不可抗力导致其无法到达存货存放地实施存货监盘;二是气候因素导致审计人员无法实施存货监盘程序,或无法观察存货,如木材被积雪覆盖。

如果由于不可预见的情况无法在存货盘点现场实施监盘,审计人员应当另择日期实施监盘,并对间隔期内发生的交易实施审计程序。

(3)由第三方保管或控制的存货。如果由第三方保管或控制的存货对财务报表是重要的,审计人员应当实施下列一项或两项审计程序,以获取有关该存货存在和状况的充分、适当的审计证据:向持有被审计单位存货的第三方函证存货的数量和状况;实施检查或其他适合具体情况的审计程序。

审计实务中,审计人员对存货进行监盘后所编制的存货监盘报告格式如表8-12所示。

表8-12　存货监盘报告

被审计单位:阳光有限责任公司	索引号:610-8-6
项目:存货监盘报告	财务报表截止日:2021年12月31日
编制:赵明	复核:李刚
日期:2022年1月5日	日期:2022年1月9日

一、盘点日期:2021 年 12 月 31 日

二、盘点仓库名称:A 仓库、B 仓库

三、仓库负责人:孙莉

四、仓库记账员:张强　仓库保管员:林森、陆涛

五、仓库概况:

阳光有限责任公司拥有 A、B、C 三个仓库。根据公司账簿记录,C 仓库存货数量较少;公司大部分存货都集中在 A、B 两个仓库;并且 C 仓库在 11 月份已经进行了观察。本次监盘主要对 A、B 两个仓库的存货数量和质量状况进行监盘。

六、监盘参加人员:

监盘人员:注册会计师赵明、许辉

监盘人员:注册会计师宋林、李刚

监盘人员:公司财务处张静、吴越

公司盘点负责人:孙莉

公司盘点人员:张强、林森、陆涛、齐青

七、监盘开始前的工作

项目	是或否	工作底稿编号
1. 索取"期末存货盘点计划"	是	
2. 索取该仓库"存货收发存月报表"	是	
3. 索取存货的"盘点清单"	是	
4. 索取盘点前该仓库收料、发料的最后一张单证	是	
5. 存货是否已停止流动	是	
6. 废品、毁损物品是否已分开堆放	N/A	
7. 货到单未到的存货是否已暂估入账	是	
8. 发票未开,客户已提走的存货是否已单独记录	N/A	
9. 发票已开,客户未提走的存货是否已单独记录(或单独堆放)	N/A	
10. 存货是否已按存货的型号、规格排放整齐	是	
11. 外单位寄存的货物是否已分开堆放	N/A	
12. 代外单位保管的货物是否已分开堆放	N/A	
13. 外单位代销的货物是否已分开堆放	N/A	
14. 其他非本公司的货物是否已分开堆放	N/A	
15. 委托外单位加工的存货,存放外单位的存货,是否收到外单位的书面确认书	N/A	
16. 最近一次盘点存货的日期	11 月 30 日	
17. 最近一次对计量用具(地秤、秤量器和其他计量器)的校对	11 月 30 日	
18. 是否有存货的记录位置或存放图	是	

（续表）

八、监盘进行中的工作

1. 监盘从 17 点开始，共分 2 个监盘小组，每个小组 2 人。

（1）一人点数并报出型号、规格；

（2）一人记录"盘点清单"。

2. 核对仓库报表结存数量与仓库存货账结存数量是否相符；仓库存货账结存数量与仓库存货卡数量是否相符；填制"存货表、账、卡核对记录表"。

3. 盘点结束，索取"盘点清单"及"存货盘盈，盘亏汇总表"。

九、复盘

1. 盘点结束后，选择数额较大、收发频繁的存货项目进行复盘。

2. 复盘人员为赵明、宋林。

3. 复盘记录详见"存货监盘结果汇总表"。

4. 复盘统计：品种、型号共 12 种，复盘 6 种，占比为 50%；金额共 43 908 万元，复盘达 16 392 万元，占比为 37.33%。

5. 计算复盘正确率：复盘共 6 种，其中复盘正确的有 6 种，占比为 100%；复盘金额共 16 392 万元，其中复盘正确的有 16 392 万元，占比为 100%。

6. 盘点的存货中不存在残次、毁损、滞销积压的情况。

十、盘点结束后的工作

1. 再次观察现场并检查盘点表单。

2. 复核盘点结果汇总记录。

3. 关注盘点日与资产负债表日之间存货的变动情况。

4. 关注存货盘点结果与永续盘存记录之间出现重大差异的处理。

5. 关注被审计单位盘点方式及其结果无效时的处理，如果认为被审计单位的盘点方式还应当提请被审计单位重新盘点。

6. 请参加复盘人员在"存货监盘结果汇总表"上签字。

7. 索取由仓库人员填写的"复盘差异说明"。

十一、对盘点及复盘的评价

1. 仓库管理人员对存货很熟悉。

2. 盘点工作及复盘工作很认真。

3. 积极配合注册会计师的工作。

监盘结果总体评价：阳光有限责任公司存货盘点计划执行较好；实地盘点数量与账面一致，存货不存在残次、毁损、滞销等情况。

监盘人员签名：赵明、宋林、许辉、李刚

 例 8-15

审计人员在观察存货实地盘点时，发现下列三项特殊项目。

（1）被审计单位代客户寄存的甲材料与自有的甲材料并无区别，且未分开摆放。

（2）运输部门有一批乙产品，没有悬挂盘点单，据称该批产品已出售给客户。

（3）一间小仓库里有 3 布满灰尘的原材料，每种材料都挂有盘点标签，并且数额与实物相符。

问题：请问审计人员对这些项目应当进一步采取何种审计程序？

解析:(1)对第一个特殊项目,审计人员对所有权不属于被审计单位的存货应当取得其规格、数量等有关资料,确定其是否已分别存放,建议该公司把代管和自身的存货分开摆放,并关注该公司是否把代管存货纳入存货盘点表中。

(2)对第二个特殊项目,审计人员应查阅有关购销协议、结算凭证,以证实运输部门乙产品的所有权。同时结合截止测试以证实销售是否实现,如果销售尚未实现,则乙产品应列入该公司存货中。

(3)对第三个特殊项目,审计人员应向有关生产主管查询该批材料是否还能用于生产,如果不能用于生产,属于报废或毁损材料,则不应列入该公司的存货中。

例 8-16

信诚会计师事务所的赵明和李华接受委派,负责审计阳光有限责任公司2021年度财务报表。他们确定存货为重要账户,并初步评估存货的完整性存在重大错报风险。赵明和李华于2021年12月31日对阳光有限责任公司的存货实施了监盘,利用抽样技术确定抽盘样本规模为50个。部分审计工作底稿内容摘要如下。

(1)管理层盘点指令要求,将盘点日前已验收但尚未办理入库手续的若干原材料单独摆放,不纳入盘点范围。

(2)在对存货盘点结果进行测试时,采取从存货盘点记录中选取项目追查至存货实物的方法。

(3)在抽盘过程中,发现1个样本项目存在盘点错误,要求阳光有限责任公司在盘点记录中更正该项错误。但该错误在数量和金额方面均不重要,抽盘结果满意,不再实施其他审计程序。

问题:请指出上述记录事项是否恰当,并简要说明理由。

解析:

(1)不恰当。盘点日前验收的货物均应纳入存货盘点范围。

(2)不恰当。该程序只能取得存货记录准确性的审计证据。注册会计师还应从存货实物中选取项目追查至盘点记录,以证实存货记录完整性。

(3)不恰当。抽盘过程中发现的错误很可能意味着阳光有限责任公司的盘点还存在其他错误。注册会计师应当查明原因,并考虑潜在错误的范围和重大程度。

4. 存货计价测试

存货监盘程序主要是对存货的数量进行测试,为验证财务报表上存货余额的真实性,审计人员还应当对存货的计价进行测试。存货计价测试包括两个方面:一是被审计单位所使用的存货单位成本是否正确;二是被审计单位是否恰当计提了存货跌价损失准备。

在对存货的计价实施测试之前,审计人员通常先要了解被审计单位本年度的存货计价方法与以前年度是否保持一致;如发生变化,变化的理由是否合理,是否经过适当的审批。

1）存货单位成本测试

针对原材料的单位成本,审计人员通常基于企业的原材料计价方法（如先进先出法、加权平均法等）,结合原材料的历史购买成本,测试其账面成本是否准确,测试程序包括核对原材料采购的相关凭证（主要是与价格相关的凭证,如合同、采购订单、发票等）以及验证原材料计价方法的运用是否正确。

针对产成品和在产品的单位成本,审计人员需要对成本核算过程实施测试,包括直接材料成本测试、直接人工成本测试、制造费用测试和生产成本在当期完工产品与在产品之间分配的测试四项内容。

（1）直接材料成本测试。

对于采用定额单耗的企业,审计人员可选择某一成本报告期若干种具有代表性的产品成本计算单,获取样本的生产指令或产量统计记录及其直接材料单位消耗定额,根据材料明细账或采购业务测试工作底稿中各该直接材料的单位实际成本,计算直接材料的总消耗量和总成本,与该样本成本计算单中的直接材料成本核对。

对于未采用定额单耗的企业,审计人员可获取材料费用分配汇总表、材料发出汇总表（或领料单）、材料明细账（或采购业务测试工作底稿）中各该直接材料的单位成本,检查下列事项:成本计算单中直接材料成本与材料费用分配汇总表中该产品负担的直接材料费用是否相符,分配标准是否合理;将抽取的材料发出汇总表或领料单中若干种直接材料的发出总量和各该种材料的实际单位成本之积,与材料费用分配汇总表中各该种材料费用进行比较。

对于采用标准成本法的企业,审计人员可获取样本的生产指令或产量统计记录、直接材料单位标准用量、直接材料标准单价及发出材料汇总表或领料单,检查下列事项:根据生产量、直接材料单位标准用量和标准单价计算的标准成本与成本计算单中的直接材料成本是否相符;直接材料成本差异的计算与账务处理是否正确。

（2）直接人工成本测试。

对于采用计时工资制的企业,审计人员可获取样本的实际工时统计记录、员工分类表和员工工薪手册（工资率）及人工费用分配汇总表,检查下列事项:成本计算单中直接人工成本与人工费用分配汇总表中该样本的直接人工费用是否相符;样本的实际工时统计记录与人工费用分配汇总表中该样本的实际工时是否相符;抽取生产部门若干天的工时台账与实际工时统计记录是否相符。当没有实际工时统计记录时,审计人员可根据员工分类表及员工工薪手册中的工资率,计算复核人工费用分配汇总表中该样本的直接人工费用是否合理。

对于采用计件工资制的企业,审计人员可获取样本的产量统计报告、个人（小组）产量记录和经批准的单位工薪标准或计件工资制度,检查下列事项:根据样本的统计产量和单位工薪标准计算的人工费用与成本计算单中直接人工成本是否相符;抽取若干个直接人工（小组）的产量记录,检查其是否被汇总计入产量统计报告。

对于采用标准成本法的企业,审计人员可获取样本的生产指令或产量统计报告、工时统计报告和经批准的单位标准工时、标准工时工资率、直接人工的工薪汇总表等资料,检查下列事项:根据产量和单位标准工时计算的标准工时总量与标准工时工资率之积同成本计算单中直接人工成本是否相符;直接人工成本差异的计算与账务处理是否正确,以及直接人工的标准成本在当年内有无重大变更。

（3）制造费用测试。

对于制造费用测试,审计人员可获取样本的制造费用分配汇总表、按项目分列的制造费用明细账、与制造费用分配标准有关的统计报告及其相关原始记录,检查下列事项:制造费用分配汇总表中样本分担的制造费用与成本计算单中的制造费用是否相符;制造费用分配汇总表中的合计数与样本所属成本报告期的制造费用明细账总计数是否相符;制造费用分配汇总表选择的分配标准（机器工时数、直接人工工资、直接人工工时数、产量等）与相关的统计报告或原始记录是否相符,并对费用分配标准的合理性作出评估。如果企业采用预计费用分配率分配制造费用,审计人员应针对制造费用分配过多或过少的差额,检查其是否作了适当的账务处理。如果企业采用标准成本法,审计人员应检查样本中标准制造费用的确定是否合理,计入成本计算单的数额是否正确,制造费用差异的计算与账务处理是否正确,并注意标准制造费用在当年度内有无重大变更。

（4）生产成本在当期完工产品与在产品之间分配的测试。

对于该项测试,审计人员应检查成本计算单中在产品数量与生产统计报告或在产品盘存表中的数量是否一致,在产品约当产量计算或其他分配标准是否合理,并计算复核样本的总成本和单位成本。

例 8-17

注册会计师赵明负责审查阳光有限责任公司 2021 年度在产品成本,他收集到有关资料如下:该企业采用约当产量法计算甲种在产品成本,甲产品 3 月完工 180 件,月末在产品 90 件,甲在产品的投料率为 80%,完工率为 50%,生产成本计算单如表 8-13 所示。

表 8-13　生产成本计算单

产品名称:甲产品　　　　　　　　　　　　　　　　　　　　　　　单位:元

日期	摘要	直接材料费用	直接人工费用	制造费用	合计
3 月 1 日	月初在产品成本	18 000	4 500	6 750	29 250
3 月 31 日	本月生产费用	82 800	11 250	29 250	123 300
3 月 31 日	生产费用合计	100 800	15 750	36 000	152 550
3 月 31 日	结转完工产品成本	57 000	10 500	25 800	93 300
3 月 31 日	月末在产品成本	43 800	5 250	10 200	59 250

问题:根据上述资料,指出阳光有限责任公司存在的问题并提出改进建议。

解析:根据上述成本计算单,验证在产品成本。

直接材料费用＝100 800÷(180＋90×80%)×90×80%＝28 800(元)

直接人工费用＝15 750÷(180＋90×50%)×90×50%＝3 150(元)

制造费用＝36 000÷(180＋90×50%)×90×50%＝7 200(元)

在产品成本合计＝28 800＋3 150＋7 200＝39150(元)

在产品多留材料费费用＝43 800－28 800＝15 000(元)

在产品多留人工费费用＝5 250－3 150＝2 100(元)

在产品多留制造费用＝10 200－7 200＝3 000(元)

多留在产品成本合计＝15 000＋2 100＋3 000＝20 100(元)

验算结果表明,阳光有限责任公司多留了在产品成本,少转了完工产品成本20 100元。若为计算失误而发生的差错,建议阳光有限责任公司补记少转的完工产品成本,并调整有关账簿记录。

2) 存货跌价损失准备测试

审计人员在测试存货跌价损失准备时,需要从以下两个方面进行测试。

(1) 识别需要计提跌价损失准备的存货项目。审计人员可以通过询问管理层和相关部门(生产、仓储、销售、财务等)员工,了解被审计单位如何收集有关滞销、过时、陈旧、毁损、残次存货的信息并为之计提必要的跌价损失准备。如果被审计单位已编制存货货龄分析表,则审计人员可以通过审阅分析表识别滞销或陈旧的存货。此外,审计人员还要结合存货监盘过程中检查存货状况而获取的信息,以判断被审计单位的存货跌价损失准备计算表是否有遗漏。

(2) 检查可变现净值的计量是否合理。在存货计价审计中,由于被审计单位对期末存货采用成本与可变现净值孰低的方法计价,审计人员应充分关注其对存货可变现净值的确定及存货跌价准备的计提。可变现净值是指企业在日常活动中,存货的估计售价减去至完工时估计将要发生的成本、估计的销售费用以及相关税费后的金额。企业确定存货的可变现净值,应当以取得的确凿证据为基础,并且考虑持有存货的目的以及资产负债表日后事项的影响等因素。审计人员应抽样检查可变现净值确定的依据,确定相关计算是否正确。

例 8-18

注册会计师赵明审计阳光有限责任公司的存货跌价准备情况时,获取的资料如下。

(1) 阳光有限责任公司 2021 年年初存货跌价准备为 12 万元。

(2) 2021 年 12 月 31 日,阳光有限责任公司已计提 6 万元跌价准备,其中对乙产品已经计提跌价准备 3 万元。

经审查,注册会计师赵明发现乙产品的市价在 2021 年 12 月 31 日不仅未下跌,反而已经超过原账面价值。

问题:注册会计师赵明相应的审计处理意见是什么?

解析:注册会计师赵明通过审查乙产品已计提跌价准备的相关原始凭证,以及目前乙产品市价的相关资料,应提请阳光有限责任公司调减多计提的存货跌价准备。审计调整分录为:

借:存货跌价准备   30 000

   贷:资产减值损失——存货   30 000

四、营业成本审计

(一) 营业成本审计目标

营业成本是指企业从事对外销售商品、提供劳务等主营业务活动和销售材料、出租固定资产、出租无形资产、出租包装物等其他经营活动所发生的实际成本。针对营业成本,审计人员的审计目标有以下几项。

(1) 利润表中记录的营业成本已发生,且与被审计单位有关。

(2) 所有应当记录的营业成本均已记录。

(3) 与营业成本有关的金额及其他数据均已恰当记录。

(4) 营业成本已记录于正确的会计期间。

(5) 营业成本已按照企业会计准则的规定在财务报表中作出恰当的列报。

(二) 主营业务成本实质性程序

(1) 获取或编制主营业务成本明细表,复核加计是否正确,并与总账数和明细账合计数核对是否相符,结合其他业务成本科目与报表数核对是否相符。

(2) 编制主营业务成本与上年度比较分析表和主要产品单位主营业务成本分析表,比较本期与上期各月主营业务成本的波动趋势,并查明发生异常情况的原因。

(3) 检查主营业务成本的内容和计算方法是否符合企业会计准则的规定,前后期是否一致。

(4) 编制主营业务成本倒轧表,并与相关科目交叉索引。主营业务成本倒轧表的格式见表8-14。

(5) 抽查若干月主营业务成本结转明细清单,比较计入主营业务成本的品种、规格、数量和计入主营业务收入的口径是否一致。

(6) 针对主营业务成本中的重大调整事项(如销售退回)、非常规项目,检查相关原始凭证以及会计处理是否正确。

(7) 结合对期间费用的审计,检查被审计单位是否通过将应计入生产成本的支出计入期间费用,或将应计入期间费用的支出计入生产成本等手段调节生产成本,从而调节主营业务成本。

(8) 结合对主营业务收入和存货项目实施的截止测试,检查是否存在已发货并确认收入但未结转主营业务成本,或未发货亦未确认收入但已结转主营业务成本的情况。

(9)检查主营业务成本是否按照企业会计准则的规定恰当列报。

表 8-14　主营业务成本倒轧表

被审计单位:	索引号:
项目:主营业务成本倒轧表	财务报表截止日/期间:
编制:	复核:
日期:	日期:

存货种类	未审数	已审数	索引号
期初原材料余额			
加:本期购货净额			
减:期末原材料余额			
减:其他原材料发出额			
直接材料成本			
加:直接人工成本			
加:制造费用			
产品生产成本			
加:在产品期初余额			
减:在产品期末余额			
减:其他在产品发出额			
库存商品成本			
加:库存商品期初余额			
减:库存商品期末余额			
减:其他库存商品发出额			
主营业务成本			

审计说明:

法尔莫公司的存货舞弊案

法尔莫公司是美国一家拥有 300 个连锁药店的药品销售公司,其所实施的经营策略是所谓的"强力购买",即通过提供大比例折扣来销售商品。其创始人莫纳斯利用高超的作假手法来实现公司的迅速扩张。遗憾的是,这一切辉煌都是建立在资产造假——未检查出来的存货高估和虚假利润的基础上的,这些舞弊行为最终导致了法尔莫公司的破产。同时也使为其提供审计服务的会计师事务所损失了数百万美元。

莫纳斯首先做的就是把实际上并不盈利且未经审计的药店报表,用自己的笔为其加上虚构的存货和利润,然后凭着自己空谈的天赋及一套夸大了的报表,在一年之内骗得足够的资本用以收购了 8 家药店,奠定了他的小型药品帝国的基础。一时间,莫纳斯成为金融领域的风云人物。

一次偶然的机会导致这个精心设计的、至少引起 5 亿美元损失的财务舞弊事件浮出水面,此时,莫纳斯和他的公司炮制虚假利润已达十年之久。当时,法尔莫公司的财务总监认为,公司以低于成本价格出售商品会招致严重的损失,但是莫纳斯认为通过"强力购买",公司完全可以发展得足够大。最终在莫纳斯的强大压力下,这位财务总监卷入了这起舞弊案件。在随后的数年之中,他和他的几位下属保持了两套账簿,一套用以应付注册会计师的审计,另一套反映糟糕的现实。

他们先将所有的损失归入一个所谓的"水桶账户",再将该账户的金额通过虚增存货的方式重新分到公司的数百家成员药店中。他们仿造购货发票,制造增加存货并减少销售成本的虚假记账凭证,确认购货却不同时确认负债、多计或加倍计算存货的数量。财务部门之所以可以隐瞒存货短缺是因为注册会计师只对 300 家药店中的 4 家进行存货监盘,而且他们会提前数月通知法尔莫公司将检查哪些药店。于是,管理人员随之将那 4 家药店堆满实物存货,而把那些虚增的部分分配到其余的 296 家药店。如果不考虑其会计造假,法尔莫公司实际已濒临破产。在最后一次审计中,其现金已紧缺到供应商因其未能及时支付购货款而威胁取消对其供货的地步。

注册会计师们一直未能发现这些舞弊行为,他们为此付出了昂贵的代价。这项审计失败使会计师事务所在民事诉讼中损失了 3 亿美元。

任务四　筹资与投资循环审计

一、筹资与投资循环概述

筹资与投资循环由筹资活动和投资活动的交易事项构成。筹资活动是指企业为满足生存和发展的需要,通过改变企业资本及债务规模和构成而筹集资金的活动。筹资活动主要由负债交易和所有者(股东)权益交易组成。投资活动是指企业为通过分配来增加财富,或为谋求其他利益将资产让渡给其他单位而获得另一项资产的活动。投资活动主要由权益性投资交易和债权性投资交易组成。

（一）筹资与投资循环的特点

筹资与投资是现代企业资金运动中的两个方面。企业投资必须充分考虑企业筹资的能力，而企业筹资必须以投资的需要为依据。在资金流动中，资金从资金盈余的企业流向资金短缺的企业，这对资金流入的企业来说是筹资行为，对资金流出的企业则是投资行为。

1. 交易风险大，授权级别高

与一般的生产或购销业务不同的是筹资与投资活动虽然发生的次数少，但对公司财务状况的影响很大，每笔交易的发生都会使企业面临着很大的风险。因此，此类业务的授权级别较高，一般需要企业的最高权力机构或高级管理层进行审批和管理。

2. 交易金额大，发生频率低

相较于采购或生产活动而言，筹资与投资活动一般在审计年度内发生的交易次数较少，但是每笔交易的金额较大。

3. 交易程序复杂，约束条件多

筹资和投资交易必须遵守国家法律、法规和相关契约的规定。筹资与投资活动应严格根据有关法律、法规的要求履行审批手续，向有关机构递交相关文件，并保证文件的真实和有效。与此同时，公司还应按照有关法律、法规规定的义务进行公告和披露相关信息。

4. 会计处理准确度要求较高

投资和筹资活动涉及的金额较大，企业漏记或不恰当地对一笔业务进行会计处理将会导致重大错报，从而对财务报表的公允反映产生较大的影响。

（二）筹资与投资循环的业务流程

1. 筹资所涉及的主要业务活动

筹集企业所需的资金是影响企业生存与发展的重要业务活动。之前，企业拥有的大部分资产源于债权人和股东提供的资金，随着资本市场的发展，企业的筹资渠道日益增多，如借款、发行债券、发行股票等都是企业筹集资金的活动。企业的筹资业务由与取得和偿还资金有关的交易组成，其分为两个主要交易种类：一类是负债筹资交易，包括通过货款（借款、应付票据）、应付债券取得借款，以及有关本金和利息的偿还等；另一类是所有者权益交易，包括向所有者筹资（向发起人筹资或向股东筹资）、企业减资以及股利支付等。

具体来说，筹资活动的业务主要有以下五个环节。

（1）审批授权。企业通过借款筹集资金需经管理层的审批，其中债券的发行每次均要由董事会授权；企业发行股票必须依据国家有关法规或企业章程的规定，报经企业最高权力机构（如股东大会）及国家有关管理部门批准。

（2）签订合同或协议。向银行或其他金融机构融资须签订借款合同，发行债券须签订债券契约和债券承销或包销合同，向社会公众募集股本还要与证券机构签订承销或包销协议。

（3）取得资金。签订合同或协议后,企业获得银行或金融机构划入的款项或债券、股票的融入资金,用于企业的生产和经营。

（4）计算利息或股利。资金的取得需要付出一定的回报,企业应按有关合同或协议的规定,履行义务及时计算利息或股利。

（5）偿还本息或发放股利。银行借款或发行债券应按有关合同或协议的规定偿还本息,企业通常在支付利息日指定专人在利息支付备忘录上予以记载,委托独立机构代为发放,并定期核对。股利一般根据股东大会的决定予以发放,选择自行办理支付或委托代理机构支付。

2. 投资所涉及的主要业务活动

企业在经营过程中为了保持资产的流动性和盈利性,将资产投放于证券交易或其他企业,即形成投资业务。投资活动的业务主要有以下四个环节。

（1）审批授权。一般情况下,企业根据投资的性质和金额建立授权审批制度。投资业务应由企业的高层管理机构进行审批。审批的依据主要包括:投资的理由是否恰当;投资行为与企业的战略目标是否一致;投资收益的估算是否合理;影响投资的其他因素是否被充分考虑等。所有投资决策都应当经审批确认后,方可正式执行。

（2）进行证券或其他投资。企业可以通过委托理财或直接购买的方式进行股票或债券的投资,也可以单独投资或与其他单位进行合资、联营,形成投资。

（3）取得投资收益。企业可以取得股权投资的股利收入、债券投资的利息收入和其他投资收益等。

（4）转让证券或收回其他投资。如果以购买证券的形式投资,企业可以通过转让证券实现投资的收回。如果是单独投资或与其他单位联合经营形成的投资,只有在转让股权、合资或联营期满,或由于特殊原因提前解散时,企业才能收回投资。

（三）涉及的主要单据与会计记录

筹资与投资循环中涉及的主要凭证与会计记录如表 8-15 所示。

表 8-15　筹资与投资循环中涉及的主要单据与会计记录

筹资活动	投资活动
债券或股票	债券或股票
债券契约	债券契约
公司债券存根簿	经纪人通知书
股东名册	投资协议
承销或包销协议	企业合同及章程
借款合同或协议	有关记账凭证
有关记账凭证	有关会计科目的明细账和总账
有关会计科目的明细账和总账	

1. 债券或股票

债券是公司依据法定程序发行,约定在一定期限内还本付息的有价证券。股票是公司签发的证明股东所持股份的凭证。

2. 债券契约

债券契约是明确债券持有人与发行企业双方所拥有的权利与义务的法律性文件。其内容一般包括:债券发行的标准;债券的明确表述;利息或利息率;受托管理人证书;登记和背书;如系抵押债券,其所担保的财产;债券发生拖欠情况如何处理;建立偿债基金的承诺;利息支付和本金返还的方式和处理。

3. 公司债券存根簿

发行记名债券的公司应记载的内容一般包括:债券持有人的姓名或者名称及住所;债券持有人取得债券的日期及债券的编号;债券总额、债券的票面金额、债券的利率、债券还本付息的期限和方式;债券的发行日期。发行无记名债券的公司应当在债券存根簿上记载债券总额、利率、偿还期限和方式、发行日期和债券编号。

4. 股东名册

发行记名股票公司的股东名册应记载的内容一般包括:股东的姓名或者名称及住所;各股东所持股票数量;各股东所持股票的编号;各股东取得其股份的日期。发行无记名股票公司的股东名册应当记载其股票数量、编号及发行日期。

5. 合同或协议

筹资与投资活动相关的合同或协议主要包括承销或包销协议、借款合同或协议、企业的章程及有关协议、投资协议等。借款合同或协议是向银行和其他金融机构借款时与其签订的合同或协议。公司向社会公开发行股票或债券时,应当由依法设立的证券经营机构承销或包销,公司应与其签订承销或包销协议。

6. 其他文件和凭证

其他文件和凭证主要包括董事会决议和股东大会决议等重要会议文件,以及相关会计科目的记账凭证、明细账和总账等。

二、筹资与投资循环的内部控制和控制测试

(一) 筹资与投资循环的内部控制

1. 筹资活动的内部控制

1)适当的职责分离

职责分离、明确责任是筹资业务内部控制的重要手段。筹资活动的职责分离的原则有以下几项。

(1)筹资计划编制人与审批人适当分离,以利于审批人从独立的立场来评判计划的优劣。

(2)会计记录人员同负责收、付款的人员相分离,有条件的应聘请独立的机构支付业务。

(3)经办人员不能接触会计记录,一般由独立的机构代理发行债券和股票。

　　(4) 证券经办人员同会计记录人员分离。比如,办理一项举债业务,应由财务部门根据对资金的需求情况向董事会或管理层提出借款申请,经董事会或管理层审批后,财务部门办理贷款的人员与金融机构商讨借款细节和签订借款合同;取得借款后,由财务部门有关会计人员负责登账记录和监督借款按用途使用;财务部门接到银行转来的结息单后,有关会计人员要核对借款合同并复核利息的计算,再交由出纳员支付款项;出纳员支付利息款后,将凭证交予有关会计人员记账;负责该项借款记账的会计人员定期与金融机构就借款的使用和余额进行核对,保证双方账目相符。又如,发行长期债券的职责分离除了申请、批准(包括得到证券管理部门的批准)、签约分工与借款业务相似外,特别强调记录应付债券业务的会计人员不能参与债券发行;"债券发行备查簿"应由专人管理并定期与债权人核算;债券的收回要经管理层批准,分别由记录应付债券的会计人员销账,由其他专人销毁收回的债券;未发行的债券不得由记录债权的会计人员保管;负责债券利息支付的人员不得兼做记录。

　　2) 恰当的授权审批

　　重大的筹资活动,如大额银行贷款、发行债券、发行股票等,应由董事会作出决议并经股东大会批准后,由财务人员执行。小规模的筹资活动,如短期借款等,则可由财务部门负责人根据授权作出决定。恰当的授权审批控制能够明显地提高筹资活动效率,降低筹资风险,避免由于缺乏授权、审批导致的重大损失或者低效率现象的发生。

　　3) 收入和支出款项控制

　　如果企业筹资金额巨大,建议委托独立的代理机构代为发行。因为代理机构本身所负有的法律责任以及客观的立场,既从外部协助了企业内部控制的有效执行,也从客观、公正的角度证实了企业会计记录的可信性,避免以筹资业务为名进行不正当活动或者以伪造会计记录为手段来掩盖不正当活动的发生。

　　无论采用何种筹资形式,企业都会面临支付款项的问题,其形式主要是利息的支付或股利的发放。对于支付利息,企业应安排专门人员负责利息的计算工作。应付利息应当在有关人员签字确认后,才能对外偿付。企业可以委托有关代理机构代发偿付利息,从而减少支票签发次数,降低舞弊可能。除此之外,企业还应定期核对利息支付清单和开出支票总额。股利发放,要以董事会有关发放股利的决议文件(经股东大会批准后)为依据,股利的支付可以由企业自行完成或委托代理机构完成。对于无法支付利息或股利的支票,企业要及时注销或加盖"作废"标记。

　　4) 会计记录控制

　　企业对筹资活动的会计控制,除了要通过会计系统提供及时、可靠的负债、所有者权益方面的信息外,还要依靠严密的账簿和凭证组织,实施对筹资活动的记录控制。如前所述,筹资业务的会计处理较复杂,会计记录的控制就十分重要。企业必须保证及时地按正确的金额、合理的方法,在适当的账户和合理的会计期间予以正确记录。对于债券,企业应当选用适当的溢价、折价的摊销方法。对于发行在外的股票,企业应定期核对持有本公司的前十大股东的名单及其持股数量;企业利息、股利的支付必须计算正确后记入相应的账户。对于未领利息、股利,企业也必须全面反映,单独列示。

5）筹资登记簿控制

对于债券和股票，企业都应设立相应的筹资登记簿，详细登记核准已发行的债券和股票有关事项，如签发日期、到期日期、支付方式、支付利率、当时市场利率、金额等，并在登记的同时对不同的筹资项目进行编号。对于增资配股，企业更要详细登记，必要时可以以备注的形式进行充分说明。现阶段，由于企业发行债券和股票大多都是无纸化的形式，一般不存在债券、股票的实物保管问题。

2．投资活动的内部控制

1）适当的职责分离

对于合法的投资活动，企业应在业务的授权、执行、记录与资产的保管等方面都有明确合理的分工，不得由一人同时负责上述任何两项工作。比如，投资业务在企业决策机构核准后，可由高层负责人员授权签批、由财务经理办理具体的股票或债券的买卖业务，由会计部门负责进行会计记录和财务处理，并定期同其开户的证券公司核对证券交易业务。只有明确了职责分工，才能形成相互牵制机制，从而降低或杜绝从投资业务中发生错误或舞弊的可能性。

2）恰当的授权审批

企业进行对外投资时，首先要有投资计划，投资计划中应详细说明投资的对象、投资的目的、影响投资收益的风险，投资计划在执行前必须实施严格的审批授权程序。企业应当建立严格的对外投资业务授权批准制度，明确审批人的授权批准方式、权限、责任、程序等相关控制措施，规定经办人的职责范围和工作要求。审批人应当根据对外投资授权批准制度的规定，在授权范围内进行审批，不得超越审批权限。经办人应当在职责范围内，按照审批人的意见办理对外投资业务。公司大规模的投资活动，要由董事会研究并经股东大会决定，然后授权给经理人员执行。公司小规模的投资活动，如利用闲置资金购入短期有价证券或出让有价证券，也应由董事会授权，交由财务人员办理。对外投资授权控制的目的有两个，一是避免个人擅自挪用资金，防止财产流失；二是保证投资效益，降低投资风险。企业应当在有关的工作人员职责权限或资金管理办法中，规定动用资金对外投资和投资资产处置的业务流程和审批手续。

3）会计控制

无论是自行投资操作还是委托他人操盘，企业的投资资产都要进行完整的会计记录，并对其增减变动及投资收益进行相关会计核算。具体而言，企业应对每一种股票或债券分别设立明细分类账，并详细记录其名称、数量、经纪人（证券商）名称、取得日期、购入成本、收取的股息或利息、卖出情况等；对于联营投资类的其他投资，也应设置明细分类账，核算其他投资的投出及其投资收益和投资收回等业务，并对投资的形式（如流动资产、固定资产、无形资产等）、投资的计价、投向（即接受投资单位）以及投资收益等进行详细的记录。

企业还应建立严格的记名登记制度。企业在购入股票或债券时应在购入的当日将其登记于企业名下，切勿登记在经办人员名下，以避免冒名转移并借其他名义牟取私利的舞弊行为。

4）投资资产安全保护控制

对于企业所拥有的投资资产（股票、债券及国库券等），应建立完善的定期核对制度。由于企业拥有的投资资产没有具体的实物形态，不能够进行所谓的实物盘点。因此，企业同其开户的证券公司定期核对证券交易业务就成为保障投资资产安全的必然手段。此外，由企业内部审计人员或不参与投资活动的其他人员进行突击检查也是确保企业投资资产安全的重要手段。

（二）筹资与投资循环的主要风险

1．影响筹资活动的重大错报风险

（1）在筹资计划环节常见的问题是预算失误，造成资金流量短缺或冗余，不能满足生产的需要或增加了筹资的成本。

（2）在筹资作业环节要特别注意的问题是不经授权或批准非法筹资。

（3）在现金流入环节应注意，当筹资款项流入时，是否存在已回收的筹资凭证不及时进行注销，造成被多次使用的风险。

（4）在现金流出环节应注意，当有关筹资的现金流出时，是否存在虚增筹资费用，形成账外资金的风险。

（5）在会计记录环节应注意是否存在筹资记录不真实反映的风险。

（6）如果借款费用的会计处理不恰当，将应予以费用化的借款费用资本化，则虚减当期费用，虚增资产。

（7）所筹集的资金未按规定用途使用；借款的抵押与担保情况未充分披露。

2．影响投资活动的重大错报风险

（1）管理层错误表述投资业务或衍生金融工具业务的偏见和动机。

（2）所取得资产的性质和复杂程度可能导致确认和计量的错误。

（3）所持有投资的公允价值可能难以计量。

（4）确定持有待售资产或以摊余成本计量的金融资产公允价值的困难性可能最终影响到资产负债表上投资和衍生金融工具的账面价值。

（5）管理层凌驾于控制之上，可能导致投资交易未经授权。

（6）如果对有价证券的控制不充分，权益性有价证券的舞弊和盗窃风险可能很高，从而影响投资的存在性。

（7）关于资产的所有权以及相关权利与义务的审计证据可能难以获得。

（8）如果每年发生的交易数量有限，并且会计人员不能确定在相关的购置或处置业务以及损益的调整中的分配时，固定资产交易的记录可能会发生错误。

（9）如果负责记录投资处置业务的人员没有意识到某项投资已经卖出，则对投资的处置业务可能未记录。

（三）筹资与投资循环的控制测试

1．筹资活动的控制测试

1）了解筹资活动的内部控制

针对重要的内部控制要点,审计人员应通过询问相关人员、观察相关人员的活动、审阅和检查筹资业务内部控制的文件和记录等方法对筹资活动的内部控制加以了解。此外,审计人员还可以结合企业的实际情况,采用调查表、流程图或文字表述等形式及时、适当地记录了解到的筹资活动的内部控制情况。

2）测试筹资活动内部控制

审计人员在了解筹资活动的内部控制之后,如果准备信赖相关的内部控制,就要对筹资活动的内部控制的执行是否有效进行测试。当然,如果企业筹资活动较少,审计人员可依据成本效益原则直接实施实质性程序,不再进行控制测试。在进行筹资活动内部控制的测试过程中,审计人员要根据不同的内部控制要点采用不同的测试方法。例如,对于职务分离控制,可以采取观察和重新执行的方法;对于授权审批控制,可以直接向管理层询问,并检查相关记录和文件;对于收入和支出控制,可以结合货币资金业务的内部控制测试进行;对于会计记录控制,因其控制过程都在账簿资料和有关文件中体现,应侧重检查交易和事项的凭证、文件和记录,通过交易轨迹判断相关控制是否有效执行;对于证券发行备查簿的控制,可以采取检查的方法。具体来说,审计人员通过筹资活动内部控制的测试应确定以下事项。

（1）筹资活动是否经过授权批准。

（2）筹资活动的授权、执行、记录等是否严格分工。

（3）筹资活动是否建立了严密的账簿体系和记录制度,并定期检查。

3）评价筹资活动内部控制的有效性

审计人员了解筹资活动的内部控制要点后,测试其执行是否有效,从而最终对筹资活动的内部控制进行最终的分析、评价。在评价环节,审计人员应考虑相关的内部控制是否完善,能否达到控制的要求,在哪些环节存在缺陷以及可能产生的影响,找出被审计单位的筹资活动的薄弱环节,以确定其对实质性程序工作的影响,从而确定下一步的审计重点。

2. 投资活动的控制测试

1）了解投资活动的内部控制

审计人员应通过询问被审计单位有关人员和查阅有关的内部控制文件了解被审计单位内部控制的情况,也可以采用问卷调查的形式了解企业是否存在投资内部控制,弄清其内容。审计人员对了解到的情况应及时记录,并用恰当的方法描述出投资业务的内部控制全貌。一般而言,审计人员应了解以下几项内容。

（1）投资项目是否经过授权批准,投资金额是否及时入账。

（2）是否与被投资单位签订投资合同、协议,是否获得被投资单位出具的投资证明。

（3）有价证券的买卖是否经恰当授权,是否定期核对交易业务。

（4）投资的核算方法是否符合有关财务会计制度的规定,相关的投资收益会计处理是否正确、手续是否齐全。

2）测试投资活动的内部控制

对于投资活动的内部控制测试,审计人员应结合各内部控制要点采取不同的方法。例如,对于职责分离控制,可以采取实地观察、重新执行的方法;对于投资计划的审批授权控制,主要通过查阅有关计划资料、文件或直接向管理层询问来进行审查;对于会计记录控制,可以简易抽查投资业务的会计记录,也可以采取重新执行相关内部控制程序的方法。此外,审计人员还可以从各类投资业务的明细账中抽取部分会计分录,按原始凭证到明细账、总账的顺序核对有关数据和情况,判断其会计处理过程是否合规、完整、正确,并据以核实上述了解到的有关内部控制是否得到了有效执行。

对于投资资产的安全保护控制,审计人员可以采取检查有形资产和查阅相关记录、文件的方法。比如,审计人员应审阅内部审计人员或其他授权人员对投资资产进行定期核对的报告;审阅其核对方法是否恰当、核对结果与会计记录情况以及核对出现差异的处理是否合规。如果各期核对报告的结果未发现账证之间存在差异,说明投资资产的内部控制得到了有效执行。

3) 评价投资活动的内部控制

审计人员完成上述各步骤后,取得了有关内部控制是否健全、有效的证据,并在工作底稿中标明了内部控制的有效环节和薄弱环节,即可对内部控制进行评价,确认对投资内部控制的可信赖程度,进而确定实质性程序的重点和范围。

例 8-19

信诚会计师事务所的注册会计师赵明和李华接受委派,对阳光有限责任公司2021年度财务报表进行审计。阳光有限责任公司尚未采用计算机记账。注册会计师赵明和李华于2021年11月1日至7日对阳光有限责任公司的内部控制制度进行了解和测试,并在相关审计工作底稿中记录了对投资循环内部控制制度了解和测试的如下事项。

(1) 阳光有限责任公司股东大会批准董事会的投资权限为1亿元以下。董事会决定由总经理负责实施。总经理决定由证券部负责总额在1亿元以下的股票买卖。阳光有限责任公司规定,公司划入营业部的款项由证券部申请,由财务部审核,总经理批准后划转入公司在营业部开立的资金账户。经总经理批准,证券部直接从营业部资金账户支取款项。证券买卖、资金存取的会计记录由财务部处理。注册会计师赵明和李华在了解和测试投资的内部控制制度后发现:证券部在某营业部开户的有关协议及补充协议未经财务部或其他部门审核。根据总经理的批准,财务部已将8000万元汇入该账户。证券部处理证券买卖的会计记录,月底将证券买卖清单交给财务部,财务部据以汇总登记。

(2) 为保证公司投资业务的不相容岗位相互分离、制约和监督,投资业务分由不同部门或不同职员负责。其中,投资部的乙职员负责对外投资预算的编制,投资部门的丙职员负责对外投资项目的分析论证及评估,财务部负责对外投资业务的相关会计记录。

（3）阳光有限责任公司无形资产管理明确规定了专家论证、集团决策以及谈判签约等流程的控制措施。审计组了解到2021年3月总经理李军在考察美国某高科技公司时，得知该公司资金周转困难，急于融资。由于该公司拥有阳光有限责任公司急需的核心专利技术，李军当即与对方进行谈判，对方愿意以1 500万美元出让阳光有限责任公司急需的专利技术，总经理李军认为机会难得，机不可失，在电话请示董事长后，当即与对方签订了引进协议。2021年7月阳光有限责任公司支付全款后获取专利技术全部资料，但由于该项专利技术需要专业技术人员操作和运用，因签约时缺乏要求对方给培训中方技术人员等约束条款，至11月阳光有限责任公司的技术人员尚无法在生产中运用专利技术。

（4）阳光有限责任公司下属的分公司于2021年3月决定兴建一座总投资额为5 500万元的仓库，由于时间紧，分公司一边向阳光公司报批，一边委托设计单位设计。分公司通过邀请投标方式确定施工单位，于4月份正式开工建设，6月中旬阳光公司正式批复，该项目1月底完工。阳光有限责任公司虽认为分公司有不当之处，但考虑工期紧，分公司向来经营情况较好，项目建设符合发展需要，未追究相关人员的责任。

问题：请分析阳光公司投资循环内部控制存在的问题。

解析：

（1）由证券部直接支取款项是授权与执行职务未得到分离的表现，这不易保证款项安全。建议阳光有限责任公司从资金账户支取款项时，先由财务部审核和记录，再由证券部办理。

与证券投资有关的活动要由两个部门控制。有关的协议未经独立的部门审查，会使有关的条款未全部在协议中载明，可能存在协议外的约定。建议证券部签订的协议应经财务部或法律部审查。

证券部自己处理证券买卖的会计处理，其业务的执行与记录的不相容职务未分离，并且未得到适当的授权和批准。

月末财务部汇总登记证券投资记录，未及时按每一种证券分别设立明细账，详细核算。建议阳光公司由财务部负责对投资进行核算，及时分类设立明细账详细核算。

（2）"投资部门的丙职员负责对外投资项目的分析论证及评估"不恰当，对外投资项目的分析论证及评估属于两个不相容岗位，不应由同一职员负责。

（3）从国外引进专利技术这种重大活动应该经过专家论证和集体决策；重大合同的签订应当对关键条款认真推敲和斟酌，并由律师和相关专家组成的团队与对方谈判。

（4）分公司不能独立在项目尚未批准前就边设计边招标施工。阳光有限责任公司应建立对重大经济活动违规运作的处罚制度。

三、借款审计

在借款审计中,审计人员主要应防止被审计单位低估或漏列负债,而不是高估或多列负债,因为被审计单位一般不会高估负债,这样于自身不利,且难以与债权人的会计记录相互印证。低估负债常伴随低估成本费用,从而高估利润。因此,低估负债不仅会影响被审计单位财务状况的反映,而且还会影响企业经营成果的反映。所以,审计人员在借款筹资业务审计中,应将被审计单位是否低估负债作为审计重点。

(一) 应付债券审计

1. 应付债券审计目标

应付债券是指对企业依照法定程序发行、约定在一定期限内还本利息的具有一定价值的证券。企业的应付债券业务通常不多,但每一笔业务的金额一般都比较大,对其会计报表的公允反映产生重要影响。因此,审计人员应重视应付债券的审计。对于应付债券,审计人员的审计目标包括以下几项。

(1) 资产负债表中记录的应付债券是存在的。

(2) 所有应当记录的应付债券均已记录。

(3) 资产负债表中记录的应付债券是被审计单位应当履行的现时义务。

(4) 应付债券以恰当的金额包括在财务报表中,与之相关的计价调整已恰当记录。

(5) 应付债券已按照企业会计准则的规定在财务报表中作出恰当列报。

2. 应付债券实质性程序

一般而言,应付债券实质性程序包括以下内容。

(1) 取得或编制应付债券明细表。审计人员应当获取或编制应付债券明细表,和有关明细账和总账、报表数额核对是否相符。应付债券明细表通常包括债券名称、发行日、到期日、承销机构、债券总额、实收金额、应付利息、折价或溢价及其摊销、担保等内容。

(2) 检查债券交易的有关原始凭证。检查债券交易的各项原始凭证,是确定应付债券金额及其合法性的重要程序。审计人员应实施以下程序:①检查企业现有债券副本,确定其发行是否合法,各项内容是否同相关的会计记录相一致;②检查已偿还债券数额同应付债券借方发生额是否相符;③检查用以偿还债券的支票存根,并检查利息费用的计算;④检查企业发行债券所收入现金的收据、汇款通知单、送款登记簿及相关的银行对账单;⑤如果企业发行债券时已作抵押或担保,审计人员还应检查相关契约的履行情况。

(3) 检查应计利息及债券摊销会计处理的恰当性。审计人员可以索取或编制债券利息、债券溢价、折价及其摊销的账户分析表,复核应计利息及债券摊销会计处理是否正确。

(4) 函证应付债券期末余额。为了确定应付债券的真实性,审计人员可以直接向债券的承销机构或债权人函证。审计人员还应对函证结果与账面记录进行比较,如有差异,应进一步调查其原因。

(5) 检查到期债券的偿还情况。审计人员对到期债券的偿还,可以审查相关会计记录,看其会计处理是否正确。如果是可转换债券,公司债券持有人行使了转换权利,将其持有的债券转换为股票,则审计人员应审查其转换股票的会计处理是否正确。

(6) 检查借款费用的会计处理是否正确。

(7) 确定应付债券在资产负债表上的披露是否恰当。应付债券在资产负债表上列示于非流动负债项下。该项目应根据"应付债券"账户的期末余额,扣除将于一年内到期的应付债券后的数额填列。该扣除数应当在流动负债项下的"一年内到期的非流动负债"项目中单独反映。审计人员应根据审计结果确定被审计单位应付债券在财务报表及其附注上的反映是否充分、恰当。

(二) 短期借款审计

1. 短期借款审计目标

短期借款是指企业向银行或其他金融机构等借入的期限在一年以下(含一年)的各种款项。短期借款一般是企业为了满足正常生产经营所需的资金或者是为了抵偿某项债务而借入的。短期借款的债权人不仅仅是银行,还包括其他非银行金融机构或其他单位和个人。

对于短期借款,审计人员的审计目标包括以下几项。

(1) 资产负债表中记录的短期借款是存在的。

(2) 所有应当记录的短期借款均已记录。

(3) 资产负债表中记录的短期借款是被审计单位应当履行的现时义务。

(4) 短期借款以恰当的金额包括在财务报表中,与之相关的计价调整已恰当记录。

(5) 短期借款已按照企业会计准则的规定在财务报表中作出恰当列报。

2. 短期借款实质性程序

(1) 索取或编制短期借款明细表。审计人员应首先取得短期借款明细表,并将其与短期借款总账及其所属的各明细科目核对相符,查明是否存在虚构债务等情况,在期末余额较大或审计人员认为必要时,可向债权人函证。

(2) 审查短期借款的合理性,即审核短期借款的法律文件及各原始凭证的内容。审计人员应依据借款合同,结合市场行情分析审查借款的必要性、合理性,提出改进建议,如审查短期借款是否符合筹资规模和筹资结构的要求,企业是否严格控制有关短期借款的财务风险,降低有关短期借款的资金成本,是否存在将短期借款用于长期款项支出等不合理的筹措资金使用情况。

(3) 函证短期借款。审计人员应在期末短期借款余额较大或认为有必要时,向银行或其他债权人函证短期借款。

(4) 检查短期借款的增加。对于年度内增加的短期借款,审计人员应审查借款合同和授权批准,了解借款数额、借款条件、借款日期、还款期限、借款利率,并与相关会计记录相核对。

（5）审查短期借款的减少。对于年度内减少的短期借款,审计人员应检查相关记录和原始凭证,核实还款数额。

（6）检查短期借款的偿还情况。对于年度内减少的短期借款,审计人员应审查相关记录和原始凭证,核实还款数额;验证短期借款账户借方发生额同有关支票存根是否相符,相关的会计记录是否正确;计算企业资产的流动比率和速动比率,验证短期借款的偿债能力;是否存在尚未偿还的到期短期借款,如果存在,应查明企业的持续经营能力。

（7）复核借款利息费用。审计人员应根据各项借款的日期、利率、还款期限,复核被审计单位短期借款的利息计算是否正确,是否存在多算或少算利息的情况;如果存在上述情况,应作出记录,提醒被审计单位进行调整。

（8）审查外币借款的折算。审计人员应审查外币短期借款的增减变动部分是否按业务发生时的市场汇率或期初市场汇率折合为记账本位币;期末是否按市场汇率将外币短期借款余额折合为记账本位币;折算方法前后期是否一致;折算差额是否按规定进行会计处理。

（9）检查短期借款在资产负债表上的反映是否恰当。短期借款通常在资产负债表的流动负债项下单独列示,对于因抵押而取得的短期借款,企业应在资产负债表附注中披露。

例 8-20

注册会计师赵明在审查阳光有限责任公司"短期借款——生产周转借款"使用情况时发现,该公司 2021 年 6 月至 12 月平均贷款为 85 万元,存货合计为 24 万元,其他应收款为 40 万元。审计人员分析:该公司其他应收款占用比重过大,可能有非法使用或占用短期借款的行为。

问题: 请根据上述资料,分析该公司是否存在非法使用或占用短期借款行为。

解析: 首先审计人员调阅了 6 月 1 日借入"短期借款"的 78# 凭证,其记录为:

借:银行存款	390 000
贷:短期借款——生产周转借款	390 000

78# 凭证附"入账通知"和"借款契约"两张凭证,借款期限为 6 个月。审计人员追踪调查存款的去向,在审阅银行存款日记账时,发现 6 月 26 日银付字 206# 凭证,减少银行存款 38 万元。调阅该凭证时,其记账凭证分录为:

借:其他应收款——王军	380 000
贷:银行存款	380 000

其摘要为"汇给×公司货款"。经核实,以上凭证所记汇出款项,是该公司为职工垫付的购买空调 50 台的款项,赵伟是负责向职工收回垫付款的负责人,全部货款于本年 7 月至 12 月陆续收回。

审计人员认为,该公司为职工垫付的空调款,实际上是占用短期借款,不按借款用途使用借款,同时增加了公司的财务费用。审计人员向该公司提出上述问题,该公司供认不讳。

上述问题查实后,审计人员提出处理意见:公司收回的垫付款应归还借款,已入账的借款利息费用由职工承担。按借款占用时间计算,应负担利息1.9万元,该公司应调整有关账簿记录,会计分录如下:

(1) 按规定记录应向职工收回的利息时:

借:其他应收款　　　　　　　　　　　　　　　　　　19 000
　　贷:财务费用　　　　　　　　　　　　　　　　　　　　19 000

(2) 归还借款时:

借:短期借款——生产周转借款　　　　　　　　　　　380 000
　　财务费用　　　　　　　　　　　　　　　　　　　　19 000
　　贷:银行存款　　　　　　　　　　　　　　　　　　　399 000

(三) 长期借款审计

1. 长期借款审计目标

长期借款是指企业向银行或其他金融机构等借入的期限在一年以上(不含一年)的各种款项。对于长期借款,审计人员的审计目标包括以下几项。

(1) 资产负债表中记录的长期借款是存在的;

(2) 所有应当记录的长期借款均已记录;

(3) 资产负债表中记录的长期借款是被审计单位应当履行的现时义务;

(4) 长期借款以恰当的金额包括在财务报表中,与之相关的计价调整已恰当记录;

(5) 长期借款已按照企业会计准则的规定在财务报表中作出恰当列报。

2. 长期借款实质性程序

1) 索取或编制长期借款明细表

审计人员应首先获取长期借款明细表,并与总账、明细账及报表核对,确定账账、账表是否相符。

2) 审查长期借款的合法性、合理性

审计人员应当仔细审核长期借款明细账中借、贷事项及其有关原始凭证记录,以判断长期借款的筹措是否具有必要性,筹资规模、筹资结构是否合理,手续是否齐全,是否具备借款的基本条件,是否具备还款的物质保证;长期借款的使用是否合法、合规,有无效益;长期借款是否按期偿还,对于其没有归还的借款,要查明原因,督促企业还款,以维护企业资信。

3) 向银行或其他债权人函证长期借款

审计人员应在期末长期借款余额较大或认为有必要时,向银行或其他债权人函证长期借款。

4)审查借款期限

审查1年内到期的长期借款是否已转列为流动负债;年末是否存在到期未偿还的借款;逾期借款是否办理了展期手续。

5)审查借款的利息支出

计算短期借款、长期借款在各个月份的平均余额,选取适用的利率计算利息支出总额,并与财务费用的相关记录核对,判断被审计单位是否存在高估或低估利息支出的可能性,必要时进行适当调整。

6)检查借款费用的会计处理是否正确

企业所发生的借款费用,是指因借入资金而付出的代价。它包括借款利息、折价或溢价的摊销和辅助费用,以及因外币借款而发生的汇兑损益等、因专门借款而发生的辅助费用包括手续费等。专门借款是指为购建固定资产而专门借入的款项。

按照《企业会计准则第17号——借款费用》的规定,企业发生的借款费用,可直接归属于符合资本化条件的资产的购建或者生产,应当予以资本化,计入相关资产成本;其他借款费用,应当在发生时根据其发生额确认费用,计入当期损益。

借款费用应予以资本化的借款范围既包括专门借款,也包括一般借款。其中,对于一般借款,只有在购建或者生产符合资本化条件的资产占用了一般借款时,才应将与该部分一般借款相关的借款费用资本化;否则,所发生的借款费用应当计入当期损益。借款费用的具体确认程序如下。

(1)对购建或生产符合资本化条件的资产而借入的款项(专门借款和一般借款),所发生的利息、溢价或折价的摊销和汇兑差额,在所购建或生产的资产达到预定可使用状态或可销售状态前发生的,应当予以资本化,计入该项资产的成本;在所购建或生产的资产达到预定可使用状态或可销售状态后发生的,于发生当期直接计入财务费用。

(2)对专门借款而发生的辅助费用,在所购建或生产的符合资本化条件的资产达到预定可使用状态或者可销售状态前发生的,应当在发生时根据其发生额予以资本化,直接计入所购建或生产的资产成本;在所购建或生产的符合资本化条件的资产达到预定可使用状态或者可销售状态后发生的,应当在发生时根据其发生额确认为费用,计入当期损益。一般借款发生的辅助费用,也应当按照上述原则确定其发生额并进行处理。

借款费用同时满足下列条件时,才能开始资本化:资产支出已经发生;借款费用已经发生;为使资产达到预定可使用状态所必要的购建活动已经开始。

因此,审计人员在审计时,应审查企业是否根据会计准则的要求,划清资本性支出和收益性支出,是否混淆资本性支出和收益性支出的界限,或为了调节当期损益,未正确地将借款利息和有关借款费用在购建固定资产的价值和当期损益之间正确地分配等情况。

7）检查长期借款的抵押情况

企业的长期借款如是抵押长期借款,应审查该抵押的资产所有权是否归属企业,其价值和现实状况是否与抵押契约中的规定一致;如果企业的长期借款以某项资产或收入作担保,其所有权是否归属企业,其价值是否属实,作担保的收入来源是否可靠等;如果企业或其他机构进行担保,其担保来源条件是否具备等。

8）审查外币长期借款的折算

审计人员应审查外币长期借款的增减变动部分是否按业务发生时的市场汇率或期初市场汇率折合为记账本位币;期末是否按市场汇率将外币长期借款余额折合为记账本位币;还应注意审查其记账汇率、账面汇率计算方法是否合规、前后期是否一致,汇兑损益的计算是否正确;为购建固定资产产生的外币长期借款汇兑损益是否正确地在购建固定资产的价值和当期损益间分配等。

9）确定长期借款在资产负债表上的披露是否恰当

长期借款的期末余额应扣除将于一年内(含一年)到期的长期借款,在资产负债表的非流动负债项下单独列示,该项扣除数则在流动负债项下的"一年内到期的非流动负债"中反映。审计人员应根据审计结果,确定长期借款在资产负债表上是否充分反映,并注意长期借款的抵押和担保是否已在财务报表附注中进行了充分的说明。

 例 8-21

审计人员在审查阳光有限责任公司 2021 年度财务报表时,发现该公司在年度内向中国工商银行举借一笔长期借款,长期借款合同规定:①长期借款以公司的商品为担保;②该公司债务与所有者权益之比应经常保持低于 5∶3 的比例;③分发股利须经银行同意;④自 2021 年 1 月 1 日起分期归还借款。

问题:如果不考虑相关的内部控制系统,审计人员在审查长期借款项目时,应审查哪些内容?

解析:审计人员针对该公司的长期借款,应审查下列内容。

(1) 审查该公司长期借款是否经公司董事会批准,有无会议记录。

(2) 查明长期借合同中的所有限制条件。

(3) 验明长期借款利息费用和应计利息的计算是否正确,复核相关的会计记录是否健全、完整。

(4) 计算债务和所有者权益之比,核实是否低于 5∶3 的比例。

(5) 查明是否存在一年内到期的长期借款,并检查在资产负债表中的列示是否恰当。

(6) 检查商品明细记录中有无"充作担保"的记录。

(7) 审查资产负债表附注,以查明对借款限制条款的披露情况。

(四) 财务费用审计

1. 财务费用审计目标

财务费用是指企业为筹集生产经营所需资金等而发生的筹资费用,包括利息支出(减利息收入)、汇兑损益以及相关的手续费、企业发生的现金折扣或收到的现金折扣等。

对于财务费用,审计人员的审计目标包括以下几项。

(1) 利润表中记录的财务费用已发生,且与被审计单位有关。

(2) 所有应当记录的财务费用均已记录。

(3) 与财务费用有关的金额及其他数据均已恰当记录。

(4) 财务费用已记录于正确的会计期间。

(5) 财务费用已按照企业会计准则的规定在财务报表中作出恰当的列报。

2. 财务费用的实质性程序

1) 获取或编制财务费用明细表

审计人员应当获取或编制财务费用明细表,复核加计正确,并与明细账和总账核对相符。

2) 实施分析程序

审计人员可以将本期、上期财务费用各明细项目作比较分析,必要时比较本期各月份财务费用,如有重大变动和异常情况,应查明原因。

3) 检查重要的财务费用项目

对于重要的财务费用项目,审计人员应实施如下程序:检查利息支出明细项目,确认利息支出的真实性和准确性;审查汇兑损益的计算方法是否正确,核对所用汇率是否正确,前后期是否一致;检查大额金融机构手续费的真实性和准确性。

4) 实施财务费用的截止测试

审计人员可以对财务费用实施如下截止测试:审阅下期期初的财务费用明细账,检查财务费用各项目是否存在跨期入账的现象;对于重大跨期项目,提醒被审计单位进行必要调整。

5) 确定财务费用在报表上的披露是否恰当

审计人员应注意审核财务费用的明细项目在利润表上的披露是否恰当。

例 8-22

注册会计师赵明在审查阳光有限责任公司应付债券时,了解到该公司为购建固定资产,年初以110万元的价格发行面值为100万元的5年期按年付息到期一次性还本的债券,票面利率为6%,债券发行时的市场利率为5%。年末计提利息费用,该公司的会计处理如下:

借:财务费用   65 000

  贷:应付利息   65 000

经审查,该公司债券利息费用中符合资本化条件的金额为 44 000 元。

问题:上述会计处理是否恰当?如果不恰当,请提出审计处理意见。

解析:该公司债券计息、溢价摊销的会计处理不符合企业会计准则的规定,即未按实际利率法摊销债券溢价,且符合资本化条件的债券利息费用未予以资本化。

注册会计师赵明应提请该公司重新计算调整债券利息、溢价摊销数额,根据计算结果做调账处理,同时编制审计调整分录。

$$当年应付利息 = 10\,000\,000 \times 6\% = 60\,000(元)$$
$$当年实际利息 = 11\,000\,000 \times 5\% = 55\,000(元)$$

其中:计入在建工程 $= 44\,000(元)$

计入财务费用 $= 55\,000 - 44\,000 = 11\,000(元)$

当年应摊销溢价 $= 65\,000 - 55\,000 = 10\,000(元)$

借:在建工程   44 000

  应付债券——利息调整   10 000

 贷:财务费用   54 000

同时,调整财务报表的其他项目。

四、投资审计

(一) 投资审计目标

(1) 确定投资是否存在。

(2) 确定投资是否归被审计单位所拥有。

(3) 确定投资的增减变动及其收益(或损失)的记录是否完整。

(4) 确定投资的计价方法是否正确。

(5) 确定投资的期末余额是否正确。

(6) 确定投资在财务报表及其附注上的披露是否恰当。

(二) 投资实质性程序

1. 取得或编制投资明细表

投资明细表按照投资的目的进行分类,主要包括债权性投资和权益性投资。将企业全部投资项目的有关情况完整、系统地予以列示,审计人员据此可了解企业投资的全貌。投资明细表的主要内容包括:投资种类及说明,年初余额,本年增加及减少额,年末余额,投资收益等。审计人员应复核加计正确,并与明细账和总账核对是否相符。

(1) 对于投资种类,审计人员应着重审查其完整性,即是否所有的投资项目均已入账。审查方法是将询证或检查的证券与被审计单位的投资明细账相核对,看是否相符;是否有未入账的投资项目。例如,未经许可向其他企业或关联企业进行资金信贷。

（2）对于各投资项目的年初余额，审计人员要注意与上年度审计工作底稿中的年末余额核对相符；如有不符，应要求被审计单位予以说明或进一步调查原因。

（3）对于本年度增加的投资项目，审计人员应审核其账面金额是否与有关的原始凭证相符，是否按购入时的实际成本入账。当股票的购入价中包含已宣告而未发放的股利时，审计人员应审查其实际成本是否为购入价与股利的差额。

（4）对于投资减少的项目，审计人员应将由于减少证券而取得的收入与库存现金或银行存款日记账和投资收益明细账相核对。必要时，审计人员还应追查至经纪人的通知单等原始凭证，以确认账面记录的真实性和正确性。

（5）对于年末余额，审计人员只需根据年初余额和本年增减变动数复核即可。

2. 实施分析程序

（1）对比各投资账户的本期余额与上期余额以及本期投资交易预算数，并且分别比较各投资项目的收益报酬（如利息和股利等）占其投资账户余额比重在本期与上期的变化。通过比较，可以确定是否存在重大的波动差异以及潜在的差错或舞弊。审计人员可以据此确定审计重点及应采取的审计程序。

（2）计算长期股权投资中高风险投资所占的比重，要求被审计单位估计潜在的投资损失，分析投资的安全性。

（3）计算投资收益占利润总额的比重，分析被审计单位在多大程度上依赖于投资收益，判断被审计单位盈利的稳定性；将重大投资项目与以前年度进行比较，分析是否存在异常变动；将当期确认的投资收益与从被投资单位实际获得的现金流量进行比较分析。

3. 审查投资业务的授权审批情况

审查投资证券应侧重于以下几个问题。首先，审计人员应检查投资证券的购入和售出是否经过管理层的授权和批准，审计人员应当查阅客户董事会或管理层有关证券交易的会议记录或决议进行证实。其次，审计人员核对投资支出和收回的金额是否正确无误，核实经纪人通知单、有关投资协议、合同、章程等资料是否与核准文件、现金收支（非现金资产的增减）相符，并与投资总分类账和明细分类账的余额核对，确定其是否正确。

4. 询证投资的证券

虽然公司投资的证券没有实物形态，但被审计单位可能将投资的证券委托给独立机构（如证券公司等）代为操盘或者在证券公司开户以便证券的买卖。审计人员应当以被审计单位的名义向这些机构寄出询证函，要求这些机构将客户在结账日所拥有的投资证券的种类、数量、面值等资料直接回复给审计人员，据此证实投资证券的真实性。

一般来说，证券机构根据被审计单位的要求，打印被审计单位在其营业部开户并进行买卖的"资金对账单"。该对账单详细记录了被审计单位的资金情况，如客户名称、资产账户、资金余额、可用余额、资产市值以及总资产等。"资金对账单"详细记载了被审计单位买卖证券的情况。"当日持仓清单"详细记载了持仓证券的名称、股份余额、参考成本、参考市值以及参考盈亏等内容。该对账单是审计人员获取的证明被审计单位投资证券真实性的可靠证据。

5. 审查交易性金融资产

(1) 审查交易性金融资产的初始计量及确认是否正确。审计人员在审查交易性金融资产初始计量及确认时,应特别关注其是否按照取得时的公允价值作为初始确认金额,相关的交易费用在发生时是否计入当期损益。有无将实际支付的价款中包含已宣告但尚未发放的现金股利或已到付款期但尚未领取的债券利息,计入交易性金融资产初始确认金额。

(2) 审查交易性金融资产的期末计量是否正确。交易性金融资产的期末计量,是指采用一定的价值标准,对交易性金融资产的期末价值进行后续计量,并以此列示于资产负债表中。交易性金融资产在最初取得时,是按公允价值入账的,反映了企业取得交易性金融资产的实际成本,但交易性金融资产的公允价值是不断变动的,会计期末的公允价值则代表了交易性金融资产的现实可变现价值。根据企业会计准则的规定,交易性金融资产的价值应按资产负债表目的公允价值反映,公允价值的变动计入当期损益。

根据上述规定,审计人员应特别关注资产负债表日,交易性金融资产的公允价值高于其账面余额时,企业是否按二者之间的差额,调增交易性金融资产的账面余额,同时确认公允价值上升的收益;如果交易性金融资产的公允价值低于其账面余额,审计人员应检查企业是否按二者之间的差额,调减交易性金融资产的账面余额,同时确认公允价值下跌的损失。

(3) 审查交易性金融资产的处置。企业处置交易性金融资产的主要会计问题,是正确确认处置损益。交易性金融资产的处置损益,是指处置交易性金融资产实际收到的价款,减去所处置交易性金融资产账面余额后的差额。其中,交易性金融资产的账面余额,是指交易性金融资产的初始计量金额加上或减去资产负债表日公允价值变动后的金额。如果在处置交易性金融资产时,已计入应收项目的现金股利或债券利息尚未收回,审计人员应注意检查企业是否先从处置价款中扣除该部分现金股利或债券利息之后,确认交易性金融资产的处置损益。

6. 审查其他债权投资

(1) 审查其他债权投资的初始计量及确认是否正确。审计人员在审查上述投资初始计量及确认时,应特别关注其是否按照取得时的公允价值和相关交易费用之和作为初始确认金额。如果支付的价款中包含已到期但尚未领取的利息,应注意检查其是否单独列入应收项目。对于上述金融资产在持有期间内实现的利息收入,检查其是否按照实际利率和摊余成本计入投资收益。

(2) 审查其他债权投资的后续计量及终止确认。审计其他债权投资的后续计量时,应注意审查被审计单位是否将采用实际利率法计算的利息、减值损失或利得及汇兑损益计入当期损益,其他利得或损失计入其他综合收益;审查其终止确认时,注意之前计入其他综合收益的累计利得或损失是否从其他综合收益中转出,计入当期损益。

7. 审查其他权益工具投资

(1)审查其他权益工具投资的初始计量及确认是否正确。审计人员在审查其他权益工具投资初始计量及确认时,应特别关注其是否按照取得时的公允价值和相关交易费用之和作为初始确认金额。如果支付的价款中包含已宣告但尚未发放的现金股利,应注意检查其是否单独列入应收项目。对其他权益工具投资在持有期间取得的现金股利,应检查其是否计入投资收益。

(2)审查其他权益工具投资的期末计量。资产负债表日,其他权益工具投资应当以公允价值计量,且公允价值变动计入其他综合收益。对于其他权益工具投资的期末计量的审查,审计人员应特别注意资产负债表日,其他权益工具投资的公允价值高于或低于其账面余额的账务处理是否正确。

(3)审查其他权益工具投资的处置。在审查处置其他权益工具投资时,应注意被审计单位是否将取得的价款与该金融资产账面余额之间的差额计入留存收益;是否将原直接计入所有者权益的公允价值变动累计额(其他综合收益)对应处置部分的金额转出,计入留存收益。

8. 审查长期股权投资

1)审查长期股权投资的初始计量及确认是否正确

企业合并形成的长期股权投资应区分为同一控制下企业合并和非同一控制下合并形成的长期股权投资,审查时应注意企业是否合理确定长期股权投资的初始投资成本,作为入账的依据。

除企业合并形成的长期股权投资外,企业还可以通过支付现金、发行权益性证券、投资者投入、非货币性资产交换、债务重组等其他方式取得长期股权投资,审查时应注意企业是否根据不同的取得方式,分别确定长期股权投资的初始投资成本,作为入账的依据。

2)审查长期股权投资的核算方法的选用是否恰当

长期股权投资,是指对被投资企业能够实施控制、共同控制或重大影响的长期股权投资。长期股权投资通常可以采用成本法或权益法进行核算。审计人员应首先审查企业有哪些投资项目适合用权益法核算,并通过询问管理层或函证被投资企业等方式,确认企业是否确实对接受投资企业拥有共同控制或重大影响,检查企业是否对这些项目采用了权益法。投资企业能够对被投资企业实施控制的长期股权投资应采用成本法核算。审计人员应获得该投资企业能够控制被投资企业的证据,确定被审计单位采用成本法的合理性。

3)审查长期股权投资的核算方法是否正确

(1)采用成本法核算的长期股权投资会计处理的审查。对于被审计单位的长期股权投资采用成本法核算的,应按被投资单位宣告发放的现金股利或利润中属于本企业的部分,借记"应收股利"科目,贷记"投资收益"科目;属于被投资单位在取得投资前实现净利润的分配额,应作为投资成本的收回,贷记"长期股权投资"科目。

(2)采用权益法核算的长期股权投资会计处理的审查对于被审计单位的长期股权投资采用权益法核算的,审计人员应当分别对下列情况进行审查。

长期股权投资的初始投资成本大于投资时应享有被投资单位可辨认净资产公允价值份额的,被审计单位是否不调整已确认的初始投资成本;长期股权投资的初始投资成本小于投资时应享有被投资单位可辨认净资产公允价值份额的,是否按其差额,借记"长期股权投资——投资成本"科目,贷记"营业外收入"科目。

资产负债表日,被审计单位是否根据被投资单位实现的净利润或经调整的净利润计算应享有的份额,借记"长期股权投资——损益调整"科目,贷记"投资收益"科目。被投资单位发生亏损、分担亏损份额超过长期股权投资而冲减长期权益账面价值的,是否借记"投资收益"科目,贷记"长期股权投资——损益调整"科目。

被投资单位以后宣告发放现金股利或利润时,企业计算应分得的部分,是否借记"应收股利"科目,贷记"长期股权投资——损益调整"科目;收到被投资单位发放的股票股利,是否不进行账务处理,但在备查簿中进行登记。

在持股比例不变的情况下,被投资单位除净损益以外所有者权益的其他变动,企业是否按持股比例计算应享有的份额,借记"长期股权投资——其他综合收益"科目,贷记"其他综合收益"科目。

(3)审查长期股权投资核算方法转换的会计处理是否正确。

4)审查长期股权投资的投资收益

投资收益主要指企业投资后,从被投资单位取得的股利或利息。不同的投资,对投资收益的会计处理各不相同。对于长期股权投资收益的审查应分别根据成本法和权益法进行。

采用成本法核算时,检查投资企业是否按被投资单位宣告发放的现金股利或利润中属于本企业的部分,借记"应收股利"科目,贷记"投资收益"科目;属于被投资单位在取得本企业投资前实现净利润的分配额,应作为投资成本的收回。

采用权益法核算长期股权投资时,应主要审查企业投资收益增减额的正确性,即是否按其在被投资企业投资比例来分享投资收益,还应当审查企业实际收到接受投资企业分配来的股利和利润时,是否重复记入"投资收益"科目。

9. 确定对外投资在资产负债表上的披露是否恰当

审计人员应注意审核对外投资在资产负债表上的披露是否恰当。

例 8-23

2022年1月20日,注册会计师在审计阳光有限责任公司2021年债券投资时,发现该公司2021年1月1日以250 000元购入富强公司发行的4年期债券,票面利率为10%,市场利率为6%,面值240 000元,到期一次还本付息。所编制的会计分录如下:

(1) 年初取得投资时：

借：持有至到期投资——成本   240 000

  持有至到期投资——利息调整   10 000

   贷：银行存款   250 000

(2) 年末确认实际利息收入和应收票面利息时：

借：持有至到期投资——应计利息   24 000

   贷：持有至到期投资——利息调整   4 000

    投资收益   20 000

问题：指出阳光有限责任公司在投资业务核算中存在的问题，并提出审计调整意见。

解析：该公司年末确认实际利息收入和溢价摊销数不正确，应按实际利率法确认债券利息收入 15 000 元(250 000×6%)，计入投资收益，票面利息 24 000 元与实际利息 15 000 元的差额 9 000 元，作为溢价摊销数计入"持有至到期投资——利息调整"。

注册会计师应提请该公司调整会计处理，同时编制审计调整分录。

借：投资收益   5 000

   贷：持有至到期投资   5 000

同时调整所有财务报表其他项目。

五、所有者权益审计

所有者权益，是指所有者在企业资产中享有的经济利益，其金额为资产减去负债后的余额，所有者权益包括实收资本(或股本)、资本公积、盈余公积和未分配利润等。所有者权益审计是指对企业投资者所拥有的企业净资产要求权的审计，包括对企业实收资本、资本公积、盈余公积、未分配利润所进行的审计。根据"资产＝负债＋所有者权益"这一等式，可以知道，如果审计人员能够对企业的资产和负债进行充分的审计，那么从侧面即对所有者权益进行了充分的审计。但是，由于现代审计是抽样审计，资产、负债的审计结论并不能全面证实所有者权益的正确性。在审计过程中，对所有者权益进行单独审计仍然十分必要。

(一) 实收资本(股本)审计

实收资本是指投资者按照企业章程，或合同、协议的约定，实际投入企业的资本。实收资本是指投资者作为资本投入企业的各种财产，是企业注册登记的法定资本总额的来源，它表明所有者对企业的基本产权关系。实收资本的构成比例是企业向投资者进行利润或股利分配的主要依据。除股份有限公司的投入资本在"股本"科目中核算外，其他组织形式的企业，其投入资本集中在"实收资本"科目核算。

1．实收资本(股本)审计目标

(1) 资产负债表中记录的实收资本(股本)是存在的。

(2) 所有应当记录的实收资本(股本)均已记录,实收资本(股本)的增减变动符合有关法律、法规和合同章程的规定。

(3) 实收资本(股本)以恰当的金额包括在财务报表中。

(4) 实收资本(股本)已按照企业会计准则的规定在财务报表中作出恰当列报。

2．实收资本(股本)的实质性程序

(1) 索取或编制实收资本(股本)明细表。审计人员应向被审计单位索取或自行编制实收资本明细表,复核加计正确,并与明细账和总账核对相符。以非记账本位币出资的,检查其折算汇率是否符合规定,折算差额的会计处理是否正确。

(2) 索取被审计单位合同、章程、营业执照及有关董事会会议记录。审计人员应向被审计单位索取合同、章程、营业执照及有关董事会会议记录,并认真审阅其中的有关规定。企业合同、章程对投资各方的出资方式、出资期限及其他要求作了详细规定,一经国家审批部门批准,就具有法律效力,投资各方不得随意更改,应严格履行合同章程所规定的出资义务。国家授权有关部门的批准证书是批准企业成立的法律性文件,投资各方应遵照执行。营业执照是由国家工商行政管理机关批准发给企业的合法经营许可证,它规定企业成立和终止日期。

(3) 审查投入资本的真实性。审计人员应审阅和核对与投入资本有关的原始凭证、会计记录,必要时向投资者函证实缴资本额,对有关财产和实物价值进行鉴定,以确定投入资本的真实性。对于发行在外的股票,审计人员应检查股票的发行活动。检查的内容包括已发行股票的登记簿、会计账面记录、募股清单、银行对账单等。必要时,审计人员可向证券交易所和金融机构函证股票发行的数量。对于发行在外的股票,审计人员还应检查股票发行费用的会计处理是否符合有关规定。

(4) 检查出资期限、出资方式和出资额。审计人员应检查投资者是否已按合同、章程约定时间缴付出资额,其出资额是否经审计人员验证,已验资的,应查阅验资报告。

(5) 检查实收资本(股本)的增减变动情况。审计人员检查实收资本(股本)的增减变动的原因,查阅其是否与董事会纪要、补充合同、协议及其他有关法律性文件的规定一致,逐笔追查至原始凭证,检查其会计处理是否正确。审计人员应注意是否存在抽资或变相抽资的情况,如果存在,应取证核实,进行恰当处理。一般而言,企业的实收资本如果发生增减变动,必须具备一定条件。例如,企业减资必须满足三个条件:第一,应事先通知所有债权人,债权人无异议;第二,经股东大会决议同意,并修改公司章程;第三,减资后的注册资本不得低于法定注册资本的最低限额。

(6) 确定实收资本(股本)是否已在资产负债表上恰当披露。企业的实收资本(股本)应在资产负债表上单独列示,同时还应在会计报表附注中说明实收资本期初至期末间的重要变化,如所有者的变更、注册资本的增加或减少、各所有者出资额的变动等。

例 8-24

审计人员张亮在审查甲公司 2021 年的"实收资本"账户时,发现如下一笔账务处理。

借:银行存款　　　　　　　　　　　　　　　　　　　　　9 000 000
　　贷:实收资本　　　　　　　　　　　　　　　　　　　　　9 000 000

甲公司是当年成立的新公司,该 900 万元是投资者二次投入的资本,时间符合要求,但是,张亮在追查该分录的原始凭证时,却没有找到当时的银行入账单。

张亮分析,审查实收资本真实性、完整性的一个重要证据就是银行账户确实收到该款项的入账单凭据。没有入账单凭据往往是虚假投资的开始,因此张亮开始留心。

在此基础上,张亮进一步调查取证,他查对了近期的银行对账单,也没有发现该笔款项入账,通过函证也证实该笔投资从未进账。而且,张亮在检查银行存款日记账时,发现一笔同样数目的贷方发生额,对应科目是"应收账款",追查到记账凭证如下:

借:应收账款——A 股东　　　　　　　　　　　　　　　　9 000 000
　　贷:银行存款　　　　　　　　　　　　　　　　　　　　　9 000 000

同样,这笔分录也没有相应的银行支付或支票存根凭证。

于是张亮肯定,这显然是一笔虚假投资并抽出资本的行为。即使 A 股东真正投入过 9 000 000 元,但其借出的行为也十分令人怀疑。通过取证,确认了 A 股东从未投入该笔资本,故张亮提出应该进行如下账务调整:

借:实收资本　　　　　　　　　　　　　　　　　　　　　9 000 000
　　贷:应收账款——A 股东　　　　　　　　　　　　　　　9 000 000

(二) 资本公积审计

资本公积是指非经营性因素形成的不能计入实收资本的所有者权益,主要包括投资者实际缴付的出资额超过其资本份额的差额,如股本溢价、资本溢价和其他资本公积等。

1. 资本公积审计目标

(1) 资产负债表中记录的资本公积是存在的。

(2) 所有应当记录的资本公积均已记录,资本公积的增减变动符合有关法律、法规和合同章程的规定。

(3) 资本公积以恰当的金额包括在财务报表中。

(4) 资本公积已按照企业会计准则的规定在财务报表中作出恰当列报。

2. 资本公积实质性程序

1）检查资本公积形成的合法性

审计人员应首先检查资本公积形成的内容及其依据,并查阅相关的会计记录和原始凭证,确认资本公积形成的合法性和正确性。资本公积形成的审计包括审查资本溢价或股本溢价、审查审查外币资本折算差额、法定财产重估增值的原因、审查接受捐赠资产、审查其他资本公积。

（1）审查资本溢价或股本溢价。对资本溢价应检查是否在企业吸收新的投资者时形成的,资本溢价的确定是否按实际出资额扣除其投资比例所占的资本额计算,其投资是否经企业董事会决定,并已报原审批机关批准;对股本溢价应检查发行价格是否合法,是否经有关部门批准,股票发行价格与其面值的差额是否全部计入资本公积,委托证券商代理发行股票而支付的手续费及佣金是否已扣除。

（2）审查外币资本折算差额。对资本汇率折算差额应检查资本账户折合汇率是否经企业董事会决定,并由各投资方认可,资产账户折算所采用的汇率是否符合规定。

（3）审查接受现金捐赠情形。应审查其银行对账单、银行存款日记账和"资本公积——其他资本公积"明细账是否相符,接受人是否确实收到有关捐赠款项。

（4）检查接受捐赠的非现金资产。应审查接受捐赠资产是否按经济法律规定办理了移交手续,是否经过验收。资产计价是否取得有关报价单或经评估确认、有关账务处理是否符合国家有关规定、接受捐赠的固定资产是否应计算折旧、是否存在对捐赠资产不入账的情形。

（5）审查股权投资价值变动。股权投资价值变动是投资单位对被投资单位的长期股权投资采用权益法核算时,在持股比例不变的情况下,被投资单位除净损益以外所有者权益的其他变动,投资单位按其持股比例计算应享有的份额。企业采用权益法核算长期股权投资时,长期投资的账面价值将随着被投资单位所有者权益的增减而增加或减少,以使长期股权投资的账面价值与应享有被投资单位所有者权益的份额基本保持一致。被投资单位净资产的变动除了实际的净损益会影响净资产,还有其他原因增加的资本公积,企业应按其持股比例计算应享有的份额,借记"长期股权投资——其他综合收益"账户,贷记"其他综合收益"账户。

在审查股权投资价值变动时,审计人员应结合长期股权投资账户的审计进行。审计人员在审查时应注意重点审查以下问题:被投资企业有关资本公积增减变动数额是否真实、准确;投资企业的投资比例和依此享有的有关资本公积增减变动数额是否真实、准确。

（6）审查其他综合收益。在金融工具确认和计量准则下,允许企业将非交易性权益工具投资（原有的其他债权投资）指定为以公允价值计量且其变动计入其他综合收益进行处理,但该指定不可撤销。

2）检查资本公积运用的合法性

审计人员应检查企业的资本公积是否按规定用作转增资本,转增资本是否经董事会决定并报工商行政管理机关依法办理增资手续,是否存在将资本公积擅自作他用的违法现象。

3) 确定资本公积是否在资产负债表和所有者权益变动表中恰当反映

审计人员应审查资本公积是否在资产负债表中单独列示,同时还应将资本公积明细账与所有者权益变动表中列示的资本公积的期末余额及期初余额核对,确定其是否相符。

任务五 货币资金审计

一、货币资金审计概述

货币资金是指企业的现金、银行存款和其他业务资金。任何企业进行生产经营活动都必须拥有一定的货币资金,持有货币资金是企业生产经营活动的基本条件,货币资金在企业的会计核算中占有重要的位置。货币资金是企业流动性最强的资产,具有被盗窃、贪污和挪用的高风险性,而且收付频繁、业务量大,与货币资金业务相联系的项目多。由于上述特点,货币资金审计构成财务审计的重要组成部分。审计人员通过对货币资金的全面了解,分析审计风险;通过对有关内部控制的了解、测试,评价控制风险;拟订审计方案,进行账户余额、交易额审查,并在审计过程控制审计风险。

货币资金审计所涉及的资产负债表项目主要包括库存现金、银行存款和其他业务资金。

（一）涉及的主要凭证和会计记录

货币资金涉及的凭证和会计记录主要包括下列内容。

（1）库存现金盘点表。

（2）银行对账单。

（3）银行存款余额调节表。

（4）有关科目的记账凭证。

（5）有关会计账簿。

（二）货币资金与交易循环之间的关系

货币资金与各交易循环均存在密切的关系。货币资金既是资本运动循环周转的起点,又是资本运动循环周转的终点。从企业的整个生产周期来看,从企业开业到清算的整个存在过程中,货币资金与各个业务循环存在着广泛紧密的联系。例如,企业的销售与收款循环的现销业务与收回赊销货款等业务;购货与付款循环的预付采购款、购买固定资产支付款项和偿还赊销款项等业务;生产循环采购原材料和支付员工工资等业务;筹资与投资循环银行借款流入与还款流出、公开发行股票筹集资金、发放股利或收到现金股利等业务均与货币资金密切相关。货币资金与每一个业务循环的关系如图 8-3 所示:

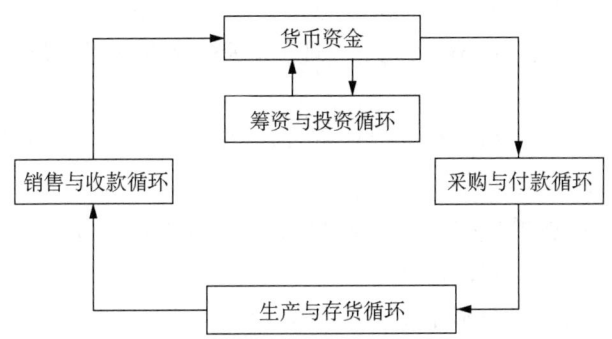

图 8-3　货币资金与其他业务循环的关系

二、货币资金的内部控制和控制测试

（一）货币资金的内部控制

为了确保货币资金的安全完整,保证货币资金的收付符合国家的有关规定,保证货币资金的会计记录正确可靠,被审计单位应当根据国家有关法律法规的规定,结合本部门或系统有关货币资金内部控制的规定,建立适合本单位业务特点和管理要求的货币资金内部控制,并组织实施。一般而言,货币资金的内部控制流程包括以下几项。

1. 岗位分工及授权批准

（1）单位应当建立货币资金业务的岗位责任制,明确相关部门和岗位的职责权限,确保办理货币资金业务的不相容岗位相互分离、制约和监督。出纳人员不得兼任稽核、会计档案保管和收入、支出、费用、债权债务账目的登记工作。单位不得由一人办理货币资金业务的全过程。

（2）单位办理货币资金业务,应当配备合格的人员并根据单位具体情况进行岗位轮换。

（3）单位应当对货币资金业务建立严格的授权批准制度,明确审批人对货币资金业务的授权批准方式、权限、程序、责任和相关控制措施,规定经办人办理货币资金业务的职责范围和工作要求。

（4）审批人应当根据货币资金授权批准制度的规定,在授权范围内进行审批,不得超越审批权限。经办人应当在职责范围内,按照审批人的批准意见办理货币资金业务。对于审批人超越授权范围审批的货币资金业务,经办人员有权拒绝办理,并及时向审批人的上级授权部门报告。

（5）单位应当按照规定的系列程序办理货币资金支付业务:①单位有关部门或个人用款时,应当提前向审批人提交货币资金支付申请,注明款项的用途、金额、预算、支付方式等内容,并附有效经济合同或相关证明;②审批人应根据其职责、权限和相应程序对支付申请进行审批,对不符合规定的货币资金支付申请,审批人应当拒绝批准;③复核人应当对批准后的货币资金支付申请进行复核,复核货币资金支付申请的批准范围、权限、程序是否正确,手续及相关单证是否齐备,金额计算是否准确,支付方式、支付单位是否妥当等,复核无误后交由出纳人员办理支付手续;④出纳人员应当根据复核无误的支付申请,按规定办理货币资金支付手续,及时登记库存现金和银行存款日记账。

(6) 单位对于重要货币资金支付业务,应当实行集体决策和审批并建立责任追究制度,防范贪污、侵占、挪用货币资金等行为。

(7) 严禁未经授权的机构或人员办理货币资金业务或直接接触货币资金。

2. 库存现金和银行存款的管理

(1) 单位应当加强现金库存限额的管理,超过库存限额的现金应及时存入银行。

(2) 单位必须根据《现金管理暂行条例》的规定,结合本单位的实际情况,确定本单位现金的开支范围。不属于现金开支范围的业务应当通过银行办理转账结算。

(3) 单位现金收入应当及时存入银行,不得用于直接支付单位自身的支出。因特殊情况需坐支现金的,应事先报经开户银行审查批准。

(4) 单位借出款项必须执行严格的授权批准程序,严禁擅自挪用、借出货币资金。

(5) 单位取得的货币资金收入必须及时入账,不得私设"小金库",不得账外设账,严禁收款不入账。

(6) 单位应当严格按照《支付结算办法》等有关规定,加强银行账户的管理,严格按照规定开立账户并办理存款、取款和结算。

(7) 单位应当定期检查、清理银行账户的开立及使用情况,发现问题应及时处理。单位应当加强对银行结算凭证的填制、传递及保管等环节的管理与控制。

(8) 单位应当严格遵守银行结算纪律,不准签发没有资金保证的票据或远期支票,套取银行信用;不准签发、取得和转让没有真实交易和债权债务的票据而套取银行和他人资金;不准无理拒绝付款,任意占用他人资金;不准违反规定开立和使用银行账户。

(9) 单位应当指定专人定期核对银行账户,每月至少核对一次;编制银行存款余额调节表,使银行存款账面余额与银行对账单调节相符。如调节不符,应查明原因并及时处理。

(10) 单位应当定期或不定期地进行库存现金盘点,确保库存现金账面余额与实际库存相符,若发现不符应及时查明原因并作出处理。

3. 票据及有关印章的管理

(1) 单位应当加强与货币资金相关票据的管理,明确各种票据的购买、保管、领用、背书转让、注销等环节的职责权限和程序,并专设登记簿进行记录,防止空白票据的遗失和被盗用。

(2) 单位应当加强银行预留印鉴的管理。财务专用章应由专人保管,个人名章必须由本人或其授权人员保管;严禁一人保管支付款项所需的全部印章。按规定需要有关负责人签字或盖章的经济业务,必须严格履行签字或盖章手续。

4. 监督检查

(1) 单位应当建立对货币资金业务的监督检查制度,明确监督检查机构或人员的职责权限,定期或不定期地进行检查。

(2) 货币资金监督检查的内容主要包括:①货币资金业务相关岗位及人员的设置情况,重点检查是否存在货币资金业务不相容职务混岗的现象;②货币资金授权批准制度的执行情况,重点检查货币资金支出的授权批准手续是否健全,是否存在越权审批行为;③支付款项印章的保管情况,重点检查是否存在办理付款业务所需的全部印章交由一人保管的现象;④票据的保管情况,重点检查票据的购买、领用、保管手续是否健全,票据保管是否存在漏洞。

(3) 对监督检查过程中发现的货币资金内部控制中的薄弱环节,应当及时采取措施并加以纠正和完善。

(二) 货币资金的控制测试

1. 了解内部控制

注册会计师在进行货币资金的控制测试时,首先要通过查阅被审计单位的有关规章制度等重要文件,现场观察被审计单位的有关业务活动,询问被审计单位有关人员等方法以获取被审计单位内部控制的资料(如为连续审计,还可以查阅以前年度有关的审计工作底稿),以掌握被审计单位有关内部控制的情况,并对所掌握的情况进行适当的记录。

2. 抽取并检查收款凭证

为测试货币资金收款的内部控制,注册会计师应选取适当样本的收款凭证,进行如下检查。

(1) 核对收款凭证与存入银行账户的日期和金额是否相符。

(2) 核对货币资金、银行存款日记账的收入金额是否正确。

(3) 核对收款凭证与银行对账单是否相符。

(4) 核对收款凭证与应收账款等相关明细账的有关记录是否相符。

(5) 核对实收金额与销售发票等相关凭据是否一致。

3. 抽取并检查付款凭证

为测试货币资金付款的内部控制,注册会计师应选取适当样本的付款凭证,进行如下检查。

(1) 检查付款的授权批准手续是否符合规定。

(2) 核对库存现金、银行存款日记账的付出金额是否正确。

(3) 核对付款凭证与银行对账单是否相符。

(4) 核对付款凭证与应付账款等相关明细账的记录是否一致。

(5) 核对实付金额与购货发票等相关凭据是否相符。

4. 抽取一定期间的库存现金、银行存款日记账与总账核对

(1) 抽取一定期间的银行存款余额调节表,查验其是否按月正确编制并经复核。为证实银行存款记录的正确性,注册会计师必须抽取一定期间的银行存款余额调节表,将其同银行对账单、银行存款日记账及总账进行核对,确定被审计单位是否按月正确编制并复核银行存款余额调节表。

（2）检查外币资金的折算方法是否符合有关规定，是否与上年度一致。对于有外币库存现金、外币银行存款的被审计单位，注册会计师应检查外币库存现金日记账、外币银行存款日记账及"财务费用""在建工程"等账户的记录，确定企业有关外币库存现金、外币银行存款的增减变动是否按业务发生日的市场汇率或业务发生当期期初的市场汇率折合为记账本位币，选用方法是否前后期保持一致。检查企业的外币库存现金、外币银行存款账户的余额是否按期末市场汇率折合为记账本位币金额，有关汇兑损益的计算和记录是否正确。

（3）评价货币资金的内部控制。注册会计师在完成了上述程序之后，即可对货币资金的内部控制进行评价。评价时，注册会计师应首先确定货币资金内部控制可信赖的程序以及存在的薄弱环节和缺点，然后据以确定在货币资金实质性程序中对哪些环节可以适当减少审计程序，哪些环节应增加审计程序作重点检查，以减少审计风险。

三、库存现金审计

微课 8-3

（一）库存现金审计目标

（1）确定被审计单位资产负债表中的库存现金在资产负债表日是否确实存在，是否为被审计单位所拥有。

（2）确定被审计单位在特定期间内发生的库存现金收支业务是否均已记录完毕，是否有无遗漏。

（3）确定库存现金余额是否正确。

（4）确定库存现金在财务报表上的披露是否恰当。

（二）库存现金实质性程序

1. 核对库存现金日记账与总账的余额是否相符

注册会计师测试库存现金余额的起点是核对库存现金日记账与总账的余额是否相符，如果不相符，应查明原因，并作出适当调整。

2. 盘点库存现金

盘点库存现金是证实资产负债表所列现金是否存在的一项重要程序。

盘点库存现金，通常包括对已收到但未存入银行的现金、零用金、找换金等的盘点。盘点库存现金是证实资产负债表所列现金是否存在的一项重要程序，在执行该程序时，应注意以下问题。

（1）盘点方式。突击盘点，即不事先通知出纳员，防止出纳员在盘点前采取措施掩盖错弊。

（2）盘点时间。盘点时间一般应安排在外勤工作期间、企业营业时间的上午上班前或下午下班后进行，避开现金收支的高峰时间，如遇发放工资日，应将盘点提前或错后。

（3）盘点范围。现金盘点范围一般包括企业各部门经管的现金，在盘点前应由出纳员将现金集中起来，以备清点。企业现金存放部门有两处或两处以上者，应同时进行盘点。

（4）盘点人员。被审计单位主管会计和出纳员必须参加，由注册会计师进行监盘。如遇出纳员临时外出,可先暂封现金柜,待其返回后再盘点;如发现差错,应及时提请管理层注意并检查原因,做出处理决定后,注册会计师再据此提出审计意见。

(5) 盘点确认。注册会计师填制库存现金监盘表,由企业财务负责人和出纳员在盘点表上签字,并加盖单位公章或财务专用章。在实务中,盘点一般在资产负债表日后进行,注册会计师可逆推出报表日库存现金余额,即"报表日库存现金余额＝盘点库存现金余额＋报表日至盘点日的现金支出－报表日至盘点日现金收入"。由于现金日记账是逐笔序时登记的,如注册会计师能确认盘点日的余额及报表日至盘点日的收支发生额是正确的,则可以判定报表日的库存现金余额也是正确的。

3. 抽查大额现金收支

注册会计师应抽查大额现金收支的原始凭证内容是否完整,有无授权批准,并核对相关账户的进账情况,如有与被审计单位生产经营业务无关的收支事项,应查明原因,并作相应的记录。

4. 检查现金收支的正确截止

被审计单位资产负债表的库存现金数额,应以结账日实有数为准。因此,注册会计师必须验证现金收支的正确截止。通常,注册会计师可以对结账日前后一段时期内现金收支凭证进行审计,以确定是否存在跨期事项。

5. 检查外币库存现金、银行存款的折算是否正确

对于有外币库存现金的被审计单位,注册会计师应检查被审计单位对外币库存现金的收支是否按所规定的汇率折合为记账本位币金额;外币库存现金期末余额是否按期末市场汇率折合为记账本位币金额;外币折合差额是否按规定记入相关账户。

6. 检查库存现金是否在资产负债表上恰当披露

根据有关会计制度的规定,现金在资产负债表中的"货币资金"项目下反映。审计人员应在实施上述审计程序后,确定"库存现金"账户的期末余额是否恰当,据以确定货币资金是否在资产负债表上恰当披露。

四、银行存款审计

(一) 银行存款审计目标

(1) 确定被审计单位资产负债表中的银行存款在资产负债表日是否确实存在,是否为被审计单位所拥有。

(2) 确定被审计单位在特定期间内发生的银行存款收支业务是否均已记录完毕,有无遗漏。

(3) 确定银行存款的余额是否正确。

(4) 确定银行存款在财务报表上的披露是否恰当。

(二) 银行存款实质性程序

1. 核对银行存款日记账余额与总账余额是否相符

注册会计师在审查银行存款余额时,首先应做的是核对银行存款日记账余额与总账余额是否相符。如果不相符,注册会计师应查明原因,将其作为继续审查银行存

款余额的基础。

2. 实施分析性复核

注册会计师应比较银行存款余额的本期实际数与预算数以及与上年度账户的差异变动,对本期数字与上期实际数或本期预算数的异常差异或显著波动必须进一步追查原因,确定审计重点。尤其应注意的是银行存款中定期存款所占的比例,以确定企业是否存在高息资金拆借。如存在高息资金拆借,应进一步分析拆出资金的安全性。

3. 审查银行存款余额调节表

审查结算日银行存款余额调节表是证实资产负债表所列货币资金中银行存款是否存在的一个重要方法。注册会计师对银行存款余额调节表的审计主要包括以下内容。

1)核实调节表数字计算的正确性

调节表数字计算的正确性核实应注意以下几个方面。

(1)银行对账单、银行存款日记账和总账上的结账日余额与银行存款余额调节表上调节前的相应余额核对,验证调节表上的列示是否正确。

(2)银行对账单记录与银行存款日记账逐笔核对,核实调节表上各调节项目的列示是否真实完整,任何漏记、多记调节项目的现象都应引起注册会计师的高度警惕。

(3)在核对银行存款日记账账面余额和银行对账单余额的基础上,复核上述未达账项及其加减调节情况,并验证调节后两者的余额计算是否正确、是否相符。如不相符,说明其中一或双方存在记账差错,要进一步追查原因、扩大测试范围。

2)调查未达账项的真实性

未达账项的真实性调查主要包括以下几个方面。

(1)未兑现支票清单,注明开票日期和收款人姓名或单位,并调查金额较大的未兑现支票,可提现的未兑现支票以及注册会计师认为较为重要的未兑现支票。

(2)查截止日期银行对账单上的在途存款,并在银行存款余额调节表上注明存款日期。

(3)查直至截止日银行已收、被审计单位未收的款项的性质及其来源。

(4)查直至截止日银行已付、被审计单位未付的款项的性质及其来源。

对于未达账项(包括银行方面和企业方面的),一般应追查至此年初的银行对账单,查明年终的银行对账单,查明年终的未达账项,并从日期上进一步判断业务发生的真实性,注意有无利用未达账项来掩饰某种舞弊的行为。

一般而言,银行存款余额调节表应由被审计单位编制并向注册会计师提供,但在某些情况下(如被审计单位内部控制比较薄弱),注册会计师也可自行编制,以证实被审计单位所列货币资金中所含银行存款的金额。

需指出的是,对于其他货币资金,为了确定其真实性,同样可以向被审计单位或其开户银行索取对账单,核对各存款的账面余额,对其未达账项编制余额调节表进行调节并加以审查,其具体审查方法同上述银行存款的审查方法无异。

4. 函证银行存款余额

函证银行存款余额是证实资产负债表所列银行存款是否存在的重要程序。通过向往来银行函证,注册会计师不仅可了解企业资产的存在,还可了解企业账面反映所欠银行债务的情况,发现企业未入账的银行借款和未披露的或有负债。函证时,注册会计师应向被审计单位在本年存过款(含外埠存款、银行汇票存款、银行本票存款、信用卡存款、信用证保证金存款)的所有银行发函,其中包括企业存款账户已结清的银行,因为有可能存款账户已结清,但仍有银行借款或其他负债存在。同时,虽然注册会计师直接从某一银行取得了银行对账单和所有已付支票,但仍应向这一银行进行函证。2020 年 8 月财政部、中国银保监会联合发布的《关于进一步规范银行函证及回函工作的通知》(财会〔2020〕12 号)、《银行函证及回函工作操作指引》(财办会〔2020〕21 号)要求严格银行函证回函的内部控制,这为提高银行存款函证质量提供了制度保障。

银行询证函的参考格式见格式如图 8-4 所示。

银行询证函

编号:

××(银行):

本公司聘请的××会计师事务所正在对本公司 20××年度财务报表进行审计,按照中国注册会计师审计准则的要求,应当询证本公司与贵行相关的信息。下列信息出自本公司记录,如与贵行记录相符,请在本函下端"信息证明无误"处签章证明;如有不符,请在"信息不符"处列明不符项目及具体内容;如存在与本公司有关的未列入本函的其他重要信息,也请在"信息不符"处列出其详细资料。回函请直接寄至××会计师事务所。

回函地址: 邮编:

电话: 传真: 联系人:

截至 20××年 12 月 31 日,本公司与贵行相关的信息列示如下:

1. 银行存款

账户名称	银行账号	币种	利率	余额	起止日期	是否被质押、用于担保或存在其他使用限制	备注

除上述列示的银行存款外,本公司并无在贵行的其他存款。

注:"起止日期"一栏仅适用于定期存款,如为活期或保证金存款,可只填写"活期"或"保证金"字样。

2. 银行借款

借款人名称	币种	本息余额	借款日期	到期日期	利率	借款条件	抵(质)押品/担保人	备注

除上述列示的银行借款外,本公司并无自贵行的其他借款。

注:此项仅函证截至资产负债表日本公司尚未归还的借款。

3. 截至函证日之前12个月内注销的账户

账户名称	银行账号	币种	注销账户日

除上述列示的账户外,本公司并无截至函证日之前12个月内在贵行注销的其他账户。

4. 委托存款

账户名称	银行账号	借款方	币种	利率	余额	存款起止日期	备注

除上述列示的委托存款外,本公司并无通过贵行办理的其他委托存款。

5. 委托贷款

账户名称	银行账号	资金使用方	币种	利率	本金	利息	贷款起止日期	备注

除上述列示的委托贷款外,本公司并无通过贵行办理的其他委托贷款。

6. 担保

(1) 本公司为其他单位提供的以贵行为担保受益人的担保

被担保人	担保方式	担保金额	担保期限	担保事由	担保合同编号	被担保人与贵行就担保事项往来的内容(贷款等)	备注

除上述列示的担保外,本公司并无其他以贵行为担保受益人的担保。

注:如采用抵押或质押方式提供担保的,应在备注中说明抵押或质押物情况。

(2) 贵行向本公司提供的担保

被担保人	担保方式	担保金额	担保期限	担保事由	担保合同编号	备注

除上述列示的担保外,本公司并无贵行提供的其他担保。

7. 本公司为出票人且由贵行承兑而尚未支付的银行承兑汇票

银行承兑汇票号码	票面金额	出票日	到期日

除上述列示的银行承兑汇票外，本公司并无由贵行承兑而未支付的其他银行承兑汇票。

8. 本公司向贵行已贴现而尚未到期的商业汇票

商业汇票号码	付款人名称	承兑人名称	票面金额	票面利率	出票日	到期日	贴现日	贴现率	贴现净额

除上述列示的商业汇票外，本公司并无向贵行已贴现而尚未到期的其他商业汇票。

9. 本公司为持票人且由贵行托收的商业汇票

商业汇票号码	承兑人名称	票面金额	出票日	到期日

除上述列示的商业汇票外，本公司并无由贵行托收的其他商业汇票。

10. 本公司为申请人，由贵行开具的未履行完毕的不可撤销信用证

信用证号码	受益人	信用证金额	到期日	未使用金额

除上述列示的不可撤销信用证外，本公司并无由贵行开具的未履行完毕的其他不可撤销信用证。

11. 本公司与贵行之间未履行完毕的外汇买卖合约

类别	合约号码	买卖币种	未履行的合约买卖金额	汇率	交收日期
贵行卖予本公司					
本公司卖予贵行					

除上述列示的外汇买卖合约外，本公司并无与贵行之间未履行完毕的其他外汇买卖合约。

12. 本公司存放于贵行的有价证券或其他产权文件

有价证券或其他产权文件名称	产权文件编号	数量	金额

除上述列示的有价证券或其他产权文件外，本公司并无存放于贵行的其他有价证券或其他产权文件。

13. 其他重大事项

_____

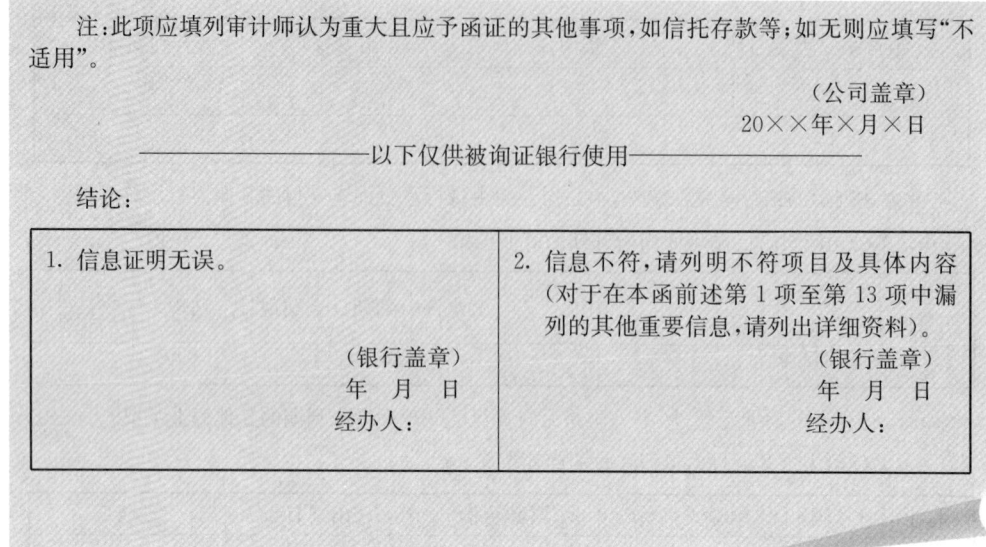

注:此项应填列审计师认为重大且应予函证的其他事项,如信托存款等;如无则应填写"不适用"。

(公司盖章)
20××年×月×日

————以下仅供被询证银行使用————

结论:

1. 信息证明无误。	2. 信息不符,请列明不符项目及具体内容(对于在本函前述第 1 项至第 13 项中漏列的其他重要信息,请列出详细资料)。
(银行盖章) 年 月 日 经办人:	(银行盖章) 年 月 日 经办人:

图 8-4 银行询证函格式

5. 检查一年期以上定期存款或限定用途存款

一年期以上的定期存款或限定用途的银行存款,不属于企业的流动资产,应列于非流动资产类下。对此,注册会计师应查明情况,作出相应的记录。

6. 抽查大额现金和银行存款的收支

注册会计师应抽查大额现金收支、银行存款(含外埠存款、银行汇票存款、银行本票存款、信用证存款)收支的原始凭证内容是否完整,有无授权批准,并核对相关账户的进账情况。如有与被审计单位生产经营业务无关的收支事项,应查明原因并作相应的记录。

7. 检查银行存款收支的正确截止

被审计单位资产负债表上的银行存款的数额,应以结账日实有数额为准。因此,注册会计师必须审查验证被审计单位银行存款收支的截止日期,以防止将属于本期的银行存款收支记入下期,或将属于下期的银行存款收支记入本期,从而防止被审计单位高估或低估其银行存款的数额,以达到隐瞒某些事实真相的目的。为了达到上述审计目标,首先,注册会计师应确定结账日签发的最后一张支票的顺序号码,并查询在此号码之前所有签发的支票是否均已交付被审计单位的有关客户。其次,注册会计师还应向被审计单位开户银行索取由银行编制的以结账日后7~10 天为截止日的银行对账单,以查明是否存在下述情况:①年终未兑现的支票的实际付出日期是否离签发日期过长;②当被审计单位在多家银行开户时,是否存在挪用补空的现象。

8. 检查外币银行存款的折算是否正确

对于有外币银行存款的被审计单位,注册会计师应检查被审计单位对外币银行存款的收支是否按所规定的汇率折合为记账本位币金额;外币银行存款期末余额是否按期末市场汇率折合为记账本位币金额;外币折合差额是否按规定记入相关账户。

9. 检查银行存款是否已在资产负债表上恰当披露

根据有关会计制度的规定,企业的银行存款在资产负债表上"货币资金"项目下反映。所以,审计人员在实施上述审计程序后,确定"库存现金""银行存款""其他货币资金"账户的期末余额合计数是否与资产负债表上"货币资金"项目的数额相符,从而确定银行存款是否在资产负债表上恰当披露。

五、其他货币资金审计

注册会计师在对其他货币资金实施审计程序时,通常需要特别关注以下事项。

(1)保证金存款的检查。检查开立银行承兑汇票的协议或银行授信审批文件。可以将保证金账户对账单与相应的交易进行核对,根据被审计单位应付票据的规模合理推断保证金数额。检查信用证的开立协议与保证金是否相符,检查保证金与相关债务的比例是否与合同约定一致,特别关注是否存在有保证金发生而被审计单位无对应保证事项的情形。

(2)对于存出投资款,跟踪资金流向,并获取董事会决议等批准文件、开户资料、授权操作资料等。如果投资于证券交易业务,通常结合相应金融资产项目审计,核对证券账户户名是否与被审计单位相符,获取证券公司证券交易结算资金账户的交易流水,抽查大额的资金收支,关注资金收支的账面记录与资金流水是否相符。

(3)因互联网支付留存于第三方支付平台的资金。了解是否开立支付宝、微信等第三方支付账户,如是,获取相关开户信息资料,了解其用途和使用情况。获取与第三方支付平台签订的协议,了解第三方平台使用流程等内部控制,比照验证银行存款或银行交易的方式,对第三方平台支付账户函证交易发生额和余额(如可行)。获取第三方支付平台发生额及余额明细,并与账面记录进行核对,对大额交易考虑实施进一步的检查程序。

 **技能训练**

一、单项选择题

1. 下列内容不属于应收账款实质性程序的是(　　)。

A. 获取或编制应收账款明细表

B. 分析应收账款账龄

C. 核对货运文件样本与相关的销售发票

D. 抽查有无不属于结算业务的债权

2. 在下列情况下,注册会计师可以采用积极式函证的是(　　)。

A. 重大错报风险评估为低水平

B. 预期不存在大量的错误

C. 有理由相信被询证者不认真对待函证

D. 涉及大量余额较小的账户

3. 下列情况下,注册会计师应适当增加函证量的是(　　)。

A. 应收账款在全部资产中所占的比重较小

B. 被审计单位内部控制较为薄弱

C. 以前期间函证中未发现过重大差异

D. 采用消极式函证而非积极式函证

4. 注册会计师对被审计单位实施销货业务的截止测试,其主要目的是检查(　　)。

A. 年底应收账款的真实性　　　　　B. 是否存在过多的销货折扣

C. 销货业务的入账时间是否正确　　D. 销货退回是否已经核准

5. 对大额逾期应收账款如无法获取询证函回函,则注册会计师应(　　)。

A. 检查所审计期间应收账款回收情况

B. 了解大额应收账款客户的信用情况

C. 检查与销货有关的销售订单、发票、发运凭证等文件

D. 提请被审计单位提高坏账准备提取比例

6. 注册会计师在复核被审计单位的盘点计划时,以下考虑不恰当的是(　　)。

A. 盘点时间是否合理

B. 盘点期间存货移动的控制是否合理

C. 盘点表单的设计、使用与控制是否合理

D. 存货计价测试方法是否合适

7. 下列关于库存现金监盘的表述中,错误的是(　　)。

A. 应采取突击方式进行监盘

B. 出纳和会计主管应在盘点表上签字

C. 由出纳自行盘点,会计主管和审计人员在旁边观察监督

D. 对存放于不同地点的现金,应分别安排不同的监盘时间

8. 下列各项中,属于货币资金完整性审计目标的是(　　)。

A. 已收到的货币资金确实为被审计单位所有

B. 与货币资金有关的经济业务已全部登记入账

C. 货币资金在财务报表中的列示符合会计准则要求

D. 已入账的货币资金确实为被审计单位实际收到的货币资金

二、多项选择题

1. 在审计实务中,注册会计师实施营业收入的截止测试的起点有(　　)。

A. 以销售发票为起点　　　　　　　B. 以账簿记录为起点

C. 以报表为起点　　　　　　　　　D. 以发运凭证为起点

2. 注册会计师对被审计单位已发生的销货业务是否均已登记入账进行审计时,常用的控制测试程序有(　　)。

A. 检查发运凭证连续编号的完整性

B. 检查赊销业务是否经适当的授权批准

C. 检查销售发票连续编号的完整性

D. 观察已经寄出的对账单的完整性

3. 注册会计师确定应收账款函证数里的大小、范围时,应考虑的主要因素有(　　)。

A. 应收账款在全部资产中的重要性

B. 被审计单位内部控制的强弱

C. 以前年度的函证结果

D. 函证方式的选择

4. 为了证实存货的"计价和分摊"认定,注册会计师应实施的实质性程序包括(　　)。

A. 检查费用的归集、分配等流程是否正确

B. 抽查产量及工时记录、材料费用分配表等计算是否正确

C. 对重大的在产品项目进行计价测试

D. 抽查成本计算是否正确

5. 下列选项中,属于存货现场监盘程序的有(　　)。

A. 观察

B. 实物检查

C. 抽盘

D. 评价管理层用以记录和控制存货盘点结果的指令和程序

6. 应付账款一般不需要函证,但出现(　　)时,审计人员还应实施函证程序。

A. 应付账款存在借方余额 　　　　B. 控制风险较高

C. 某应付账款的账户金额较大 　　　D. 被审计单位处于经济困难阶段

7. 下列各项中,属于对被审计单位货币资金循环实施的实质性程序有(　　)。

A. 抽查企业是否定期编制银行存款余额调节表

B. 抽查付款凭证上是否有审批授权人的签章

C. 对库存现金进行监盘

D. 分析银行存款中定期存款占全部存款的比例

8. 审计人员应该进行银行存款函证的有(　　)。

A. 外埠存款 　　　　　　　　　　B. 银行汇票存款

C. 存款账户已结清的银行 　　　　　D. 工会存款

三、综合题

审计人员于 2019 年 12 月 15 日接受委托对 A 企业财务报表进行审计,并决定在决算日前实施某些审计程序,包括对 2019 年 11 月 30 日的应收账款进行函证。汇总函证结果,有如下债务人回复了以下意见。

(1) 甲公司:本公司资料系统无法复核贵公司的对账单。

(2) 乙公司:所欠贵公司余额 50 000 元已于 11 月 30 日支付。

（3）丙公司：函证金额大体一致。

（4）丁公司：经查贵公司 11 月 30 日的第 362 号发票（金额为 60 000 元）系目的地交货，本公司收货日期为 12 月 5 日，因此询证函所称 11 月 30 日欠贵公司货款之事与事实不符。

（5）戌公司：本公司曾于 10 月份预付货款 70 000 元，可以抵付对账单中所列发票金额 65 000 元。

（6）己公司：对账单中所称所购货物未收到。

要求：针对债务人复函中提出的意见，审计师应该采取怎样的方法进行处理。

项目九　终　结　审　计

知识目标

1. 了解评价审计过程中发现的错报。
2. 熟悉审计工作底稿复核内容。
3. 了解审计报告的含义、作用与类型。
4. 掌握审计报告的内容、格式与撰写措辞。
5. 掌握不同意见类型审计报告的出具条件。

技能目标

1. 能够评价审计中的重大发现和重大错报。
2. 具备复核审计工作底稿和财务报表的能力。
3. 能够根据审计证据得出相应的审计结论。
4. 能够根据审计情况判断审计报告意见类型并撰写审计报告。

素养目标

1. 养成审计人员应有的严谨细致的工作作风和思维方式。
2. 坚持原则、实事求是,树立职业自信。

知识结构

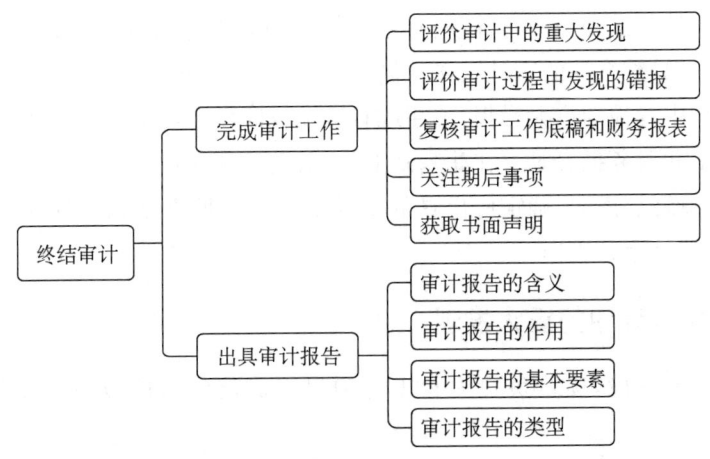

案例导入

出具审计报告前的复核

中兴公司是一家大型自动化设备制造企业,该公司委托万信会计师事务所对其年度财务报表审计。万信会计师事务所注册会计师小华分派审计项目组成员赵明负责该公司的应付账款审计。对于大型设备制造企业来说,应付账款是一项重要的审计项目,审计人员应对应付账款进行后期付款检查等程序,以验证负债记录是否恰当。小华注意到赵明经常在工作时间处理私人事务,但赵明还是在预定的时间内完成了工作。在审计工作即将完成时,赵明辞职离开了万信会计师事务所。

小华检查了审计工作底稿,特别是赵明编制的底稿,看到赵明对每笔应付账款都用"√"作出标记并加以解释。因此,他认为赵明已经认真核对了相关的账户凭证和数据,且应付账款的记录是正确的。

最后,万信会计师事务所的主任会计师小李负责复核底稿。小李对设备制造业及中兴公司都非常熟悉,小李认为应付账款不太合理,要求小华进一步测试应付账款。于是,小华又检查了复核过的底稿中的所有账簿与凭证,发现赵明并没有认真检查或者根本没有检查账证,还发现中兴公司漏记负债120万元。

主任会计师小李的复核使万信会计师事务所幸免于一次审计失败。

思考:注册会计师在得出审计结论并出具审计报告前,还应该完成什么工作?

任务一 完成审计工作

审计完成阶段是审计的最后一个阶段。注册会计师按照业务循环完成对财务报表各项目的审计测试和一些特殊项目的审计工作后,在审计完成阶段应汇总审计测试结果,进行更具综合性的审计工作。例如,汇总审计差异,评价审计中的重大发现,评价审计过程中发现的重大错报,关注或有事项或期后事项对财务报表的影响,复核审计工作底稿和财务报表等。在此基础上,注册会计师在评价审计结果,并与客户沟通以后,获取管理层声明,确定应出具的审计报告的意见类型和措辞,继而撰写并呈送审计报告,终结审计工作。

一、评价审计中的重大发现

在审计完成阶段,项目负责人和审计项目组成员应考虑以下几项重大发现和事项。

(1)中期复核的重大发现及其对审计方法的影响。

（2）涉及会计政策的选择、运用和一贯性的重大事项，包括相关披露。

（3）基于识别出的重大风险，对审计策略和计划的审计程序作出重大修正。

（4）在与管理层和其他人员讨论重大发现和事项时得到的信息。

（5）与注册会计师的最终审计结论相矛盾或不一致的信息。

二、评价审计过程中发现的错报

（一）错报的沟通和更正

除非法律法规禁止，注册会计师应当与适当层级的管理层及时沟通审计过程中累积的所有错报，并要求管理层更正这些错报。及时与适当层级的管理层沟通错报事项是很重要的，因为管理层能够评价这些事项是否属于错报，并在有异议的情况下及时告知注册会计师。适当层级的管理层通常是指有责任和权限对错报进行评价并采取必要行动的人员。

管理层对所有的错报（包括注册会计师通报的错报）进行更正，可以保持会计账簿和记录的准确性，并降低可能由此导致的未来期间财务报表出现重大错报的风险。

如果管理层拒绝纠正沟通的部分或全部错报，注册会计师应当了解管理层不纠正错报的原因，并在评价财务报表整体是否存在重大错报时考虑该原因。注册会计师对于管理层不纠正错报原因的理解，可能会影响对被审计单位会计实务质量的评价。

（二）评价未更正错报的影响

1. 重评重要性水平

在评价未更正错报的影响之前，注册会计师有必要根据被审计单位实际的财务结果对重要性水平作出修改。如果注册会计师对被审计事项的重要性水平进行的重新评价时认为其需要修正为较低的金额，则应重新考虑实际执行的重要性水平和进一步审计程序的性质、时间安排和范围的适当性，以获取充分且适当的审计证据。

2. 评价未更正错报

未更正错报是指注册会计师在审计过程中累积的且被审计单位未予更正的错报。

1）累积错报

错报的汇总数等于已识别的具体错报与推断错报数之和，即事实错报、判断错报与抽样推断错报的总和。

2）单项错报

如果注册会计师认为某一单项错报是重大的，则该项错报不太可能会被其他错报抵消。但对于同一账户余额或同一类别交易内部的错报而言，这种抵消可能是适当的。

3）分类错报

在确定一项分类错报是否重大时，注册会计师需要对其进行定性评估。

（1）即使分类错报超过在评价其他错报时运用的重要性水平，注册会计师可能仍然认为该分类错报不会对财务报表整体产生重大影响。

（2）即使某些错报低于财务报表整体的重要性水平，但由于受某些相关情况的影响，在将其单独或连同在审计过程中累积的其他错报一并考虑时，注册会计师也可能将这些错报评价为重大错报。

三、复核审计工作底稿和财务报表

（一）对财务报表总体合理性进行总体复核

在审计工作临近结束时，注册会计师需要运用分析程序来确定经过审计调整后的财务报表在整体上是否具有合理性。因此，注册会计师应当围绕这一目的运用分析程序。

在运用分析程序进行总体复核时，如果识别出以前未识别的重大错报风险，注册会计师应当重新考虑对全部或部分各类别的交易、账户余额、披露评估的风险是否恰当，并在此基础上重新评价之前实施的审计程序是否充分，是否有必要追加审计程序。

（二）复核审计工作底稿

《质量控制准则第5101号——会计师事务所对执行财务报表审计和审阅、其他鉴证和相关服务业务实施的质量控制》对会计师事务所业务复核与项目质量控制复核的质量控制制度作出了规定。《中国注册会计师审计准则第1121号——对财务报表审计实施的质量控制》对注册会计师执行财务报表审计的复核与审计项目质量控制复核的质量控制程序作出了规定。

遵循准则要求执行复核是确保注册会计师执业质量的重要手段之一。会计师事务所需要按照《质量控制准则第5101号——会计师事务所对执行财务报表审计和审阅、其他鉴证和相关服务业务实施的质量控制》和《中国注册会计师审计准则第1121号——对财务报表审计实施的质量控制》的相关规定，同时结合事务所自身组织架构特点和质量控制体系建设需要，制定相关的质量控制政策和程序，对审计项目复核的级次以及人员、时间、范围和工作底稿记录等作出规定。

四、关注期后事项

（一）期后事项的种类

期后事项是指财务报表日至审计报告日之间发生的事项，以及注册会计师在审计报告日后知悉的事实。

1. 财务报表日后调整事项

这类事项既可以为被审计单位管理层确定财务报表日账户余额提供信息，也可以为注册会计师核实这些余额提供补充证据。如果这类期后事项的金额重大，审计人员应提请被审计单位对本期财务报表及相关的账户金额进行调整。

2. 财务报表日后非调整事项

这类事项因不影响财务报表日的财务状况，被审计单位不需要调整其本期财务报表。但如果财务报表因此可能受到误解，则被审计单位应在财务报表中以附注的形式予以适当披露。

3. 不同时段的期后事项

如图 9-1 所示,根据期后事项的上述定义,期后事项可以分为三类:第一类是在财务报表日至审计报告日期间发生的事项,称为第一时段期后事项;第二类是在审计报告日至财务报表报出日期间发现的事项,称为第二时段期后事项;第三类是在财务报表报出日后发现的事项,称为第三时段期后事项。

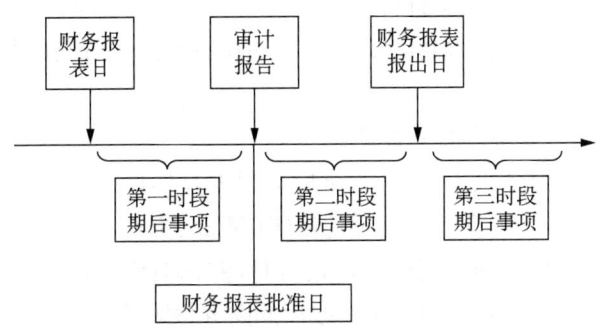

图 9-1　期后事项分段示意

(二) 不同时段期后事项的审计工作

1. 主动识别第一时段期后事项

在财务报表日至审计报告日之间发生的期后事项属于第一时段期后事项。对于这一时段的期后事项,注册会计师应当实施必要的审计程序来识别这些期后事项,并根据这些事项的性质判断其对财务报表的影响,进而确定这些事项是否应进行调整和披露。

通常情况下,针对期后事项的专门审计程序,其实施时间应尽量接近审计报告日。因为越接近审计报告日,被审计单位这段时间内累积的对财务报表日已经存在的情况所能提供的进一步证据也就越多;而且越接近审计报告日,注册会计师遗漏期后事项的可能性也就越小。

用以识别第一时段期后事项的审计程序包括以下内容。

(1) 了解管理层为确保识别期后事项而建立的程序。

(2) 询问管理层和治理层,确定被审计单位是否已发生可能影响财务报表的期后事项。注册会计师可以询问根据初步或尚无定论的数据作出会计处理的项目现状,以及被审计单位是否已发生新的承诺、借款或担保,是否计划出售或购置资产等。

(3) 查阅被审计单位的所有者、管理层和治理层在财务报表日后举行的会议纪要,在不能获取会议纪要的情况下,询问此类会议讨论的事项。

(4) 查阅被审计单位最近的中期财务报表。

2. 被动识别第二时段期后事项

在审计报告日后,审计人员没有义务针对财务报表实施任何审计程序。审计报告日后至财务报表报出日前发现的事实属于第二时段期后事项。在这一阶段,注册会计师针对被审计单位的审计业务已经基本结束,要识别可能存在的期后事项比较困难,因而审计人员无法承担主动识别第二时段期后事项的审计责任。

但是,在这一阶段,被审计单位的财务报表并未报出,管理层有责任将发现的可能影响财务报表的事实告知审计人员。当然,审计人员还可以从媒体报道、举报信或者证券监管部门告知等途径获悉影响财务报表的期后事项。

在审计报告日后至财务报表报出日前,审计人员如果知悉了某事实,且此事项可能导致修改审计报告时,注册会计师应当与管理层和治理层(如适用)讨论该事项,确定财务报表是否需要修改,如果需要修改,则询问管理层如何在财务报表中处理该事项。

1)管理层修改财务报表时的处理

如果管理层修改财务报表,审计人员应当根据具体情况对有关的修改项目实施必要的审计程序。同时,除非下文述及的特殊情况适用,审计人员应当将用以识别期后事项的上述审计程序延伸至新的审计报告日,并针对修改后的财务报表出具新的审计报告。新的审计报告日不应早于修改后的财务报表被批准的日期。

此时,审计人员需要获取充分、适当的审计证据,以验证管理层根据期后事项所作出的财务报表调整或披露是否符合适用的财务报告编制基础的规定。

在这种情况下,审计人员应当选用下列处理方式之一。一是修改审计报告,针对财务报表修改部分增加补充报告日期,从而表明审计人员对期后事项实施的审计程序仅限于财务报表相关附注所述的修改。在这种处理方式下,审计人员针对管理层作出修改前的财务报表出具的原审计报告日期保持不变。二是出具新的或经修改的审计报告,在强调事项段或其他事项段中说明审计人员对期后事项实施的审计程序仅限于财务报表相关附注所述的修改。

2)管理层不修改财务报表且审计报告未提交时的处理

如果认为管理层应当修改财务报表而没有修改,并且审计报告尚未提交给被审计单位,审计人员应当按照《中国注册会计师审计准则第1502号——在审计报告中发表非无保留意见》的规定发表非无保留意见,然后再提交审计报告。

3)管理层不修改财务报表且审计报告已提交时的处理

如果认为管理层应当修改财务报表而没有修改,并且审计报告已经提交给被审计单位,审计人员应当通知管理层和治理层(除非治理层全部成员参与管理被审计单位)在财务报表作出必要修改前不要向第三方报出。如果财务报表在未经必要修改的情况下仍被报出,审计人员应当采取适当措施,以防止财务报表使用者信赖该审计报告。例如,针对上市公司,审计人员可以利用证券传媒等刊登必要的声明,防止使用者信赖审计报告。

3. 没有义务识别第三时段的期后事项

财务报表报出日后发生的事项属于第三时段期后事项,审计人员对此类事项,没有义务针对财务报表实施任何审计程序。但是,并不排除审计人员通过媒体等其他途径获悉可能对财务报表产生重大影响的期后事项的可能性。

在财务报表报出后,如果知悉了某事项,且该事项可能导致修改审计报告,审计人员应当与管理层和治理层(如适用)讨论该事项,确定财务报表是否需要修改,如果需要修改,询问管理层将如何在财务报表中处理该事项。

1)管理层修改财务报表时的处理

如果管理层修改了财务报表,审计人员应当采取如下必要的措施:根据具体情况对有关修改实施必要的审计程序;复核管理层采取的措施能否确保所有收到原财务报表和审计报告的人士了解这一情况;延伸实施审计程序,并针对修改后的财务报表出具新的审计报告,新的审计报告日不应早于修改后的财务报表被批准的日期;审计人员应当在新的或经修改的审计报告中增加强调事项段或其他事项段,提醒财务报表使用者关注财务报表附注中有关修改原财务报表的详细原因和审计人员提供的原审计报告。

2)管理层未采取任何行动时的处理

如果管理层没有采取必要措施确保所有收到原财务报表的人士了解这一情况,也没有在审计人员认为需要修改的情况下修改财务报表,审计人员应当通知管理层和治理层(除非治理层全部成员参与管理被审计单位),以防止财务报表使用者信赖该审计报告。

如果审计人员已经通知管理层和治理层,而管理层和治理层没有采取必要措施,审计人员应当采取适当措施,以防止财务报表使用者信赖该审计报告。注册会计师采取的措施取决于自身的权利和义务以及所征询的法律意见。

五、获取书面声明

(一) 书面声明的含义和作用

书面声明是指管理层向审计人员提供的书面陈述,用以确认某些事项或支持其他审计证据。书面声明不包括财务报表及其认定,以及支持性账簿和相关记录。

书面声明是审计人员在财务报表审计中需要获取的必要信息,是审计证据的重要来源。如果管理层修改书面声明的内容或不提供审计人员要求的书面声明,则审计人员应警觉其中存在重大问题的可能性。而且在很多情况下,要求管理层提供书面声明而非口头声明,可以促使管理层更加认真地考虑声明所涉及的事项,从而提高声明的质量。

(二) 书面声明的主要内容

针对财务报表的编制,审计人员应当要求管理层提供书面声明,确认其根据审计业务约定条款,履行了相关管理责任。

针对提供的信息和交易的完整性,审计人员应当要求管理层就下列事项提供书面声明。

(1) 按照审计业务约定条款,已向审计人员提供所有相关信息,并允许审计人员不受限制地接触所有相关信息以及被审计单位内部人员和其他相关人员。

(2) 所有交易均已记录并反映在财务报表中。如果未从管理层处获取其确认已履行责任的书面声明,审计人员在审计过程中获取的有关管理层已履行这些责任的其他审计证据是不充分的。因为仅凭其他审计证据不能判断管理层是否在认可并理解其责任的基础上编制和列报财务报表并向审计人员提供了相关信息。

（三）书面声明的日期和涵盖的期间

书面声明的日期应当尽量接近审计人员对财务报表出具审计报告的日期,但不得在审计报告日后。书面声明应当涵盖审计报告针对的所有财务报表和期间。

由于书面声明是必要的审计证据,在管理层签署书面声明前,审计人员不能发表审计意见,也不能签署审计报告。

（四）书面声明的形式

书面声明应当以声明书的形式送至注册会计师,其参考格式如图 9-2 所示。

声明书

致注册会计师:

本声明书是针对你们审计 ABC 公司截至 2021 年 12 月 31 日的年度财务报表而提供的。审计的目的是对财务报表发表意见,以确定财务报表是否在所有重大方面均已按照企业会计准则的规定编制,并实现公允反映。

尽我们所知,并在进行必要的查询和了解后,我们确认:

一、财务报表

1. 我们已履行[插入日期]签署的审计业务约定书中提及的责任,及根据企业会计准则的规定编制财务报表,并对财务报表进行公允反映。

2. 作出会计估计时使用的重大假设(包括与公允价值计量相关的假设)是合理的。

3. 已按照企业会计准则的规定在关联方关系及其交易方面作出恰当的会计处理和披露。

4. 根据企业会计准则的规定所有需要调整或披露的资产负债表日后事项都已得到调整或披露。

5. 未更正错报,无论是单独还是汇总起来,对财务报表整体的影响均不重大。未更正错报汇总表在本说明书后。

6. [插入注册会计师可能认为适当的其他任何事项]。

二、提供的信息

7. 我们已向你们提供下列工作条件:

(1) 允许接触我们注意到的与财务报表编制相关的所有信息(如记录、文件和其他事项)。

(2) 提供你们基于审计目的要求我们提供的其他信息。

(3) 允许在获取审计证据时不受限制地接触你们认为必要的本公司内部人员和其他相关人员。

8. 所有交易均已记录并反映在财务报表中。

9. 我们已向你们披露我们注意到的、可能影响本公司的舞弊或与舞弊现象相关的所有信息,这些信息涉及本公司的下列人员:

(1) 管理层;

(2) 在内部控制中承担重要职责的员工;

(3) 其他人员(在舞弊行为导致财务报表产生重大错报的情况下)。

10. 我们已向你们披露从现任和前任员工、分析师、监管机构等方面获知的、影响财务报表的舞弊指控或有关嫌疑的所有信息。

11. 我们已向你们披露所有已知的、在编制财务报表时应当考虑其影响的违反或涉嫌违反法律法规的行为。

---

12. 我们已向你们披露我们注意到的关联方的名称和特征、所有关联方关系及其交易事项。
13. 注册会计师可能认为必要的其他任何事项。
附:未更正错报汇总表

ABC 公司
（盖章）

ABC 公司管理层
（签名并盖章）
中国××市
××××年××月××日

图 9-2　声明书格式

任务二　出具审计报告

一、审计报告的含义

审计报告是指审计人员根据审计准则的规定,在执行审计工作的基础上,对财务报表发表审计意见的书面文件。它是审计人员实施审计工作的最终结果,具有法定的证明效力。

审计人员一旦出具了审计报告,就表明审计人员已经完成了受托项目的审计任务,即完成了对被审计单位财务报表的审计。因此,审计人员应当在审计报告中清楚地表达对财务报表的意见,并对出具的审计报告负责。

二、审计报告的作用

审计人员签发的审计报告主要具有鉴证、保护和证明三方面的作用。

(一) 鉴证作用

审计人员签发的审计报告是以独立的第三者身份,对被审计单位财务报表的合法性、公允性发表的意见。这种意见具有鉴证作用,得到了政府、投资者和其他利益相关者的普遍认可。例如,政府有关部门判断财务报表是否合法、公允,主要依据审计人员出具的审计报告。企业的投资者主要依据审计人员的审计报告来判断被投资企业的财务报表是否公允地反映了财务状况和经营成果,以进行投资决策等。

(二) 保护作用

审计人员通过审计,可以对被审计单位的财务报表出具不同类型审计意见的审计报告,以提高或降低财务报表使用者对财务报告的信赖程度,能够在一定程度上对被审计单位的债权人和股东以及其他利害关系人的利益起到保护作用。

(三) 证明作用

审计报告可以表明审计工作的质量并明确审计人员的审计责任。通过审计报告,可以证明审计人员对审计责任的履行情况,并证明其在审计过程中是否实施了必要的审计程序,是否以审计工作底稿为依据发表了审计意见,发表的审计意见是否与被审计单位的实际情况相一致,审计工作的质量是否符合要求,等等。

三、审计报告的基本要素

(一) 标题

审计报告的标题统一规范为"审计报告"。

(二) 收件人

审计报告应当按照审计业务约定的要求载明收件人。

(三) 审计意见

审计意见由以下两部分构成。

第一部分应当包括下列内容:①指出被审计单位的名称;②说明财务报表已经被审计;③指出构成整套财务报表的每一财务报表的名称;④提及财务报表附注,包括重大会计政策和会计估计;⑤指明构成整套财务报表的每一财务报表的日期或涵盖的期间。

第二部分应当说明审计人员发表的审计意见。如果审计人员对财务报表发表无保留意见,除非法律法规另有规定,审计意见应当使用"我们认为,后附的财务报表在所有重大方面按照××(如企业会计准则等)的规定编制,公允反映了……"的措辞。如果适用的财务报告编制基础是国际财务报告准则、国际公共部门会计准则或者其他国家或地区的财务报告准则,审计人员应当在审计意见部分指明适用的财务报告编制基础是国际财务报告准则、国际公共部门会计准则,或者指明财务报告编制基础所属的国家或地区。

(四) 形成审计意见的基础

审计报告的该部分应当提供关于审计意见的重要背景,紧接在审计意见部分之后,并包括下列方面。

(1) 说明审计人员按照审计准则的规定执行了审计工作。

(2) 提及审计报告中用于描述审计准则规定的审计人员责任的部分。

(3) 声明审计人员按照与审计相关的职业道德要求独立于被审计单位,并履行职业道德方面的其他责任。声明中应当指明适用的职业道德要求,如中国注册会计师职业道德守则。

(4) 说明审计人员是获取的审计证据是充分、适当的,其为发表审计意见提供了基础。

(五) 管理层对财务报表的责任

该部分应当说明管理层负有以下责任。

(1) 按照适用的财务报告编制基础的规定编制财务报表,使其实现公允反映价值,并设计、执行和维护必要的内部控制,使财务报表不存在由于舞弊或错误导致的重大错报。

(2) 评估被审计单位的持续经营能力和使用的持续经营假设是否适当,并披露与持续经营相关的事项。对管理层评估责任的说明应当包括描述在何种情况下使用持续经营假设是适当的。

（六）审计人员对财务报表审计的责任

审计人员的责任段应当包括下列内容。

(1) 说明审计人员的目标是对财务报表整体是否存在由于舞弊或错误导致的重大错报获取合理保证,并出具包含审计意见的审计报告。

(2) 说明合理保证是高水平的保证,但其并不能保证按照审计准则执行的审计在某一重大错报存在时总能发现。

(3) 说明错报可能由于舞弊或错误导致。

（七）按照相关法律法规的要求报告的事项

除审计准则规定的审计人员责任外,如果审计人员在对财务报表出具的审计报告中履行其他报告责任,应当在审计报告中将其单独作为一部分列示,并以"按照相关法律法规的要求报告的事项"为标题,或使用适合于该部分内容的其他标题,除非其他报告责任涉及的事项与审计准则规定的报告责任涉及的事项相同。如果涉及相同的事项,其他报告责任可以在审计准则规定的同一报告要素部分列示。

如果将其他报告责任在审计准则要求的同一报告要素部分列示,审计报告应当清楚地区分其他报告责任和审计准则要求的报告责任。

如果审计报告将其他报告责任单独作为一部分列示,"按照相关法律法规的要求报告的事项"部分应置于"对财务报表出具的审计报告"部分之后。

（八）注册会计师的签名和盖章

审计报告应当由项目合伙人和另一名负责该项目的审计人员签名和盖章。

（九）会计师事务所的名称、地址及盖章

审计报告应当指明会计师事务所的名称和地址,并加盖会计师事务所公章。根据《中华人民共和国注册会计师法》的规定,注册会计师承办业务,由其所在的会计师事务所统一受理并与委托人签订委托合同。因此,审计报告除了应由注册会计师签名和盖章外,还应指明会计师事务所的名称和地址,并加盖会计师事务所公章。

（十）报告日期

审计报告日期不应早于注册会计师获取充分、适当的审计证据,并在此基础上对财务报表形成审计意见的日期。在适用的情况下,审计报告还可能包括与持续经营相关的重大不确定性、关键审计事项、其他信息。

四、审计报告的类型

审计报告按照审计意见的类型可以分为无保留意见审计报告和非无保留意见审计报告。

（一）无保留意见审计报告

无保留意见审计报告包括标准无保留意见审计报告和带强调事项段的无保留意

见审计报告。

1. 标准无保留意见审计报告

标准无保留意见审计报告是指审计人员出具的，不含有说明段、强调事项段、其他事项段或其他任何修饰性用语的无保留意见的审计报告。它表明审计人员通过审计，认为被审计单位的财务报表已经按照适用的财务报告编制基础编制，在所有重大方面公允反映了财务状况、经营成果和现金流量。

审计人员必须在以下条件全部满足的情况下，才可以签发标准无保留意见审计报告。

（1）审计人员已经获取充分、适当的审计证据。

（2）审计人员认为财务报表在所有重大方面按照适用的财务报告编制基础的规定编制并实现公允反映价值。

（3）不存在需要增加强调事项段的情形。

标准无保留意见审计报告的参考格式如图 9-3 所示。

审计报告

ABC 股份有限公司全体股东：

一、对财务报表出具的审计报告

（一）审计意见

我们审计了 ABC 股份有限公司（以下简称 ABC 公司）财务报表，包括 20×1 年 12 月 31 日的资产负债表，20×1 年度的利润表、股东权益变动表和现金流量表以及财务报表附注。

我们认为，后面所附的财务报表在所有重大方面按照企业会计准则的规定编制，公允反映了 ABC 公司 20×1 年 12 月 31 日的财务状况以及 20×1 年度的经营成果和现金流量。

（二）形成审计意见的基础

我们按照中国注册会计师审计准则的规定执行了审计工作。审计报告的"注册会计师对财务报表审计的责任"部分进一步阐述了我们在这些准则下的责任。按照中国注册会计师职业道德守则，我们独立于 ABC 公司，并履行了职业道德方面的其他责任。我们相信，我们获取的审计证据是充分、适当的，为发表审计意见提供了基础。

（三）关键审计事项

关键审计事项是根据我们的职业判断，认为对本期财务报表审计最为重要的事项。这些事项是在对财务报表整体进行审计并形成意见的背景下进行处理的，我们不对这些事项提供单独的意见。

［提示：按照《中国注册会计师审计准则第 1504 号——在审计报告中沟通关键审计事项》的规定描述每一关键审计事项。］

（四）管理层和治理层对财务报表的责任

管理层负责按照企业会计准则的规定编制财务报表，使其实现公允反映，并设计、执行和维护必要的内部控制，以使财务报表不存在由于舞弊或错误导致的重大错报。

在编制财务报表时，管理层负责评估 ABC 公司的持续经营能力，披露与持续经营相关的事项（如适用），并运用持续经营假设，除非计划清算 ABC 公司、停止营运或别无其他现实的选择。

治理层负责监督 ABC 公司的财务报告过程。

（五）注册会计师对财务报表审计的责任

我们的目标是对财务报表整体是否不存在由于舞弊或错误导致的重大错报获取合理保证,并出具包含审计意见的审计报告。合理保证是高水平的保证,但并不能保证按照审计准则执行的审计在某一重大错报存在时总能发现。错报可能由于舞弊或错误导致,如果合理预期错报单独或汇总起来可能影响财务报表使用者依据财务报表作出的经济决策,则通常认为错报是重大的。

在按照审计准则执行审计的过程中,我们运用了职业判断,保持了职业怀疑。我们同时:

(1)识别和评估由于舞弊或错误导致的财务报表重大错报风险;对这些风险有针对性地设计和实施审计程序;获取充分、适当的审计证据,作为发表审计意见的基础。由于舞弊可能涉及串通、伪造、故意遗漏、虚假陈述或凌驾于内部控制之上,未能发现由于舞弊导致的重大错报的风险高于未能发现由于错误导致的重大错报的风险。

(2)了解与审计相关的内部控制,以设计恰当的审计程序,但目的并非对内部控制的有效性发表意见。

(3)评价管理层选用会计政策的恰当性和作出会计估计及相关披露的合理性。

(4)对管理层使用持续经营假设的恰当性得出结论。同时,根据获取的审计证据,就可能导致对 ABC 公司持续经营能力产生重大疑虑的事项或情况是否存在重大不确定性得出结论。如果我们得出结论认为存在重大不确定性,审计准则要求我们在审计报告中提请报表使用者注意财务报表中的相关披露;如果披露不充分,我们应当发表非无保留意见。我们的结论基于审计报告日可获得的信息。然而,未来的事项或情况可能导致 ABC 公司不能持续经营。

(5)评价财务报表的总体列报、结构和内容(包括披露),并评价财务报表是否公允反映相关交易和事项。

我们与治理层就计划的审计范围、时间安排和重大审计发现(包括我们在审计中识别的值得关注的内部控制缺陷)等事项进行沟通。我们还就遵守关于独立性的相关职业道德要求向治理层提供声明,并就可能被合理认为影响我们独立性的所有关系和其他事项,以及相关的防范措施(如适用)与治理层进行沟通。

从与治理层沟通的事项中,我们确定哪些事项对本期财务报表审计最为重要,因而构成关键审计事项。我们在审计报告中描述这些事项,除非法律法规禁止公开披露这些事项,或在罕见的情形下,如果合理预期在审计报告中沟通某事项造成的负面后果超过在公众利益方面产生的益处,我们确定不应在审计报告中沟通该事项。

二、按照相关法律法规的要求报告的事项

略。

[提示:本部分的格式和内容,取决于法律法规对其他报告责任的性质的规定。法律法规规范的事项(其他报告责任)应当在本部分处理,除非其他报告责任与审计准则所要求的报告责任涉及相同的主题。如果涉及相同的主题,其他报告责任可以在审计准则所要求的同一报告要素部分中列示。当其他报告责任和审计准则规定的报告责任涉及同一主题,并且审计报告中的措辞能够将其他报告责任与审计准则规定的责任予以清楚地区分(如差异存在)时,允许将两者合并列示(即包含在"对财务报表出具的审计报告"部分中,并使用适当的副标题)。]

×××会计师事务所　　　　　　　　中国注册会计师:×××(项目合伙人)
(盖章)　　　　　　　　　　　　　　　　(签名并盖章)
中国注册会计师:×××
(签名并盖章)

中国××市
××××年××月××日

图 9-3　标准无保留意见审计报告参考格式

2. 带强调事项段的无保留意见审计报告

强调事项段是指审计报告中含有的一个段落,该段落提及已在财务报表中恰当列报或披露的事项,且根据审计人员的职业判断,该事项对财务报表使用者理解财务报表至关重要。

1) 增加强调事项段的条件

审计人员如果认为有必要提醒财务报表使用者关注已在财务报表中列报或披露,且根据职业判断认为对财务报表使用者理解财务报表至关重要的事项,在下列条件同时满足时,应当在审计报告中增加强调事项段。

(1) 按照《中国注册会计师审计准则第 1502 号——在审计报告中发表非无保留意见》的规定,该事项不会导致注册会计师发表非无保留意见。

(2) 当《中国注册会计师审计准则第 1504 号——在审计报告中沟通关键审计事项》适用时,该事项未被确定为在审计报告中沟通的关键审计事项。

2) 增加强调事项段注意事项

如果审计报告中包含强调事项段,注册会计师应当注意以下事项。

(1) 将强调事项段作为单独的一部分置于审计报告中,并使用包含"强调事项"这一术语的适当标题。

(2) 明确提及被强调事项及相关披露的位置,以便财务报表使用者能够在财务报表中找到对该事项的详细描述。强调事项段应当仅提及已在财务报表中列报或披露的信息。

(3) 指出审计意见没有因该强调事项而改变。

带强调事项段的无保留意见审计报告参考格式如图 9-4 所示。

审计报告

ABC 股份有限公司全体股东:

一、对财务报表出具的审计报告

(一)审计意见

我们审计了 ABC 股份有限公司(以下简称 ABC 公司)财务报表,包括 20×1 年 12 月 31 日的资产负债表,20×1 年度的利润表、股东权益变动表和现金流量表以及财务报表附注。

我们认为,后面所附的财务报表在所有重大方面按照企业会计准则的规定编制,公允反映了 ABC 公司 20×1 年 12 月 31 日的财务状况以及 20×1 年度的经营成果和现金流量。

(二)形成审计意见的基础

我们按照中国注册会计师审计准则的规定执行了审计工作。审计报告的"注册会计师对财务报表审计的责任"部分进一步阐述了我们在这些准则下的责任。按照中国注册会计师职业道德守则,我们独立于 ABC 公司,并履行了职业道德方面的其他责任。我们相信,我们获取的审计证据是充分、适当的,为发表审计意见提供了基础。

(三)强调事项

我们提醒财务报表使用者关注,财务报表附注×描述了暴雨对 ABC 公司的生产设备造成的影响。本段内容不影响已发表的审计意见。

(四)关键审计事项

关键审计事项是根据我们的职业判断,认为对本期财务报表审计最为重要的事项。这些事项是在对财务报表整体进行审计并形成意见的背景下进行处理的,我们不对这些事项提供单独的意见。

〔提示:按照《中国注册会计师审计准则第 1504 号——在审计报告中沟通关键审计事项》的规定描述每一关键审计事项。〕

（五）管理层和治理层对财务报表的责任

管理层负责按照企业会计准则的规定编制财务报表,使其实现公允反映,并设计、执行和维护必要的内部控制、以使财务报表不存在由于舞弊或错误导致的重大错报。

在编制财务报表时,管理层负责评估 ABC 公司的持续经营能力,披露与持续经营相关的事项(如适用),并运用持续经营假设,除非计划清算 ABC 公司、停止管运或别无其他现实的选择。

治理层负责监督 ABC 公司的财务报告过程。

（六）注册会计师对财务报表审计的责任

我们的目标是对财务报表整体是否不存在由于舞弊或错误导致的重大错报获取合理保证,并出具包含审计意见的审计报告。合理保证是高水平的保证,但并不能保证按照审计准则执行的审计在某一重大错报存在时总能发现。错报可能由于舞弊或错误导致,如果合理预期错报单独或汇总起来可能影响财务报表使用者依据财务报表作出的经济决策,则通常认为错报是重大的。

在按照审计准则执行审计的过程中,我们运用了职业判断,保持了职业怀疑。我们同时:

（1）识别和评估由于舞弊或错误导致的财务报表重大错报风险;对这些风险有针对性地设计和实施审计程序;获取充分、适当的审计证据,作为发表审计意见的基础。由于舞弊可能涉及串通、伪造、故意遗漏、虚假陈述或凌驾于内部控制之上,未能发现由于舞弊导致的重大错报的风险高于未能发现由于错误导致的重大错报的风险。

（2）了解与审计相关的内部控制,以设计恰当的审计程序,但目的并非对内部控制的有效性发表意见。

（3）评价管理层选用会计政策的恰当性和作出会计估计及相关披露的合理性。

（4）对管理层使用持续经营假设的恰当性得出结论。同时,根据获取的审计证据,就可能导致对 ABC 公司持续经营能力产生重大疑虑的事项或情况是否存在重大不确定性得出结论。如果我们得出结论认为存在重大不确定性,审计准则要求我们在审计报告中提请报表使用者注意财务报表中的相关披露;如果披露不充分,我们应当发表非无保留意见。我们的结论基于审计报告日可获得的信息。然而,未来的事项或情况可能导致 ABC 公司不能持续经营。

（5）评价财务报表的总体列报、结构和内容(包括披露),并评价财务报表是否公允反映相关交易和事项。

我们与治理层就计划的审计范围、时间安排和重大审计发现(包括我们在审计中识别的值得关注的内部控制缺陷)等事项进行沟通。我们还就遵守关于独立性的相关职业道德要求向治理层提供声明,并就可能被合理认为影响我们独立性的所有关系和其他事项,以及相关的防范措施(如适用)与治理层进行沟通。

从与治理层沟通的事项中,我们确定哪些事项对本期财务报表审计最为重要,因而构成关键审计事项。我们在审计报告中描述这些事项,除非法律法规禁止公开披露这些事项,或在罕见的情形下,如果合理预期在审计报告中沟通某事项造成的负面后果超过在公众利益方面产生的益处,我们确定不应在审计报告中沟通该事项。

二、按照相关法律法规的要求报告的事项

略。

[提示:本部分的格式和内容,取决于法律法规对其他报告责任的性质的规定。法律法规规范的事项(其他报告责任)应当在本部分处理,除非其他报告责任与审计准则所要求的报告责任涉及相同的主题。如果涉及相同的主题,其他报告责任可以在审计准则所要求的同一报告要素部分中列示。当其他报告责任和审计准则规定的报告责任涉及同一主题,并且审计报告中的措辞能够将其他报告责任与审计准则规定的责任予以清楚地区分(如差异存在)时,允许将两者合并列示(即包含在"对财务报表出具的审计报告"部分中,并使用适当的副标题)。]

×××会计师事务所	中国注册会计师:×××(项目合伙人)
(盖章)	(签名并盖章)
中国注册会计师:×××	
(签名并盖章)	

中国××市

××××年××月××日

图 9-4 带强调事项段的无保留意见审计报告格式

(二)非无保留意见审计报告

非无保留意见的审计报告包括保留意见、否定意见或无法表示意见审计报告三种。

1. 保留意见审计报告

保留意见审计报告是指审计人员认为被审计单位的经营活动和财务报表在整体上是公允的,但对某些问题还不能作出肯定或否定,个别地方可能存在的重要错误或问题又不足以使财务报表失效而相应作出保留若干意见评价的审计报告。如果认为财务报表整体是公允的,但还存在下列情形之一时,审计人员应当发表保留意见审计报告。

第一,在获取充分、适当的审计证据后,审计人员认为错报单独或汇总起来对财务报表影响重大,但不具有广泛性。

第二,审计人员无法获取充分、适当的审计证据作为形成审计意见的基础,但认为未发现的错报(如存在)对财务报表可能产生的影响重大,且不具有广泛性。

当由于财务报表存在重大错报而发表保留意见时,审计人员应当根据适用的财务报告编制基础在审计意见段中做如下说明:注册会计师认为,除了形成保留意见的基础部分所述事项产生的影响外,财务报表在所有重大方面按照适用的财务报告编制基础编制,并实现公允反映价值。

当无法获取充分、适当的审计证据而导致发表保留意见时,审计人员应当在审计意见段中使用"除……可能产生的影响外"等措辞。

保留意见审计报告参考格式如图 9-5 所示。

审计报告

ABC 股份有限公司全体股东:
　　一、对财务报表出具的审计报告
　　(一)审计意见

我们审计了 ABC 股份有限公司(以下简称 ABC 公司)财务报表,包括 20×1 年 12 月 31 日的资产负债表,20×1 年度的利润表、股东权益变动表和现金流量表以及财务报表附注。

我们认为,除"形成保留意见的基础"部分所述事项产生的影响外,后面所附的财务报表在所有重大方面按照企业会计准则的规定编制,公允反映了 ABC 公司 20×1 年 12 月 31 日的财务状况以及 20×1 年度的经营成果和现金流量。

(二)形成保留意见的基础

ABC 公司 20×1 年 12 月 31 日资产负债表中存货的列示金额为 x 元。管理层根据成本对存货进行计量,而没有根据成本与可变现净值孰低的原则进行计量,这不符合企业会计准则的规定。ABC 公司的会计记录显示,如果管理层以成本与可变现净值孰低来计量存货,存货列示金额将减少×元。相应地,资产减值损失将增加 x 元,所得税、净利润和股东权益将分别减少×元、×元和×元。

我们按照中国注册会计师审计在则的规定执行了审计工作。审计报告的"注册会计师对财务报表审计的责任"部分进一步阐述了我们在这些准则下的责任。按照中国注册会计师职业道德守则,我们独立于 ABC 公司,并履行了职业道德方面的其他责任。我们相信,我们获取的审计证据是充分、适当的,为发表保留意见提供了基础。

(三)关键审计事项

关键审计事项是根据我们的职业判断,认为对本期财务报表审计最为重要的事项。这些事项是在对财务报表整体进行审计并形成意见的背景下进行处理的,我们不对这些事项提供单独的意见。除"形成保留意见的基础"部分所述事项外,我们确定下列事项是需要在审计报告中沟通的关键审计事项。

[提示:按照《中国注册会计师审计准则第 1504 号——在审计报告中沟通关键审计事项》的规定描述每一关键审计事项。]

(四)管理层和治理层对财务报表的责任

管理层负责按照企业会计准则的规定编制财务报表,使其实现公允反映,并设计、执行和维护必要的内部控制、以使财务报表不存在由于舞弊或错误导致的重大错报。

在编制财务报表时,管理层负责评估 ABC 公司的持续经营能力,披露与持续经营相关的事项(如适用),并运用持续经营假设,除非计划清算 ABC 公司、停止管运或别无其他现实的选择。

治理层负责监督 ABC 公司的财务报告过程。

(五)注册会计师对财务报表审计的责任

我们的目标是对财务报表整体是否不存在由于舞弊或错误导致的重大错报获取合理保证,并出具包含审计意见的审计报告。合理保证是高水平的保证,但并不能保证按照审计准则执行的审计在某一重大错报存在时总能发现。错报可能由于舞弊或错误导致,如果合理预期错报单独或汇总起来可能影响财务报表使用者依据财务报表作出的经济决策,则通常认为错报是重大的。

在按照审计准则执行审计的过程中,我们运用了职业判断,保持了职业怀疑。我们同时:

(1)识别和评估由于舞弊或错误导致的财务报表重大错报风险;对这些风险有针对性地设计和实施审计程序;获取充分、适当的审计证据,作为发表审计意见的基础。由于舞弊可能涉及串通、伪造、故意遗漏、虚假陈述或凌驾于内部控制之上,未能发现由于舞弊导致的重大错报的风险高于未能发现由于错误导致的重大错报的风险。

(2)了解与审计相关的内部控制,以设计恰当的审计程序,但目的并非对内部控制的有效性发表意见。

(3)评价管理层选用会计政策的恰当性和作出会计估计及相关披露的合理性。

（4）对管理层使用持续经营假设的恰当性得出结论。同时,根据获取的审计证据,就可能导致对 ABC 公司持续经营能力产生重大疑虑的事项或情况是否存在重大不确定性得出结论。如果我们得出结论认为存在重大不确定性,审计准则要求我们在审计报告中提请报表使用者注意财务报表中的相关披露;如果披露不充分,我们应当发表非无保留意见。我们的结论基于审计报告日可获得的信息。然而,未来的事项或情况可能导致 ABC 公司不能持续经营。

（5）评价财务报表的总体列报、结构和内容(包括披露),并评价财务报表是否公允反映相关交易和事项。

我们与治理层就计划的审计范围、时间安排和重大审计发现(包括我们在审计中识别的值得关注的内部控制缺陷)等事项进行沟通。我们还就遵守关于独立性的相关职业道德要求向治理层提供声明,并就可能被合理认为影响我们独立性的所有关系和其他事项,以及相关的防范措施(如适用)与治理层进行沟通。

从与治理层沟通的事项中,我们确定哪些事项对本期财务报表审计最为重要,因而构成关键审计事项。我们在审计报告中描述这些事项,除非法律法规禁止公开披露这些事项,或在罕见的情形下,如果合理预期在审计报告中沟通某事项造成的负面后果超过在公众利益方面产生的益处,我们确定不在审计报告中沟通该事项。

二、按照相关法律法规的要求报告的事项

略。

[提示:本部分的格式和内容,取决于法律法规对其他报告责任的性质的规定。法律法规规范的事项(其他报告责任)应当在本部分处理,除非其他报告责任与审计准则所要求的报告责任涉及相同的主题。如果涉及相同的主题,其他报告责任可以在审计准则所要求的同一报告要素部分中列示。当其他报告责任和审计准则规定的报告责任涉及同一主题,并且审计报告中的措辞能够将其他报告责任与审计准则规定的责任予以清楚地区分(如差异存在)时,允许将两者合并列示(即包含在"对财务报表出具的审计报告"部分中,并使用适当的副标题)。]

×××会计师事务所 　　　　　　　　　　中国注册会计师:×××(项目合伙人)

（盖章） 　　　　　　　　　　　　　　　　（签名并盖章）

中国注册会计师:×××

（签名并盖章）

　　　　　　　　　　　　　　　　　　　　　中国××市

　　　　　　　　　　　　　　　　　　　　　二〇×二年××月××日

图 9-5　保留意见审计报告参考格式

 例 9-1

信诚会计师事务所接受阳光公司的委托,对该公司 2020 年度的财务报表进行审计。审计人员发现财务报表中有两笔应收账款,金额共计 50 万元,占全部应收账款金额 700 万元的 7.1%。由于阳光公司未能提供债务人地址,审计人员无法实施函证以及其他审计程序,以获取充分、适当的审计证据。

问题:假定财务报表整体是公允的,财务报表层次重要性水平为 60 万元,该企业为低风险企业,审计人员应发表何种意见的审计报告?

解析：由于阳光公司未能提供债务人地址，审计人员无法对案例中的两笔应收账款实施函证以及其他审计程序，以获取充分、适当的审计证据。这属于审计范围受到限制的情况。虽然受到限制的两笔应收账款金额超过了实际执行的重要性水平45万元(60×75%)，在某些方面会影响财务报表使用者的决策，但财务报表整体仍然是公允的，按照《中国注册会计师审计准则第1221号——重要性》的规定，审计人员应对这种情况应发表保留意见审计报告。

2. 否定意见审计报告

在获取充分、适当的审计证据后，如果认为错报单独或汇总起来对财务报表的影响重大且具有广泛性，审计人员应当发表否定意见审计报告。

当发表否定意见审计报告时，审计人员应当根据适用的财务报告编制基础在审计意见段中做如下说明：注册会计师认为，由于形成否定意见的基础部分所述事项的重要性，财务报表没有在所有重大方面按照适用的财务报告编制基础编制，未能实现公允反映。

否定意见审计报告参考格式如图9-6所示。

审计报告

ABC股份有限公司全体股东：

一、对财务报表出具的审计报告

（一）审计意见

我们审计了ABC股份有限公司(以下简称ABC公司)财务报表，包括20×1年12月31日的资产负债表，20×1年度的利润表、股东权益变动表和现金流量表以及财务报表附注。

我们认为，由于"形成否定意见的基础"部分所述事项的重要性，ABC公司财务报表没有按照企业会计准则和《××会计制度》的规定编制，未能在所有重大方面公允反映ABC公司20×1年12月31日的财务状况以及20×1年度的经营成果和现金流量。

（二）形成否定意见的基础

如财务报表附注×所述，ABC公司的长期股权投资未按企业会计准则的规定采用权益法核算。如果按权益法核算，ABC公司的长期投资账面价值将减少×万元，净利润将减少×万元，从而导致ABC公司由盈利×万元变为亏损×万元。

我们按照中国注册会计师审计在则的规定执行了审计工作。审计报告的"注册会计师对财务报表审计的责任"部分进一步阐述了我们在这些准则下的责任。按照中国注册会计师职业道德守则，我们独立于ABC公司，并履行了职业道德方面的其他责任。我们相信，我们获取的审计证据是充分、适当的，为发表保留意见提供了基础。

（三）关键审计事项

关键审计事项是根据我们的职业判断，认为对本期财务报表审计最为重要的事项。这些事项是在对财务报表整体进行审计并形成意见的背景下进行处理的，我们不对这些事项提供单独的意见。除"形成保留意见的基础"部分所述事项外，我们确定下列事项是需要在审计报告中沟通的关键审计事项。

［提示：按照《中国注册会计师审计准则第1504号——在审计报告中沟通关键审计事项》的规定描述每一关键审计事项。］

（四）管理层和治理层对财务报表的责任

管理层负责按照企业会计准则的规定编制财务报表，使其实现公允反映，并设计、执行和维护必要的内部控制，以使财务报表不存在由于舞弊或错误导致的重大错报。

在编制财务报表时，管理层负责评估 ABC 公司的持续经营能力，披露与持续经营相关的事项（如适用），并运用持续经营假设，除非计划清算 ABC 公司、停止营运或别无其他现实的选择。

治理层负责监督 ABC 公司的财务报告过程。

（五）注册会计师对财务报表审计的责任

我们的目标是对财务报表整体是否不存在由于舞弊或错误导致的重大错报获取合理保证，并出具包含审计意见的审计报告。合理保证是高水平的保证，但并不能保证按照审计准则执行的审计在某一重大错报存在时总能发现。错报可能由于舞弊或错误导致，如果合理预期错报单独或汇总起来可能影响财务报表使用者依据财务报表作出的经济决策，则通常认为错报是重大的。

在按照审计准则执行审计的过程中，我们运用了职业判断，保持了职业怀疑。我们同时：

（1）识别和评估由于舞弊或错误导致的财务报表重大错报风险；对这些风险有针对性地设计和实施审计程序；获取充分、适当的审计证据，作为发表审计意见的基础。由于舞弊可能涉及串通、伪造、故意遗漏、虚假陈述或凌驾于内部控制之上，未能发现由于舞弊导致的重大错报的风险高于未能发现由于错误导致的重大错报的风险。

（2）了解与审计相关的内部控制，以设计恰当的审计程序，但目的并非对内部控制的有效性发表意见。

（3）评价管理层选用会计政策的恰当性和作出会计估计及相关披露的合理性。

（4）对管理层使用持续经营假设的恰当性得出结论。同时，根据获取的审计证据，就可能导致对 ABC 公司持续经营能力产生重大疑虑的事项或情况是否存在重大不确定性得出结论。如果我们得出结论认为存在重大不确定性，审计准则要求我们在审计报告中提请报表使用者注意财务报表中的相关披露；如果披露不充分，我们应当发表非无保留意见。我们的结论基于审计报告日可获得的信息。然而，未来的事项或情况可能导致 ABC 公司不能持续经营。

（5）评价财务报表的总体列报、结构和内容（包括披露），并评价财务报表是否公允反映相关交易和事项。

我们与治理层就计划的审计范围、时间安排和重大审计发现（包括我们在审计中识别的值得关注的内部控制缺陷）等事项进行沟通。我们还就遵守关于独立性的相关职业道德要求向治理层提供声明，并就可能被合理认为影响我们独立性的所有关系和其他事项，以及相关的防范措施（如适用）与治理层进行沟通。

从与治理层沟通的事项中，我们确定哪些事项对本期财务报表审计最为重要，因而构成关键审计事项。我们在审计报告中描述这些事项，除非法律法规禁止公开披露这些事项，或在罕见的情形下，如果合理预期在审计报告中沟通某事项造成的负面后果超过在公众利益方面产生的益处，我们确定不应在审计报告中沟通该事项。

二、按照相关法律法规的要求报告的事项

略。

［提示：本部分的格式和内容，取决于法律法规对其他报告责任的性质的规定。法律法规规范的事项（其他报告责任）应当在本部分处理，除非其他报告责任与审计准则所要求的报告责任涉及相同的主题。如果涉及相同的主题，其他报告责任可以在审计准则所要求的同一报告要素部分中列示。当其他报告责任和审计准则规定的报告责任涉及同一主题，并且审计报告中的措辞能够将其他报告责任与审计准则规定的责任予以清楚地区分（如差异存在）时，允许将两者合并列示（即包含在"对财务报表出具的审计报告"部分中，并使用适当的副标题）。］

×××会计师事务所　　　　　　　中国注册会计师：×××(项目合伙人)
（盖章）　　　　　　　　　　　　　　(签名并盖章)
中国注册会计师：×××
（签名并盖章）
　　　　　　　　　　　　　　　　　　　　中国××市
　　　　　　　　　　　　　　　　　××××年××月××日

图 9-6　否定意见审计报告参考格式

3. 无法表示意见审计报告

如果无法获取充分、适当的审计证据作为形成审计意见的基础，但认为未发现的错报（如存在）对财务报表可能产生的影响重大且具有广泛性，审计人员应当发表无法表示意见审计报告。

在极其少数的情况下，可能存在多个不确定事项。尽管审计人员对每个单独的不确定事项获取了充分、适当的审计证据，但由于不确定事项之间可能存在相互影响，以及可能对财务报表产生累积影响，以致审计人员无法对财务报表形成审计意见。在这种情况下，审计人员应当发表无法表示意见。

当由于无法获取充分、适当的审计证据而发表无法表示意见时，审计人员应当在审计意见段中做如下说明：由于形成无法表示意见的基础部分所述事项的重要性，注册会计师无法获取充分、适当的审计证据以为发表审计意见提供基础，因此，注册会计师不对这些财务报表发表审计意见。

无法表示意见审计报告参考格式如图 9-7 所示。

审计报告

ABC 股份有限公司全体股东：

一、对财务报表出具的审计报告

（一）无法表示意见

我们接受委托，审计 ABC 股份有限公司（以下简称 ABC 公司）财务报表，包括 20×1 年 12 月 31 日的资产负债表，20×1 年度的利润表、现金流量表、股东权益变动表以及财务报表附注。

我们不对后面所附的 ABC 公司财务报表发表审计意见。由于"形成无法表示意见的基础"部分所述事项的重要性，我们无法获取充分、适当的审计证据以作为对财务报表发表审计意见的基础。

（二）形成无法表示意见的基础

ABC 公司未对 20×1 年 12 月 31 日的存货进行盘点，金额为×万元，占期末资产总额的 40%。

我们无法实施存货监盘，也无法实施替代审计程序，以对期末存货的数量和状况获取充分、适当的审计证据。

我们按照中国注册会计师审计在则的规定执行了审计工作。审计报告的"注册会计师对财务报表审计的责任"部分进一步阐述了我们在这些准则下的责任。按照中国注册会计师职业道德守则，我们独立于 ABG 公司，并履行了职业道德方面的其他责任。我们相信，我们获取的审计证据是充分、适当的，为发表保留意见提供了基础。

（三）关键审计事项

关键审计事项是根据我们的职业判断,认为对本期财务报表审计最为重要的事项。这些事项是在对财务报表整体进行审计并形成意见的背景下进行处理的,我们不对这些事项提供单独的意见。除"形成保留意见的基础"部分所述事项外,我们确定下列事项是需要在审计报告中沟通的关键审计事项。

［提示:按照《中国注册会计师审计准则第 1504 号——在审计报告中沟通关键审计事项》的规定描述每一关键审计事项。］

（四）管理层和治理层对财务报表的责任

管理层负责按照企业会计准则的规定编制财务报表,使其实现公允反映,并设计、执行和维护必要的内部控制、以使财务报表不存在由于舞弊或错误导致的重大错报。

在编制财务报表时,管理层负责评估 ABC 公司的持续经营能力,披露与持续经营相关的事项(如适用),并运用持续经营假设,除非计划清算 ABC 公司、停止营运或别无其他现实的选择。

治理层负责监督 ABC 公司的财务报告过程。

（五）注册会计师对财务报表审计的责任

我们的责任是按照中国注册会计师审计准则的规定,对 ABC 公司的财务报表执行审计工作,以出具审计报告。但由于"形成无法表示意见的基础"部分所述的事项,我们无法获取充分、适当的审计证据以作为发表审计意见的基础。

按照中国注册会计师职业道德守则,我们独立于 ABC 公司,并履行了职业道德方面的其他责任。

二、按照相关法律法规的要求报告的事项

略。

［提示:本部分的格式和内容,取决于法律法规对其他报告责任的性质的规定。法律法规规范的事项(其他报告责任)应当在本部分处理,除非其他报告责任与审计准则所要求的报告责任涉及相同的主题。如果涉及相同的主题,其他报告责任可以在审计准则所要求的同一报告要素部分中列示。当其他报告责任和审计准则规定的报告责任涉及同一主题,并且审计报告中的措辞能够将其他报告责任与审计准则规定的责任予以清楚地区分(如差异存在)时,允许将两者合并列示(即包含在"对财务报表出具的审计报告"部分中,并使用适当的副标题)。］

×××会计师事务所
（盖章）
中国注册会计师:×××
（签名并盖章）

中国注册会计师:×××(项目合伙人)
（签名并盖章）

中国××市
××××年××月××日

图 9-7　无法表示意见审计报告参考格式

 **技能训练**

一、单项选择题

1. 在审计完成阶段,注册会计师与被审单位治理层沟通的事项不包括(　　)。

A. 注册会计师的责任

B. 审计中出现的问题

C. 注册会计师的独立性

D. 重大的审计调查事项

2. 在审计工作临近结束时,注册会计师运用分析程序的目的是(　　)。

A. 确定更加合理的重要性水平

B. 确定审计调整后的财务报表整体是否与其对被审计单位的了解一致

C. 确定可接受的检查风险水平

D. 确定是否将重大错报风险降低到可接受的水平

3. 在审计报告中,"管理层对财务报表的责任段"不包括(　　)。

A. 设计、实施和维护与财务报表编制相关的内部控制,以使财务报表不存在由舞弊或错误而导致的重大错报

B. 选择和运用恰当的会计政策

C. 作出合理的会计估计

D. 对由舞弊或错误导致的财务报表重大错报风险进行评估

4. 以下情形中,审计人员将极有可能发表无法表示意见的是(　　)。

A. 客户没有反映会计准则和相关会计制度所要求的补充信息

B. 重要信息披露不充分

C. 客户施加的重大范围限制

D. 子公司的其他审计人员发表了保留意见

5. 下列书面文件中,审计人员认为可以作为书面声明的是(　　)。

A. 董事会会议纪要

B. 财务报表副本

C. 审计人员列示管理层负责并经被审计单位管理层确认的信函

D. 内部法律顾问出具的法律意见书

二、多项选择题

1. 注册会计师要求管理层在声明书中对(　　)方面进行声明。

A. 资产的拥有或控制情况,以及抵押、质押或留置资产情况

B. 财务报表具有重大影响的重大不确定事项

C. 财务报表具有重大影响的合同的遵循情况

D. 资产或负债的确认或列报具有重大影响的计划或意图

2. 不考虑其他条件,下列各种情形的审计报告,属于标准审计报告的有( )。

A. 带强调事项段的无保留意见的审计报告

B. 包含其他报告责任段的无保留意见的审计报告

C. 无保留意见的审计报告

D. 无法表示意见的审计报告

3. 在下列情况中,注册会计师不应发表保留意见或无法表示意见的有( )。

A. 被审计单位拒绝接受注册会计师就重大事项提出的调整或披露建议

B. 被审计单位管理层拒绝签发声明书

C. 被审计单位拒绝就重大的应披露期后事项进行披露

D. 被审计单位拒绝接受审计人员就内部控制中的严重缺陷所提出的改进建议

4. 标准审计报告包含( )。

A. 审计报告要素齐全

B. 无保留意见审计报告

C. 不附加说明段

D. 不附加强调事项段或任何修饰性用语

5. 注册会计师在确定审计报告日期时,应当考虑( )。

A. 应当实施的审计程序已经完成

B. 应当提请被审计单位调整的事项已经提出,被审计单位已经作出调整或拒绝作出调整

C. 管理层已经正式签署财务报表

D. 该会计师事务所内部控制已经审核

三、综合题

甲会计师事务所的注册会计师于 2020 年 3 月 15 日完成了对 WS 股份有限公司 2019 年度会计报表的审计工作。审计前,公司会计报表反映的资产总额为 50 000 万元,该年度的净利润为 4 000 万元。注册会计师确定的会计报表层次的重要性水平为 400 万元。假定存在以下几种情况:

(1) M 公司于 2019 年 9 月状告 WS 公司侵权案于 2020 年 2 月 12 日审理完毕, WS 公司应向 M 公司赔偿 550 万元, WS 公司于 2019 年年末预计负债为 440 万元, WS 公司拒绝对 2019 年度会计报表的有关项目进行调整。

(2) 2020 年 2 月 3 日 WS 公司发生一项未决诉讼,律师认为胜负难料,一旦败诉对 WS 公司将产生重大影响, WS 公司已在会计报表附注中进行披露。

(3) 对应收款项目进行函证时,其中对余额为 40 万元的客户 A 公司的函证未收到回函,注册会计师运用其他程序进行了验证。

(4) WS 公司漏计 2019 年 7~12 月车间精密仪器的折旧,该仪器原始价值为 30 000 万元,净残值率为 2%,折旧年限为 10 年,该期间生产的产品全部完工并销售。公司不接受注册会计师的调整意见。

要求：

(1) 请分别针对上述四种情况,说明注册会计师应当出具何种意见的审计报告,并简要说明理由。

(2) 假设只考虑第(2)种情况,请代注册会计师撰写一份审计报告。